高等学校交通工程系列教材

公路工程概预算

(第 2 版)

张兴强　主编

清华大学出版社
北京交通大学出版社
·北京·

内 容 简 介

本书内容包括公路工程概述、公路工程造价概述、公路工程概预算费用组成、公路工程定额、投资估算和财务评价、施工图预算、公路工程招投标共7章。本书以现行的《公路工程建设项目概算预算编制办法》(JTG 3830—2018)和《公路工程预算定额》(JTG/T 3832—2018)为主要依据，紧密结合生产实践，内容丰富，图文并茂，系统性和实用性强，每章后都配有练习思考题，供读者学习。

本书可以作为高等院校土木工程、交通工程等专业的教材，也可供道路设计、施工、养护、管理单位的工程技术人员学习参考，并可作为继续教育、成人教育的专业课教材。

本书封面贴有清华大学出版社防伪标签，无标签者不得销售。
版权所有，侵权必究。侵权举报电话：010-62782989　13501256678　13801310933

图书在版编目（CIP）数据

公路工程概预算/张兴强主编．—2版．—北京：北京交通大学出版社：清华大学出版社，2022.9（2025.2重印）
高等学校交通工程系列教材
ISBN 978-7-5121-4686-0

Ⅰ．①公…　Ⅱ．①张…　Ⅲ．①道路工程-概算编制-高等学校-教材　②道路工程-预算编制-高等学校-教材　Ⅳ．①U415.13

中国版本图书馆 CIP 数据核字（2022）第 020999 号

公路工程概预算
GONGLU GONGCHENG GAI-YUSUAN

责任编辑：韩素华
出版发行：清 华 大 学 出 版 社　　邮编：100084　　电话：010-62776969
　　　　　北京交通大学出版社　　邮编：100044　　电话：010-51686414
印 刷 者：北京虎彩文化传播有限公司
经　　销：全国新华书店
开　　本：185 mm×260 mm　　印张：15.25　　字数：390 千字
版 印 次：2011 年 2 月第 1 版　　2022 年 9 月第 2 版　　2025 年 2 月第 2 次印刷
印　　数：2 001～2 500 册　　定价：49.00 元

本书如有质量问题，请向北京交通大学出版社质监组反映。对您的意见和批评，我们表示欢迎和感谢。
投诉电话：010-51686043，51686008；传真：010-62225406；E-mail：press@bjtu.edu.cn。

前　言

本书第 1 版于 2011 年 2 月出版。受到广大读者的广泛好评，并获得北京交通大学最受学生欢迎的教材。

近年来，随着科学技术的进步和社会生产力水平的提高，交通运输部于 2019 年 5 月 1 日起实施新的公路工程建设项目概算预算编制办法和相应定额。为了满足教材的科学性、先进性和实施性等要求，编者决定对第 1 版教材进行修订。

本次修订是基于最新的《公路工程建设项目概算预算编制办法》（JTG 3830—2018）、《公路工程预算定额》（JTG/T 3832—2018）、《公路工程概算定额》（JTG/T 3831—2018）和《公路工程估算指标》（JTG/T 3821—2018）等相关标准和定额，在编写过程中遵循"新、实用、全面"，体现教材的时效性和科学性。

本书在编写内容上充分考虑了交通工程与道路工程专业特色和学生的知识构架，注重与其他课程的衔接及有机联系；在教材知识结构和内容组织上，以公路工程建设项目发展程序为主线，介绍了各阶段公路工程造价计价方法和程序，做到层次清晰、重点突出、结构合理。根据知识点内容增加了理论案例、最新定额应用范例、施工图综合案例和练习思考题，有助于学生学习和理解相应的知识结构，并通过习题掌握相应的知识点。

本书由张兴强主编，在编写时参考了有关规范、标准、教材和论著的内容，在此谨向有关编著者表示衷心的感谢。

由于编者水平有限，书中错误和不足之处在所难免，恳请读者批评指正，以便进一步修正、补充和完善。

编者

2022 年 7 月

目 录

第1章 公路工程概述 ··· 1
1.1 公路工程的组成 ··· 1
1.2 公路工程建设项目 ··· 3
1.3 建设项目发展程序 ··· 6
1.4 公路工程识图 ··· 11
练习思考题 ··· 23

第2章 公路工程造价概述 ··· 25
2.1 公路工程造价的基本概念 ··· 25
2.2 工程造价管理 ··· 32
2.3 工程造价咨询 ··· 38
2.4 造价工程师 ··· 42
练习思考题 ··· 48

第3章 公路工程概算预算费用组成 ··· 49
3.1 概述 ··· 49
3.2 建筑安装工程费用 ··· 51
3.3 土地使用及拆迁补偿费 ··· 63
3.4 工程建设其他费 ··· 64
3.5 预备费 ··· 71
3.6 建设期贷款利息 ··· 72
3.7 公路工程建设各项费用的计算程序及方式 ··· 72
练习思考题 ··· 76

第4章 公路工程定额 ··· 78
4.1 概述 ··· 78
4.2 预算定额 ··· 84
4.3 概算定额简介 ··· 106
4.4 估算指标简介 ··· 113
练习思考题 ··· 117

第5章 投资估算和财务评价 ··· 120
5.1 概述 ··· 120
5.2 投资估算的编制 ··· 123

  5.3 项目财务评价 ……………………………………………………………………… 127
  练习思考题 …………………………………………………………………………… 140

第 6 章 施工图预算 …………………………………………………………………… 142
  6.1 概述 …………………………………………………………………………… 142
  6.2 公路工程工程量计量 ………………………………………………………… 145
  6.3 施工图预算的编制 …………………………………………………………… 150
  6.4 公路工程施工图预算编制示例 ……………………………………………… 172
  练习思考题 …………………………………………………………………………… 186

第 7 章 公路工程招投标 …………………………………………………………… 187
  7.1 概述 …………………………………………………………………………… 187
  7.2 施工招标 ……………………………………………………………………… 190
  7.3 施工投标 ……………………………………………………………………… 197
  练习思考题 …………………………………………………………………………… 211

附录 A 全国冬季施工气温划分表 ………………………………………………… 213
附录 B 全国雨季施工雨量区及雨季期划分表 …………………………………… 217
附录 C 全国风沙地区公路施工区划分表 ………………………………………… 222
附录 D 概算预算项目表 …………………………………………………………… 224
参考文献 ………………………………………………………………………………… 238

第1章 公路工程概述

> 主要内容：
> 1. 公路工程的组成，建设项目的概念，公路工程建设项目的分类和组成；
> 2. 建设项目发展程序及各阶段的工作内容；
> 3. 公路工程路线图、结构图的识图和应用。

1.1 公路工程的组成

公路是指布置在地面上的一种线形带状结构物，连接城市、乡村、厂矿和林区的道路，主要供汽车行驶并且具备一定技术条件的交通设施。由线形、结构和沿线设施三个部分组成。

1. 线形

线形是指公路中线的立体形状、空间位置和各部分几何尺寸。公路线形包括平面线形、纵断面线形和横断面线形，如图1-1所示。

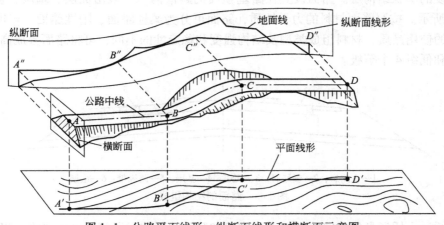

图1-1 公路平面线形、纵断面线形和横断面示意图

2. 结构

结构主要包括公路的路基、路面、桥涵、隧道、交叉工程、排水系统、防护工程等。
（1）路基。路基是公路的主要工程结构物，是按照路线的平面和纵断面要求及一定技术要求开挖或填筑的土质或石质带状构造物，既是路线的主体又是路面的基础。路基质量的好坏直接影响公路的使用品质。按照路基挖填条件的不同，路基的横断面形式可分为路堤、路堑和半挖半填3种类型。路堤是指路基顶面高于原地面线的填方路基；路堑是指路基顶面低于原地面线的挖方路基；半挖半填路基是路堤和路堑的综合形式，横断面上部分为挖方，下部分为填方。典型的路堤、路堑和半挖半填横断面形式如图1-2所示。

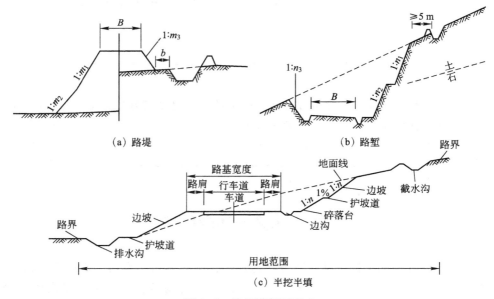

图1-2 路基横断面形式

（2）路面。路面是指路基顶面的行车部分，是用各种混合料铺筑而成的。按照其使用要求、受力状况、土基支撑条件和自然因素影响程度不同，采用一定的宽度、厚度和要求的材料分层铺设的层状结构层。路面设置在路基顶面的路槽内，一般由面层、基层、垫层组成，如图1-3所示。按照路面材料的力学性质，路面可分为柔性路面、刚性路面、半刚性路面；根据面层的使用品质、材料组成类型及结构强度和稳定性的不同，可将路面分成高级、次高级、中级和低级4个等级。

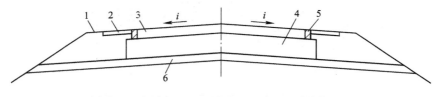

1—土路肩；2—硬路肩；3—面层；4—基层；5—路缘带；6—垫层

图1-3 路面的结构组成

（3）桥涵。桥涵是指公路跨越河流、沟谷和其他障碍物时所使用的构造物。当构造物的标准跨径大于或等于5 m，多孔跨径大于或等于8 m时为桥梁，否则为涵洞。

（4）隧道。隧道是指公路穿越山岭时，置于地层或地面下的结构物，包括隧道、明洞和半隧道等形式。利用隧道可缩短公路里程，降低公路越岭线纵坡，在国防上还具有隐蔽性。

(5) 交叉工程。交叉工程包括公路与公路、公路与铁路及公路与管线的交叉。公路与公路、公路与铁路相交可采用平面交叉或立体交叉；公路与管线交叉一般采用留净空和横向间距的办法，来保证各种管线不致侵入公路建筑限界内。

(6) 排水系统。为了确保路基稳定，避免受到水的侵蚀，公路还应修建排水系统。公路排水系统按其排水位置的不同可分为地面排水系统和地下排水系统。地面排水系统主要是排除危害路基的雨水、积水及外来水等地面水；地下排水系统主要是排除地下水和其他需要通过地下排除的水。

(7) 防护工程。防护工程是指在陡峭山坡上或沿河一侧，为保证路基稳定，加固路基边坡所修建的构造物。常见的路基防护工程有填石路基、砌石护坡、挡土墙、护脚和护面墙等。

3. 交通附属设施

公路除线形和结构组成之外，为了保证行车安全舒适，增进路容美观，还需要设置各种交通附属设施，主要包括以下几方面。

(1) 交通安全设施。如信号灯、护栏、防护网、照明设施、反光标志等。其设置的目的主要是保证行车和行人安全，以充分发挥公路的作用。

(2) 交通管理设施。如各种公路标志、紧急电话、情报板、监控装置等。其设置的目的主要是保证良好的交通秩序，防止事故发生。

(3) 交通服务设施。如加油站、维修站、停车场、食宿点等。其设置的目的主要是为车辆和乘客提供各种服务。

1.2 公路工程建设项目

1.2.1 建设项目概述

1. 工程建设的概念和内容

工程建设是指固定资产的建筑、添置和安装，是国民经济各部门为了扩大再生产和部分简单再生产而进行的增加或改造固定资产的建设工作。即把一定的建筑材料、设备等通过购置、建造和安装等活动，转化为固定资产的过程，如房屋、公路、铁路、港口等工程的建设，以及各种机具、设备等的添置和安装。

工程建设的内容按其任务和分工不同可以分为以下 3 个方面。

1) 建设项目的小修和保养

建设项目的构造物与设备在长期使用过程中，因负荷运行和自然因素的作用而不断损坏，只有通过定期和不定期的维修保养，才能保证固定资产的正常使用，保持生产不间断地进行，使原有生产能力得到维持。

2) 建设项目大、中修与技术改造

由于受到材料、结构、设备等功能方面的制约，项目各组成部分必然具有不同的寿命，因此固定资产尽管经过维修，也不可能无限期地使用下去，到一定年限某些组成部分就会丧失原有的功能。建设项目可以通过大、中修结合技术改造实现固定资产简单再生产和部分扩大再生产。

3）基本建设

为适应国民经济各部门生产、流通及人民生活水平发展的需要，必须通过新建、扩建和重建3种基本建设形式来实现固定资产扩大再生产，达到不断提高项目运行能力的目的。公路工程基本建设的内容包括以下3个部分。

（1）建筑安装工程。包括建筑工程（如路基、路面、桥涵、隧道、防护工程、沿线设施等）和设备安装工程（如高速公路、桥梁所需的各种机械、设备、仪器的安装、测试等）。

（2）设备、工具、器具的购置。

（3）其他基本建设工程，如勘测和设计、征用土地、监理、质检、安置补助工作等。

2. 建设项目的概念

建设项目是指一个建设单位在一个或几个建设区域内，在一个总体设计和总概算的范围内，由一个或若干个单项工程所组成的，经济上实行统一核算、行政上有独立机构或组织形式，实行统一管理，严格按照基本建设发展程序实施的基本建设单位。

建设项目一般应符合国家总体建设规划，能独立发挥生产功能或满足生活需要，其项目建议书和可行性研究报告经批准的建设任务。如工业建设中的一座工厂，民用建设中的一个居民区，交通建设中的一定长度和等级的公路、一座独立的大桥等。

建设项目的基本特征如下。

（1）具有特定的对象。任何建设项目都有具体的对象，项目对象是其最基本特征，是项目分类的依据，同时确定了项目的工作范围、规模及界限。如一定长度和等级的公路、铁路；一定生产能力的工厂等。

（2）有时间限制。在市场经济条件下，建设项目的作用、功能、价值只能在一定历史阶段中体现出来，因此建设项目的实施必须在一定的时间范围内完成。同时，一个建设项目的持续时间是一定的，即任何项目不可能无限期延长，否则这个项目就没有意义。例如，一个高速公路建设项目必须在四年内建成。

（3）有资金限制和经济性要求。任何建设项目都有财力上的限制，存在与其任务相关的投资、费用或成本预算。这主要体现在：

① 必须按照投资者所能够提供的财力来策划相应的工程范围和规模；

② 必须按照项目实施计划安排资金计划，并保障资金供应；

③ 以尽可能少的费用实现预定的工程目标和功能要求，提高建设项目整体经济效益。

（4）一次性。任何建设项目作为总体来说都是一次性的、不重复的。它经历前期策划、批准、设计、施工、运行的全过程。即使在形式上极为相似的项目，也必然存在差异和区别。例如，两个项目在实施时间、环境、组织形式、风险等方面存在不同程度的差异，因而项目之间也就无法等同或替代。

（5）特殊的组织和法律条件。建设项目组织是一次性的，随着项目的确立而产生，随着项目的结束而消亡，项目参加单位之间主要靠合同作为纽带。建设项目使用与其建设和运行相关的法律条文（如合同法、环境保护法、税法、招标投标法等）来协调各方利益和冲突。

（6）复杂性和系统性。

① 建设项目规模大、范围广、投资大；

② 建设项目有新知识、新工艺的要求，技术复杂；

③ 建设项目由许多专业组成，由多个单位共同协作，由成千上万个在时间、空间上相互影响、制约的活动构成；

④ 建设项目经历由构思、决策、设计、施工、验收到运行的全过程，项目使用期长，对全局影响大；

⑤ 建设项目受资金、时间、资源、环境等多个条件限制。

1.2.2 公路工程建设项目的分类与组成

1. 公路工程建设项目的分类

（1）按投资再生产性质分。可分为基本建设项目和更新改造项目。属于基本建设项目的有新建、扩建、改建、迁建和重建等；属于更新改造项目的有技术改造项目、技术引进项目和设备技术更新项目等。

（2）按建设规模划分。对于公路建设项目，新、扩建国防、边防和跨省干线长度>200 km，独立公路大桥>1 000 m，为大、中型项目。对于公路更新改造项目，总投资>5 000 万元的为限额以上项目；总投资 100 万~5 000 万元的为限额以下项目；总投资<100 万元的为小型项目。

《公路工程技术标准》（JTG B01—2014）规定如下。

① 公路隧道：长度>3 000 m 为特长隧道；1 000 m<长度≤3 000 m 的为长隧道；500 m<长度≤1 000 m 的为中隧道；长度≤500 m 的为短隧道。

② 公路桥梁：单孔跨径<5 m 为涵洞；8 m≤多孔跨径总长≤30 m，5 m≤单孔跨径<20 m 的为小桥；30 m<多孔跨径总长<100 m，20 m≤单孔跨径<40 m 的为中桥；100 m≤多孔跨径总长≤1 000 m，40 m≤单孔跨径≤150 m 的为大桥；多孔跨径总长>1 000 m，单孔跨径>150 m 的为特大桥。

（3）按建设阶段划分。可分为预备项目（投资前期项目）或筹建项目、新开工项目、施工项目、续建项目、投产项目、收尾项目、停建项目。

（4）按公路行政隶属关系、在国民经济中的地位和作用及交通运输的特点划分。公路分为国家干线公路（简称国道），省、自治区、直辖市干线公路（简称省道），县公路（简称县道），乡公路（简称乡道）和专用公路五个行政等级。

（5）按照公路技术等级划分。公路按其使用任务、功能和适应的交通量，可分为高速公路、一级公路、二级公路、三级公路和四级公路等五个技术等级。

① 高速公路：专供汽车分方向、分车道行驶，全部控制出入的多车道公路。一般具有 4 个或 4 个以上车道，设有中央隔离带，全部立体交叉，并具有完善的交通安全设施和管理设施、服务设施。高速公路的年平均日交通量宜在 15 000 辆小客车以上。

② 一级公路：连接高速公路或某些大城市的城乡结合部、经济开发带等地区的多车道公路。为车辆提供分方向、分车道行驶，其交通设施和高速公路基本相同，只是部分控制出入，一般应该设置隔离带。一级公路的年平均日交通量宜在 15 000 辆小客车以上。

③ 二级公路：联接中等以上城市，或者是通往大工矿区、港口的供汽车行驶的双车道公路。二级公路的年平均日交通量宜为 5 000~15 000 辆小客车。

④ 三级公路：沟通县、城镇之间的主要供汽车、非汽车交通混合行驶的双车道公路。

三级公路的年平均日交通量宜为2 000~6 000辆小客车。

⑤ 四级公路：沟通乡、村的主要供汽车、非汽车交通混合行驶的双车道或单车道公路。双车道四级公路的年平均日交通量宜为2 000辆小客车以下；单车道四级公路的年平均日交通量宜为400辆小客车以下。

2. 公路建设项目的组成

公路工程属于建设工程的一个专业门类，也属于固定资产投资对象。公路工程建设项目由单项工程、单位工程、分部工程、分项工程组成。以图1-4所示的京津塘高速公路为例来说明公路建设项目各组成部分之间的关系。

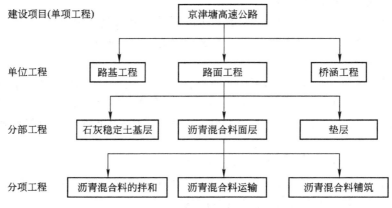

图1-4 公路工程建设项目各组成部分之间的关系

（1）建设项目。在一个总体设计或初步设计的范围内，由一个或若干个单项工程所组成的经济上实行统一核算、行政上有独立机构或组织形式，实行统一管理的基本建设单位。如一条公路、一座独立的大桥等。

（2）单项工程（工程项目）。具有单独的设计文件，建成后可独立发挥生产能力和效益的工程。也可将它理解为具有独立存在意义的完整的工程项目，一个建设项目可以是一个单项工程，也可以包括多个单项工程。

（3）单位工程。各单项工程可以分解为各个能独立施工的单位工程，因此单位工程就是具有独立的设计文件和施工条件，建成后不能独立发挥生产能力和效益的工程。

（4）分部工程。单位工程的组成部分，根据单位工程的主要部位、工种内容、材料结构或施工顺序等来划分。

（5）分项工程。按照不同的施工方法、构造及规格可以把分部工程进一步划分为分项工程。分项工程是能用较简单的施工过程生产出来的，可以用适量的计量单位计算或测定的工程基本构造要素，是工程造价计算的基本要素和概预算最基本的计量单元。

1.3 建设项目发展程序

建设项目发展程序是指国家按照一个建设项目的客观规律制定的从提出项目设想，到选择、评估、决策、设计、建设、开始生产活动的全过程，以及各项工作必须遵循的先后次序。项目建设程序是工程建设过程客观规律的反映,是建设项目科学决策和顺利进行的重要保证。

建设项目发展程序按照其内在发展规律,一般包括投资前阶段、投资阶段和生产阶段。这3个阶段又可分为若干个子阶段,它们之间存在严格的先后顺序,可以进行合理的交叉,但不能任意颠倒次序。公路工程作为国民经济基本建设项目,其发展程序具体如下。

① 根据长远规划或项目建议书,进行可行性研究;
② 根据可行性研究,编制计划任务书;
③ 根据批准的计划任务书,进行现场勘测,编制初步设计文件和设计概算;
④ 根据批准的初步设计文件,编制施工图和施工图预算;
⑤ 列入年度经济建设计划;
⑥ 编制实施性施工组织设计及开工报告,报上级主管部门审批;
⑦ 严格执行有关施工的规程和规定,坚持正常施工秩序,做好施工记录,建立技术档案;
⑧ 编制竣工图表和工程决算,办理竣工验收;
⑨ 竣工验收合格后,组织项目后评估。

这些程序必须循序渐进,不完成上一环节,就不能进入下一阶段。如没有可行性研究报告就不能设计,没有设计就不能施工,工程不经过竣工验收就不能交付使用,否则会造成不必要的经济损失或不良后果。

1. 项目建议书

项目建议书是项目建设的最初阶段,是指业主单位向国家提出的要求建设某一项目的建设文件,是对建设项目提出的一个轮廓设想,从宏观上考察项目建设的必要性,是否符合国家长远规划的方针和要求,初步分析项目建设的条件是否具备,投入和产出是否合理。

项目建议书的主要作用是推荐一个拟建项目,其内容视项目的不同而有繁有简,但一般应包括以下几个方面的内容。

(1) 建设项目提出的必要性和依据。
(2) 产品方案、拟建规模和建设地点的初步设想。
(3) 资源情况、建设条件、协作关系等的初步分析。
(4) 投资估算和资金筹措设想。
(5) 项目进度安排。
(6) 经济效益和社会效益的估计。

2. 可行性研究

可行性研究是指在投资决策前,对与拟建项目有关的社会、经济、技术等各方面进行调查研究,对各种可能采用的建设方案进行技术经济分析与比较论证,对项目建成后的经济效益进行预测与评价,由此得出该项目是否应该投资和如何投资等结论性意见,为项目投资决策提供可靠的依据。

一项好的可行性研究,应向投资者推荐技术经济最优的方案,使投资者明确项目具有多大的盈利能力和风险,是否值得投资建设。使主管部门明确从国家角度看项目是否值得支持与批准;使银行和其他资金供应者明确该项目能否按期甚至提前偿还所提供的资金。可行性研究工作主要包括4个阶段:机会研究阶段、初步可行性研究阶段、详细可行性研究阶段、评价和决策阶段。

机会研究阶段的主要任务是提出建设项目投资方向建议，即在一个确定的地区和部门内，根据自然资源、市场需求、国家政策与国际贸易情况，通过调查研究、预测分析，选择建设项目，寻找投资机会。

初步可行性研究阶段是详细可行性研究前的预备性研究阶段。经过初步可行性研究，如认为该项目具有一定的可行性，便可转入详细可行性研究阶段，否则就终止该项目。

详细可行性研究又称技术经济可行性研究，是可行性研究的主要阶段，是建设项目投资决策的基础。这一阶段内容较详尽，所花费的时间和精力都较大。

评价与决策是由投资决策部门组织和授权有关咨询公司或专家，代表项目业主和出资人对建设项目可行性研究报告进行全面审核与再评价，最终决策该项目投资是否可行，并确定最佳投资方案。

公路建设项目可行性研究报告的主要内容一般包括以下内容。

（1）项目总论，包括建设任务的依据、历史背景、研究范围、主要内容及研究的主要结论等。

（2）现有公路技术状况评价，包括区域运输路网的现状和存在的问题，拟建公路在区域运输路网中的作用，现有公路技术状况及适应程度等。

（3）经济与交通量发展预测，包括项目所在区域经济特征，经济发展与公路运量、交通量的关系，并进行经济和交通量的发展预测。

（4）建设规模与标准。包括项目建设规模和采用的等级及其主要技术指标。

（5）建设条件和方案比选。包括调查沿线自然条件和社会条件，进行方案比选，提出推荐方案和主要控制点，对环境影响做出分析并编制环境影响评价报告。

（6）投资估算与资金筹措，包括主要工程数量，公路建设与拆迁，投资估算与资金筹措等。

（7）工程建设实施计划，包括勘测设计和工程施工的计划与要求，工程管理和技术人员的培训等。

（8）项目的经济评价，包括进行项目的财务评价，运输成本等经济参数的确定，建设项目的直接经济效益和费用的估算，进行经济评价敏感性分析，建设项目的间接经济效益分析。

（9）综合评价与结论、建议。

归纳上面内容可看出，公路工程可行性研究报告可概括为三个部分：一是市场研究，包括产品的市场调查和预测研究，这是项目可行性研究的基础和前提，主要解决项目的"必要性"；二是技术研究，即技术方案与建设条件研究，这是项目可行性研究的技术基础，主要解决项目技术上的"可行性"；三是效益研究，即经济效益的分析与评价，这是项目可行性研究的核心部分，主要解决项目经济上的"合理性"。市场研究、技术研究、效益研究共同构成了公路工程建设项目可行性研究的三大支柱。

3. 工程勘察

工程勘察是指运用各种科学技术方法，为查明工程项目建设地形、地貌、土质、地质构造、水文等自然条件而进行的测量、测试、勘探、鉴定和综合评价等工作，其目的是为设计和施工提供可靠的依据。一般分为初测和定测两个阶段。

（1）初测。初测是两阶段设计的第一阶段（初步设计阶段）的外业勘测工作。初测的任务是要对路线方案作进一步的核查落实，并进行导线、高程、地形、桥涵、路线交叉和其他资料的测量等调查工作，进行纸上定线和有关的内业工作。其目的是根据计划任务书确定的修建原则和路线基本走向，对各个方案进行现场勘测，从中确定拟采用的路线，搜集编制初步设计文件的资料。

（2）定测。定测是施工图设计阶段的外业勘察和调查工作。其任务是根据上级批准的初步设计和具体建设方案，实地标定路线或放线，并进行详细测量和调查工作。具体包括：

① 对初步设计方案进行补充勘察，如有方案变化应及时与有关主管部门联系，并报上级批准；

② 实地选定路线或实地放线，进行测角、量距、中线测设、桩志固定等工作；

③ 引设水准点，并进行路线水准测量；

④ 路线横断面测量；

⑤ 测绘或勾绘路线沿线的带状地形图；

⑥ 对有大型构造物地带，应测绘局部大比例地形图；

⑦ 进行桥、涵、隧道的勘测和调查；

⑧ 进行路基路面调查；

⑨ 占地、拆迁及预算资料调查；

⑩ 沿线土壤地质调查及筑路材料勘察。

4. 设计阶段

工程设计是指在工程开始施工之前，设计者根据已批准的设计任务书，为具体实现拟建项目的技术、经济要求，拟定建筑、安装及设备制造等所需的规划、图纸、数据等技术文件的工作。

设计是建设项目由计划变为现实具有决定意义的工作阶段。拟建工程在建设过程中能否保证进度、质量和节约投资，在很大程度上取决于设计质量的优劣。工程建成后，能否获得满意的经济效果，除了项目决策之外，设计工作起着决定性的作用。

设计工作的重要原则之一是保证设计的整体性，为此，设计工作必须按一定的程序分阶段进行。公路工程的设计程序一般包括设计前准备工作、初步设计、技术设计、施工图设计、设计交底和配合施工等阶段。公路勘测设计应根据项目的性质和要求分阶段进行，可以采用一阶段设计、两阶段设计或三阶段设计。对于技术简单、方案明确的小型建设项目，可采用一阶段设计。即根据批准的设计任务要求，一次作详细测量并编制施工图设计文件；一般公路工程可按初步设计和施工图设计两个阶段进行；对于技术复杂而又缺乏设计经验的项目或建设项目中的个别路段、特殊大桥、互通式立交、隧道等，必要时可按初步设计、技术设计和施工图设计三个阶段进行。

在各个设计阶段，都需要编制相应的工程造价文件，即设计概算、修正概算、施工图预算，逐步由粗到细地确定工程造价，并经过分段审批，切块分解，层层控制工程造价。工程设计的全过程如图1-5所示。

1）设计前准备工作

（1）在动手设计之前，首先要了解并掌握各种有关的外部条件和客观情况。

（2）地形、气候、地质、自然环境等自然条件；交通、水、电、气、通信等基础设施状况；业主对工程的要求，特别是工程应具备的各项使用要求。

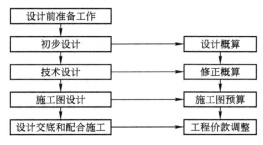

图 1-5　工程设计的全过程

（3）进行工程经济估算时所需的依据和资金、材料、施工技术和装备等供应情况及可能影响工程的其他客观因素。

（4）在搜集资料的基础上，对工程主要内容（包括功能与形式）的安排有个大概的布局设想，考虑工程与周围环境之间的关系。

2）初步设计

初步设计是设计过程中的一个关键性阶段，也是整个设计构思基本形成的阶段。通过初步设计可以进一步明确拟建工程在指定地点和规定期限内进行建设的技术可行性和经济合理性；并规定主要技术方案、工程总造价和主要技术经济指标，以利于在项目建设和使用过程中最有效地利用人力、物力和财力。在初步设计阶段应编制建设项目设计概算。

3）技术设计

技术设计是初步设计的具体化，也是各种技术问题的定案阶段。技术设计的详细程度应能满足解决设计方案中重大技术问题的要求，应保证能根据它进行施工图设计和提出设备订货明细表。在技术设计时，如果对初步设计中所确定的方案有所更改，应就更改部分编制修正概算。对于不太复杂的工程，可不进行技术设计阶段，当初步设计完成后直接进入施工图设计阶段。

4）施工图设计

施工图设计主要是通过设计图纸，把设计者的意图和全部设计结果表达出来，作为工程施工的依据。它是设计工作和施工工作的桥梁，具体包括建设项目各部分工程的设计详图和零部件、结构构件明细表，以及验收标准、方法等。施工图设计的深度应能满足设备材料的选择与确定、非标准设备的设计与加工制作、施工图预算的编制、建筑工程施工和安装的要求。

5）设计交底和配合施工

施工图完成后，根据现场需要，设计单位应派人到施工现场，与建设、施工单位共同会审施工图，进行技术交底，介绍设计意图和技术要求，修改不符合实际和有错误的图纸；在施工中应及时解决施工时施工图等设计文件出现的问题；当施工完毕后，参加试运转和竣工验收，解决试运转过程中的各种技术问题。

5. 施工阶段

1）施工准备阶段

项目在开工建设之前，要做好各项准备工作，主要内容包括以下几部分。

（1）建设单位应根据计划要求的建设进度，组建项目管理机构，组织进行招投标，择优选择施工单位；办理登记及征地、拆迁，做好施工沿线有关单位和部门的协调工作，抓紧配套工程项目的落实，组织分工范围内的技术资料、材料、设备的供应。

（2）勘测设计单位应按照技术资料供应协议，按时提供各种图纸资料，做好施工图纸的会审及移交工作。

（3）施工单位应组织机具、人员进场，进行施工测量，修筑便道及生产、生活等临时设施，组织材料、物资采购、加工、运输、供应、储备，做好施工图纸的接收工作，熟悉图纸的内容和要求，编制实施性施工组织计划和施工预算，提供开工报告。

（4）银行应会同建设、设计、施工单位做好图纸的会审，严格按计划要求进行财政拨款或贷款。

项目在报批开工前，必须由有资格的审计单位，对项目建设资金、支出等进行审计。

2）正式施工阶段

建设项目经过批准新开工建设，即进入建设实施阶段。在项目开工后，建设单位应该根据年度建设计划，做好投资资金的落实，设备、材料的选择、采购，组织施工工作，落实、管理好监理工作；施工单位要合理组织施工，施工过程中应严格按照设计要求和施工规范，确保工程质量，安全施工，推广应用新工艺、新技术，努力缩短工期，降低造价，同时应注意做好施工记录，建立技术档案，按时保质地完成项目的建设工作。

6. 竣工验收阶段

当建设项目按设计文件规定内容全部施工完成后，按照规定的竣工验收标准、准备工作内容、验收程序和组织的规定，经过各单项工程的验收，符合设计要求，并具备竣工图表、竣工决算、工程总结等必要文件资料，由建设单位向可行性研究报告的审批单位提出竣工验收申请报告。公路项目的竣工验收由交通运输部或批准工程初步设计文件的地方交通主管部门主持。

竣工验收的单位应根据工程规模和技术复杂程度，组建验收委员会或验收组。验收委员会负责审查工程建设的各个环节、各参加单位的工作报告，审阅工程档案并实地查验建设工程和设备安装工程质量，并对工程作出全面评价，不合格的工程不予验收。对遗留问题提出具体意见，限期落实完成。

竣工验收是建设程序的最后一步，是考核建设成果、检验设计和施工质量的一个重要环节，对促进建设项目及时投产、发挥投资效益及总结建设经验都具有重要作用。

7. 后评估阶段

建设项目后评估是建设项目竣工投产、生产运营一段时间后，再对建设项目的立项决策、设计、施工、竣工投产、生产运营等全过程进行系统评价的一种技术活动，是固定资产管理的一项重要内容。通过建设项目后评估，可以达到肯定成绩、总结经验、研究问题、吸取教训、提出建议、改进工作、不断提高项目决策水平和投资效果的目的。

1.4 公路工程识图

1.4.1 路线设计图

1. 平面线形设计图

平面线形设计图中包含大量信息，主要内容包括地形和路线两部分。在读图中，应着重注意判读图中的以下信息。

1）地形部分

（1）方位：表示线路所在地区的方位和线路走向，在平面线形设计图上应画出指北针或坐标网。指北针的箭头所指为正北方向，坐标网用符号"十"表示。

（2）比例：平面线形设计图的地形图是经过勘测而绘制的，可根据地形的起伏情况采用相应的比例。城镇区一般采用1∶500或1∶1 000，山岭重丘区一般采用1∶2 000，微丘和平原区一般采用1∶5 000。

（3）地形：平面线形设计图中地形起伏情况主要用等高线表示，如图1-6所示，图中相邻两等高线之间的高差为2 m，根据图中等高线可以看出该地区的地形：该地区南部和北部各有一座山峰，西部地势较低，东部地势较高。

（4）地物：在平面线形设计图中地形图上的地物，如河流、房屋、公路、铁路及水田等，都是按规定图例绘制的。见表1-1。

2）路线部分

（1）设计路线：在平面线形设计图中用粗实线表示的公路中心线为公路的设计路线。

（2）里程桩号：路线的总长度和各段之间的长度用里程桩号表示。里程桩号应从路线的起点至终点由小到大顺序编号，并规定在平面图中路线的前进方向是从左向右的。里程桩分为千米桩和百米桩两种，千米桩标注在路线前进方向的左侧。如K92+860，其中"K"表示km，整千米桩后面的"+"号表示整千米加上某一距离，该距离单位为m。因此K92+860就是表示该点距离路线起点为92 km 860 m。

（3）平面线形：平面线形由直线段、缓和曲线和圆曲线段组成。平面线形设计图的空余位置列有曲线表，如图1-6所示。在平面线形设计图中，主要符号有以下几个。

- JD（交点）、BM（水准点）；
- α（左偏角——路线沿前进方向左偏的角度，右偏角——表示路线沿前进方向右偏的角度；
- R（平曲线半径）、Ls（缓和曲线长）、T（切线长）、L（曲线长）、E（外距）；
- ZY（直圆点——直线与圆曲线的交点）、YZ（圆直点——圆曲线与直线的交点）、ZH（直缓点——直线与缓和曲线的交点）、HZ（缓直点——缓和曲线与直线的交点）、HY（缓圆点——缓和曲线与圆曲线的交点）、YH（圆缓点——圆曲线与缓和曲线的交点）、QZ（曲线中点）。

（4）结构物和控制点：在平面线形设计图上表示公路沿线的结构物和控制点，如涵洞、桥梁、隧道、互通式立交和养护机构等，见表1-2。

2. 纵断面线形设计图

纵断面线形设计图是沿着公路中心线用垂直切面进行纵向剖切，然后展开绘制而获得的，由直线和竖曲线组成。纵断面线形设计图表达路线中心的纵向线形，沿线地面的高低起伏状况、地质和沿线设置构造物的概况。图1-7所示为路线纵断面效果图，图1-8为公路纵断面线形设计图。

（1）比例：公路纵断面设计图的横向表示路线的里程桩号，竖向表示设计线和地面的高程。为了在路线纵断面图上清晰地显示高程的变化，绘制时一般竖向比例要比横向比例放大10倍。

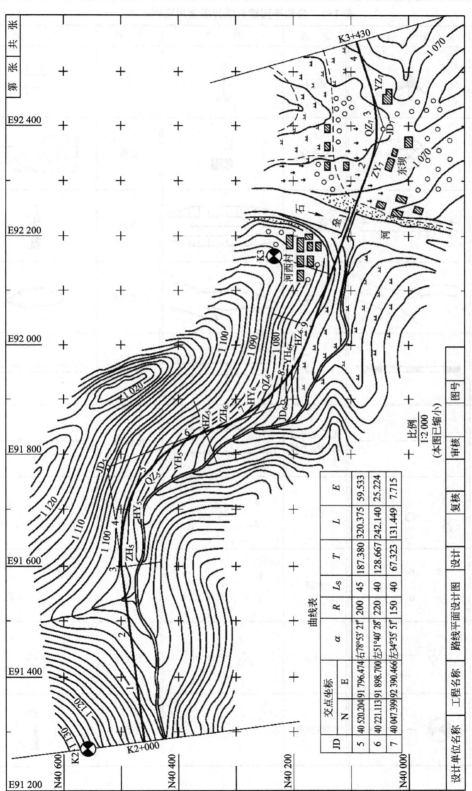

图 1-6 公路平面线形设计图

表 1-1　公路平面线形设计图常用图例

名　称	图　例	名　称	图　例	名　称	图　例
机场		港口		井	
学校		变电室		房屋	
土堤		水渠		烟囱	
河流		冲沟		人工开挖	
铁路		公路		大车道	
小路		低压电力线 高压电力线		电信线	
果园		旱地		草地	
林地		水田		菜地	
导线点		三角点		图根点	
水准点		切线交点		指北针	

表 1-2　公路工程常用图例

项目	序号	名称	图例	序号	名称	图例
平面	1	涵洞		10	通道	
	2	桥梁（大、中桥按实际长度绘制）		11	分离式立交 (a) 主线上跨 (b) 主线下穿	(a) (b)
	3	隧道		12	互通式立交（根据采用形式绘制）	
	4	养护机构		13	管理机构	
	5	隔离墩		14	防护栏	
纵断面	6	箱涵		15	桥梁	
	7	盖板涵		16	箱形通道	
	8	拱涵		17	管涵	
	9	分离式立交 (a) 主线上跨 (b) 主线下穿	(a)　(b)	18	互通式立交 (a) 主线上跨 (b) 主线下穿	(a)　(b)

（2）设计线和地面线：在公路纵断面设计图中，粗实线为设计线，由直线段和竖曲线组成。设计线是根据地形起伏和公路等级，按相应的公路工程技术标准而确定的，设计线上各点的标高通常是指路基边缘的设计高程；不规则的细折线为设计线处的地面线，它是根据原地面上沿线各点的实测中心桩高程而绘制的。比较设计线与地面线的相对位置，可确定填挖地段和填挖高度。

（3）竖曲线：在纵向坡度变更处（变坡点）应设置竖曲线，以利于汽车平稳行驶。竖曲线分为凸形和凹形两种。符号中部的竖线对准变坡点，竖线两侧标注变坡点的里程桩号和

图 1-7 路线纵断面效果图

竖曲线中点的高程。符号的水平线两段对准竖曲线的起点和终点。水平线上（下）方标注竖曲线要素值（半径 R，切线长 T，外距 E）。如图 1-8 所示，在 K0+100 处设有 $R=750$ m 的凸曲线，$T=15$ m，$E=0.14$ m。

（4）沿线构造物：道路沿线如设有桥梁、涵洞、立交或通道等构造物时，在其相应设计高程和高程处，参照表 1-2 中的图例绘制并注明构造物的名称、种类、大小和中点里程桩号。

1）路线纵断面图制图一般规定

（1）纵断面图的图样应布置在公路纵断面设计图的上部。测设数据应采用表格形式布置在公路纵断面设计图的下部。高程标尺应布置在测设数据表的上方左侧（见图 1-8）。

（2）设计线应采用粗实线表示；原地面线应采用细实线表示；地下水位线应采用细双点画线及水位符号表示；地下水位测点可仅用水位符号表示（见图 1-9）。

（3）变坡点应采用中粗线圆圈表示，切线应采用细虚线表示；竖曲线应采用粗实线表示。标注竖曲线的竖直细实线应对准变坡点所在桩号，线左侧标注桩号；线右侧标注变坡点高程。水平细实线两端应对准竖曲线的始、终点。两端的短竖直细实线在水平线之上为凹曲线；反之为凸曲线。竖曲线要素（半径 R、切线长 T、外矩 E）的数值均应标注。竖曲线标注也可布置在测设数据表内，此时，变坡点的位置应在坡度、距离栏内示出（见图 1-10）。

（4）在测设数据表中，设计高程、地面高程、填高、挖深应对准其桩号，单位以米计。里程桩号应由左向右排列。整千米桩应标注"K"，其余桩号的千米数可省略（见图 1-11）。

（5）在测设数据表的平曲线栏中，平曲线应分别用凹、凸折线表示。当不设缓和曲线段时，按图 1-12（a）标注；当设缓和曲线段时，按图 1-12（b）标注。在曲线的一侧标注交点编号、半径等信息。

2）路线纵断面图识读

公路纵断面线形设计图识读要点见表 1-3，以图 1-8 为例。

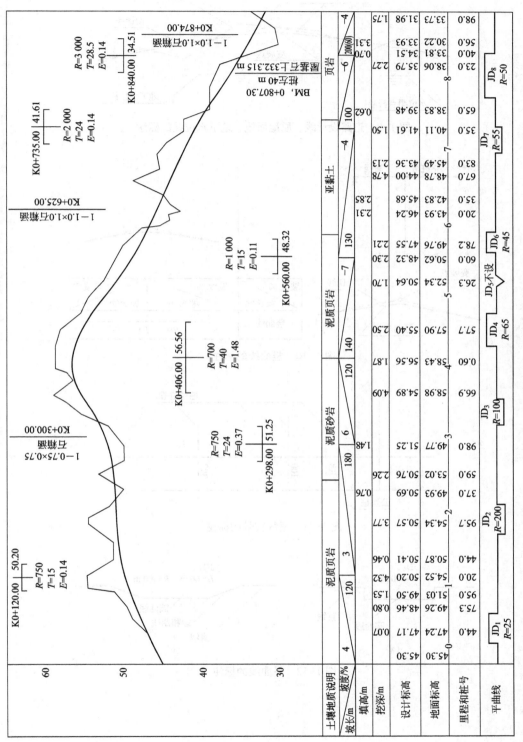

图 1-8 公路纵断面线形设计图

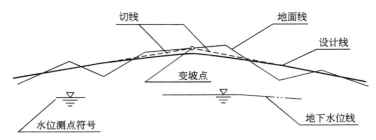

图 1-9　道路设计线、原地面线、地下水位线的标注

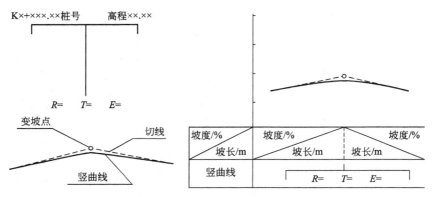

图 1-10　竖曲线的标注

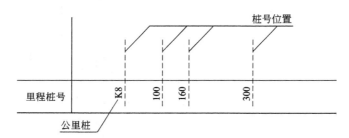

图 1-11　里程桩号的标注

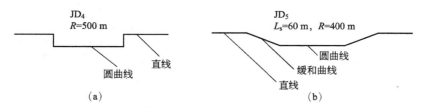

图 1-12　平曲线的标注

表 1-3 公路纵断面线形设计图识读要点

竖曲线	在纵断面图上用两端带竖直短线的水平线表示竖曲线，竖直短线在水平线上方的表示凹竖曲线，竖直短线在水平线下方的表示凸竖曲线；竖直短线要与竖曲线起点和终点对齐，并标出竖曲线的里程桩号、设计高程、半径 R、切线长 T、外距 E
结构物	在纵断面图上用竖直线段标出了桥梁、涵洞等的位置；在竖直线段左边标出结构物的结构形式或尺寸等信息，如"1-0.75×0.75 石箱涵"表示设置有一个截面尺寸为 0.75 m×0.75 m 的石箱涵；在竖直线段右边标出的，如 K0+300.00，表示该结构物的中心桩号
土壤地质概况	图幅下方土壤地质栏中分段标出了公路沿线的土壤地质概况
坡度、坡长	在图幅下方的坡长、坡度栏中，沿路线前进方向向上倾斜的斜线段表示上坡，向下倾斜的斜线段表示下坡；在斜线段的上方标出坡度值（百分率表示，下坡为负），斜线段下方示出的值为坡长值（单位为 m）
地面高程、设计高程、填高挖深	将外业测量得到的各中线桩点原地面高程与里程桩号对应，点绘在坐标系中，连接各点即得出地面线；将按纵坡设计计算出的各桩号设计高程与里程桩号对应，点绘于坐标系中，连接各点得出设计线；将地面高程和设计高程值列于与桩号对应的、图幅下方表中地面高程栏和设计高程栏； 设计线在地面线以上，每一桩号的设计高程减去地面高程之值为填筑高度，即图幅下方表中的填高栏中之值；地面线在设计线以上，每一桩号的地面高程减去设计高程之值即为挖深值，在挖深栏中表示
里程桩号	里程桩号栏系按图示比例标有千米桩位、百米桩位、变坡点桩位、平曲线和竖曲线各要素桩位及各桩之间插入的整数桩位；如 K56 表示该处里程为 56 km；100、200、……为百米桩，变坡点桩、曲线要素桩大多为非整数桩
平曲线	平曲线栏中标出的是平曲线设置情况，沿路线前进方向向左（表示左偏）或向右（表示右偏）的台阶垂直短线为曲线起点和终点，并用文字标出曲线的交点编号 JD、平曲线半径 R 等

3. 横断面设计图

（1）路面、路肩、边坡线等采用粗实线表示；路面厚度采用中粗实线表示；原有地面线采用细实线表示，公路中线应采用细点画线表示（见图 1-13）。

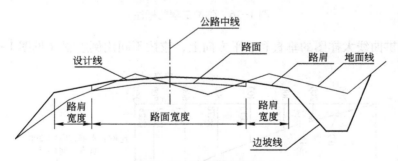

图 1-13 路线横断面图

（2）公路的超高、加宽应在横断面图中表示出（见图 1-14）。

（3）用于施工放样及土方计算的横断面设计图在图样下方标注桩号。图样右侧标注填高、挖深、填方、挖方的面积，并采用中粗点画线示出征地界线（见图 1-15）。

（4）当防护工程标注材料名称时，可不画材料图例（见图 1-16）。

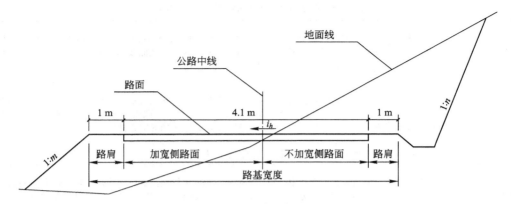

图 1-14 公路超高、加宽的标注

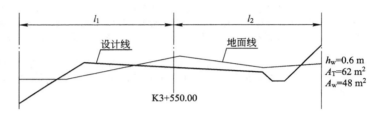

图 1-15 横断面设计图中填方挖方的标注

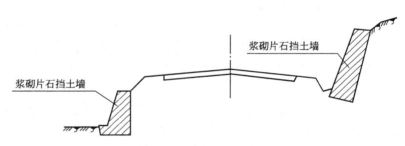

图 1-16 防护工程的标注

（5）在路拱曲线大样图的垂直和水平方向上，应按不同比例绘制（见图 1-17）。

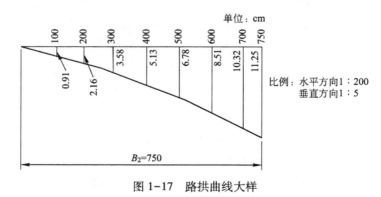

图 1-17 路拱曲线大样

(6) 路基横断面图识读要点见表1-4。

表1-4　路基横断面图识图要点

路基标准横断面图	路基标准横断面图上标注有各细部尺寸，如行车道宽度、路肩宽度、分隔带宽度、填方路堤边坡坡度、挖方路堑边坡坡度、台阶宽度、路面横坡坡率、设计高程位置、路中线位置、超高旋转轴位置、截水沟位置、公路界、公路用地范围等。路基标准横断面图中的数据仅表示该公路路基在通常情况下的横断面设计情况，在特定情况下，如存在超高、加宽等时的路基横断面的有关数据应在路基横断面图中查找
路基横断面图	路基横断面图是按照路基设计表中的每一桩号和参数绘制出的路基横断面图。图中除表示出了该横断面的形状外，还标明了该横断面的里程桩号，中桩处的填高、挖深值，填、挖面积，以中线为界的左、右路基宽度等数据

1.4.2　路面结构设计图

（1）路面类型。按路面面层的使用性质、材料组成类型及结构强度和稳定性的不同，路面可分为4个等级，见表1-5。

表1-5　路面等级分类表

路面等级	面层类型	适用等级
高级	水泥混凝土、沥青混凝土	高速公路、一级或二级路
次高级	沥青贯入碎（砾）石、路拌沥青碎（砾）石、沥青表面处治	二级或三级路
中级	泥结或级配碎（砾）石、石块、其他粒料	三级或四级路
低级	粒料加固土、其他当地材料加固或改善	四级路

（2）路面结构的层次划分见表1-6。

表1-6　路面结构的层次划分

层次	组成及名称	特　点
面层	磨耗层	路面结构的最上层，应具有较高的强度、刚度、稳定性、耐久性、耐磨性；面层可由一层或数层组成，水泥混凝土面层通常由一层组成，沥青混凝土面层常由数层（上面层、中面层、下面层等）组成，有的在基层顶面设置了联结层或封水层
面层	上面层	
面层	中面层	
面层	下面层	
面层	联结层	
基层	基层	位于面层之下和垫层或土基之上，基层起承载和传力的作用，应具有较高的强度、刚度和足够的水稳定性；若增加基层厚度，可增设底基层
基层	底基层	
垫层	垫层	介于基层与土基之间，起隔水、排水、隔温等作用；要求材料强度不一定很高，但水稳定性、隔温、隔水和隔土性能应较好

（3）路面结构图应符合下列规定：

① 当路面结构类型单一时，可在横断面设计图上用竖直引出线标注材料层次及厚度

［见图1-18（a）］。

② 当路面结构类型较多时，可按各路段不同的结构类型分别绘制，并标注材料图例（或名称）及厚度［见图1-18（b）］。

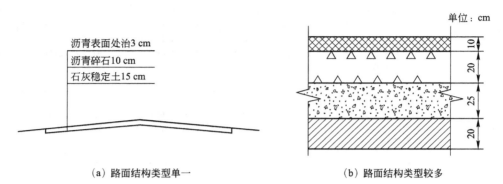

(a) 路面结构类型单一　　(b) 路面结构类型较多

图1-18　路面结构的标注

（4）路面结构设计图的判读。应重点读懂并弄清以下内容：
① 路面结构层的设置与层次划分；
② 每一结构层的组成；
③ 各结构层的尺寸；
④ 各结构层所用材料与施工技术、施工工艺要求。

1.4.3　平面交叉口设计图

（1）简单平面交叉口可仅标注控制点高程、排水方向及其坡率［见图1-19（a）］，排水方向可采用单边箭头表示。

（2）用等高线表示的平面交叉口，等高线宜用细实线表示，并每隔4条细实线绘制一条中粗实线［见图1-19（b）］。

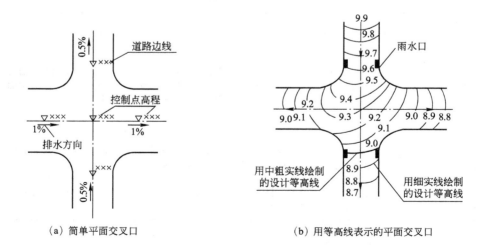

(a) 简单平面交叉口　　(b) 用等高线表示的平面交叉口

(c) 用网格高程表示的平面交叉口

图 1-19　平面交叉口竖向设计高程的标注

(3) 用网格高程表示的平面交叉口，其高程数值宜标注在网格交点的右上方，并加括号。若高程整数值相同时，可省略，高程整数值应在图中说明。网格应采用平行于设计道路中线的细实线绘制［见图 1-19（c）］。

(4) 水泥混凝土路面的设计高程数值应标注在板角处，并加注括号。在同一张图纸中，当设计高程的整数部分相同时，可省略整数部分，但应在图中说明（见图 1-20）。

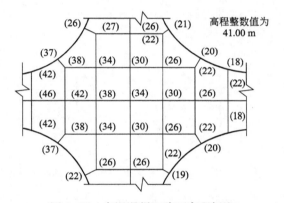

图 1-20　水泥混凝土路面高程标注

练习思考题

1. 公路的线形和结构都由哪些部分组成？
2. 简述工程建设的概念和内容。我国的基本建设内容包括哪些？
3. 简述建设项目的概念和基本特征。公路工程基本建设项目是如何分类的？
4. 简述建设项目的组成，各组成的特征及其相互关系。
5. 简述公路工程建设项目的概念及其组成。
6. 简述可行性研究的概念和作用。可行性研究报告的内容及其核心内容是什么？

7. 简述公路工程设计阶段是如何进行的。初步设计、技术设计和施工图设计的作用及其相互关系是什么？

8. 平面线形设计图、纵断面线形设计图和横断面设计图的识图要点是什么？请说明图 1-6 的地形特征和主要的地物。

9. 简述路面等级和路面结构层次是如何划分的。

10. 选择典型的城市道路单项工程，划分其项目组成。

第 2 章 公路工程造价概述

> 主要内容：
> 1. 工程造价的概念、作用及公路工程造价的特点；
> 2. 概预算的概念、分类及各种概预算的区别和联系；
> 3. 概预算与建设项目发展程序的关系；
> 4. 我国工程造价管理体制、组织形式、工程造价管理的内容；
> 5. 工程造价咨询的概念和造价咨询单位管理体制；
> 6. 造价工程师的权利、义务及我国造价工程师执业资格考试和注册制度。

2.1 公路工程造价的基本概念

2.1.1 工程造价的概念和作用

1. 工程造价的概念

工程造价是指建设一项工程的预期开支和实际开支的全部固定资产投资费用，即完成一个项目建设所需费用的总和，包括建筑安装工程费和工程建设其他费用等；同时工程造价也是指工程价格，即建筑产品价格，是建筑工程发包与承包双方在施工合同中约定的工程造价。因此工程造价有广义和狭义两种含义。

从广义上讲，工程造价是指建设一项工程预期开支或实际开支的全部固定资产投资费用，这是从投资者——业主的角度来定义的。投资者选定一个投资项目，为了获得预期的效益，就要通过对项目的可行性研究进行投资决策，然后进行勘察设计、设备采购、工程施工，直至竣工验收等一系列投资管理活动。在整个投资活动过程中所支付的全部费用形成了固定资产和无形资产，所有这些开支就构成了工程造价。从这个意义上说，工程造价就是完成一个工程建设项目所需费用的总和。

从狭义上讲，工程造价是指工程价格，即为建成一项工程，预计或实际在土地市场、设备市场、技术劳务市场及承包市场等交易活动中所形成的建筑安装工程的价格和建设工程总价格，这是从承包者——施工单位的角度来定义的。通常，人们将工程造价的第二种含义认定为工程承发包价格。承发包价格是工程造价中一种重要的，也是最典型的价格形式，它是在建筑市场通过招标投标，由需求主体（投资者）和供给主体（承包商）共同认可的价格。

鉴于建筑安装工程价格在项目固定资产中占有50%~60%的份额，又是工程建设中最活跃的部分，而施工企业是工程项目的实施者，是建筑市场的主体，所以将工程承发包价格界定为工程造价很有现实意义，但这样界定对工程造价的含义理解较狭窄。

2. 工程造价的作用

工程造价涉及国民经济各部门、各行业，涉及社会再生产中的各个环节，也直接关系到人民群众的生活质量，所以它的作用范围和影响程度都很大。其作用主要表现在以下几方面。

1) 工程造价是项目决策的依据

工程造价决定着项目的一次投资费用。投资者是否有足够的财务能力支付这笔费用，是否认为值得支付这项费用，是项目决策中要考虑的主要问题，也是投资者必须首先解决的问题。因此，在项目决策阶段，建设工程造价就成为项目财务分析和经济评价的重要依据。

2) 工程造价是制订投资计划和控制投资的依据

投资计划是按照建设工期、工程进度和建设工程价格等逐年分月加以制订的。正确的投资计划有助于合理有效地使用资金。工程造价在控制投资方面的作用非常明显。工程造价是通过多次性预估，最终通过竣工决算确定下来的。每一次预估的过程就是对造价的控制过程，而每一次估算对下一次估算又都是对造价严格的控制。具体地讲，每一次估算都不能超过前一次估算的一定幅度，这种控制是在投资者财务能力的限度内为取得既定的投资效益所必需的。建设工程造价对投资的控制也表现在利用制定各类定额、标准、参数来对建设工程造价的计算依据进行控制上。在市场经济条件下，造价对投资控制作用成为投资的内部约束机制。

3) 工程造价是筹措建设资金的依据

投资体制的改革和市场经济的建立，要求项目的投资者必须有很强的筹资能力，以保证工程建设有充足的资金供应。工程造价基本决定了建设资金的需要量，从而为筹措资金提供了比较准确的依据。当建设资金来源于金融机构的贷款时，金融机构在对项目的偿贷能力进行评估的基础上，也需要依据工程造价来确定给予投资者的贷款数额。

4) 工程造价是评价投资效果的重要指标

建设工程造价是一个包含着多层次造价的指标体系。就一个工程项目来说，它既是建设项目的总造价，又包含着单项工程造价和单位工程造价，同时也包含单位生产能力的造价或每千米造价等。它能够为评价投资效果提供出多种评价指标，并能够形成新的价格信息，为今后类似项目的投资提供参考。

5) 工程造价是合理进行利益分配和调节产业结构的手段

工程造价的高低，涉及国民经济各部门和企业间的利益分配。在市场经济中，工程造价受供求状况的影响，并在围绕价值的波动中实现对建设规模、产业结构和利益分配的调节，加上政府正确的宏观调控和价格政策导向，工程造价在这方面的作用得以充分发挥。

2.1.2 概预算的概念和分类

在项目建设发展过程进行概预算的编制，其主要目的是有效地确定和控制建设项目的投资和进行人力、物力、财力的准备工作，以保证工程项目的顺利完成。概预算的含义包括广义和狭义两方面内容。概预算的广义含义是指概预算是一个编制的过程，而狭义含义是指概预算的结果是概预算文件。

1. 根据建设开展阶段的不同

1）投资估算

投资估算是指在编制项目建议书和可行性研究阶段，建设单位向国家主管部门申请投资时，确定建设项目的投资总额而编制的经济文件，是建设项目决策时的一项主要参考性经济指标。投资估算的作用主要表现为：① 国家或主管部门审批项目建议书，确立投资计划的重要依据，是决策性质的经济文件；② 已经批准的投资估算作为设计任务书下达的投资限额，对设计概算起控制作用；③ 也可作为项目资金筹措及指定贷款计划的依据；④ 国家编制中长远规划，保持合理投资比例和投资结构的重要依据。

2）设计概算

设计概算是指工程项目的初步设计阶段，根据初步设计文件和图纸、概算定额（或概算指标）及其有关费用定额等，对工程项目所应发生费用的概略计算。设计概算的作用主要表现为：① 国家确定和控制基本建设投资额、编制基本建设计划、选择最优设计方案、推行限额设计的重要依据；② 计算工程设计收费、编制招标标底和投标报价、确定工程项目总承包合同价的主要依据；③ 建设银行控制基建拨款，进行财政监督的依据；④ 控制施工图预算造价，进行"两算"对比，考核建设成果的基础。

3）施工图预算

施工图预算是指在施工图设计完成后，工程开工前，在施工方案（或施工组织设计）已经确定的前提下，根据国家或地区现行的统一预算定额、预算基价、施工图纸和设计说明等有关规定，进行逐项计算和汇总的单位工程及单项工程造价的技术经济文件。施工图预算的作用主要表现在：① 确定工程造价的基本文件，加强施工管理实行经济核算的基础；② 工程招投标中计算标底的主要依据；③ 建设银行拨款和贷款的依据；④ 甲、乙双方工程结算和决算的依据。

4）施工预算

施工预算是指工程在开工前，施工企业内部编制的完成单位工程所需的工种工时、材料数量、机械台班数量和直接费标准，用于指导施工和进行企业内部经济核算。施工预算的作用主要表现在：① 准确计算各工种劳动力、材料需要量，为施工企业有计划调配劳动力、安排材料采购和供应提供可靠依据；② 衡量工人劳动成果的效果和计算应得报酬的依据；③ 两算（施工和施工图预算）对比，提高企业的经济效益。

5）工程结算

工程结算是指一个单项、单位、分项工程完工，经建设单位及有关部门验收，施工企业根据现场实际情况记录、设计变更通知书、预算定额等，在概算范围内和施工图预算的基础上，向建设单位办理工程结算款的经济文件。

6）竣工决算

竣工决算是指建设项目完成后，由建设单位编制的建设项目从筹建到建成投产或使用的全部实际成本的经济技术文件。

各种概预算的对比见表2-1。

表 2-1　各种概预算的对比

分类	编制阶段	编制单位	编制依据	用途
投资估算	可行性研究阶段	建设单位	概算指标	投资决策
设计概算	初步设计	设计单位	概算定额	控制投资
施工图预算	施工图完成	设计单位	预算定额	工程造价
施工预算	施工阶段	施工企业	施工定额	企业内部成本控制
工程结算	单位工程完成后	施工企业	预算定额现场记录	建造价格
竣工决算	竣工验收	建设单位	结算资料	实际投资

2. 根据编制对象的不同

1）建设项目总概预算

由各个单项工程综合概预算、设备购置费用、工具购置费、预备费和其他费用概预算组成，用于确定建设项目从筹建到竣工验收全部建设费用的综合性文件。

2）单项工程概预算

由各个单位工程概预算组成，用于确定该单项工程造价的综合性文件。

3）单位工程概预算

根据设计文件和图纸、结合施工方案和现场条件计算的工程量和概预算定额及其他各项费用取费标准编制的确定单位工程造价的文件。

4）工程建设其他费概预算

建筑安装工程费、土地使用及拆迁补偿费、预备费以外的，根据规定应在建设投资中计取的一切费用。

3. 建设程序与概预算的关系

公路工程造价包括建设程序的各阶段所编制的各种概预算文件。由于建设各阶段的工作深度不同，因而各阶段所编制的概预算文件的准确性和作用也有所不同，所使用的主要计价依据之一的定额也不相同，如图 2-1 和表 2-2 所示。

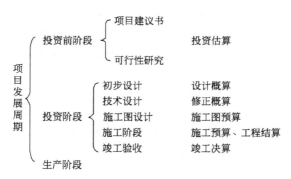

图 2-1　项目发展周期与概预算的关系

表 2-2　项目发展周期与概预算的关系

概预算名称	建设程序	主要作用	相互关系
投资估算	项目建议书、可行性研究阶段	投资估算是决策、筹资和控制造价的主要依据	对拟建项目所需投资，通过编制估算文件预先测算和确定

续表

概预算名称	建设程序	主要作用	相互关系
设计概算	初步设计阶段	按两阶段设计的建设项目，概算经批准后是确定建设项目投资的额度；是签订建设项目总承包合同的依据；在初步设计批准后即进行招标的工程，其概算的建筑安装工程费用是编制标底的控制依据	设计概算较投资估算的准确性有所提高，但它受投资估算的控制
修正概算	技术设计阶段	按三阶段设计的建设项目，修正概算经批准后是确定建设项目投资的额度；是签订建设项目总承包合同的依据；在初步设计批准后即进行招标的工程，其修正概算的建筑安装工程费用是编制标底的控制依据	是对初步设计概算进行修正调整，比概算造价准确，但受概算造价的控制
施工图预算	施工图设计阶段	施工图预算经批准后，是签订建筑安装工程承包合同，办理工程价款结算的依据；是实行建筑安装工程造价包干的依据；实行招标的工程，其建筑安装工程费用是编制标底的基础	比概算或修正概算更为详尽和准确，但同样要受到概算或修正概算的控制
工程结算	施工阶段	结算价格是该结算工程的实际价格	结算价是指在合同实施阶段，在工程结算时按合同调价范围和调价方法，对实际发生的工程量增减、设备和材料价差等进行调整后计算和确定的价格
竣工决算	竣工验收	确定新增固定资产价值，全面反映建设成果的文件，是竣工验收和移交固定资产的依据	竣工决算是工程完工后，将设计变更和施工变化等方面因素考虑进去，对施工图预算进行最后调整补充而编制的

注：各阶段的概预算文件相互衔接，由粗到细，由浅到深，由预期到实际，前者制约后者，后者修正和补充前者。

2.1.3 公路工程造价的特点

1. 公路工程的技术经济特征

公路工程除具有一般建设项目的特征外，还具有以下一些技术经济特点。

（1）公路工程项目一般属于线形工程。由于公路路线所经路段地质特性的多变性，使得公路路基施工复杂性、多变性凸显，结构物施工也因地质条件的不确定性经常导致设计变更，工期延长，进度控制、质量控制、投资控制难度加大。

（2）公路工程项目构成复杂。公路工程项目的单位工程包括路基工程、路面工程、桥梁工程、隧道工程、交叉工程、沿线设施及交通工程、绿化工程等。各单位工程中工程内容差别很大。

（3）公路工程项目形体庞大，施工过程多，工作面有限，决定了其施工工期较长。

（4）公路工程项目建设投资额度大。

（5）公路工程施工流动性大。公路建设线路长、点多，工程量分布不均匀，在建造过程中和建成后都无法移动，因此，施工人员和机械等需沿线移动进行施工。

（6）公路工程建设受外界干扰及自然因素影响大。公路工程施工的大部分工作是露天进行的，受外界干扰及自然条件的影响很大。

2．公路工程造价特点

1）公路工程造价的大额性

能够发挥投资效用的任意一项公路工程，不仅实物形体庞大，而且造价高昂。动辄数百万、数千万、数亿、十几亿元，特大型公路工程项目的造价可达百亿、千亿元。工程造价的大额性使其关系到有关各方面的重大经济利益，同时也会对宏观经济产生重大影响。这就决定了公路工程造价的特殊地位，也说明了公路工程造价管理的重要意义。

2）公路工程造价的个别性、差异性

任何一项公路工程都有特定的用途、功能和规模，每项公路工程所处的地区、地段都不相同。因而不同公路工程的内容和实物形态都具有差异性，这就决定了公路工程造价的个别性、差异性。

3）公路工程造价的动态性

任何一项公路工程从决策到竣工交付使用，都有一个较长的建设期间。在预计工期内，许多影响公路工程造价的动态因素，如工程变更、设备材料价格、工资标准、费率、利率、汇率等都可能会发生变化。这种变化必然会影响到造价的变动。所以，公路工程造价在整个建设期处于不确定状态，直至竣工决算后才能最终确定公路工程的实际造价。

4）公路工程造价的层次性

公路工程造价的层次性取决于公路工程的层次性。一个公路工程建设项目往往含有多个能够独立发挥设计效能的单项工程。一个单项工程又是由若干个能够发挥专业效能的单位工程组成。与公路工程的层次性相对应，公路工程造价也有3个层次，即公路工程建设项目总造价、公路工程单项工程造价和公路工程单位工程造价。如果专业分工更细，公路工程单位工程的组成部分——分部、分项工程也可以成为交换对象，这样公路工程造价的层次就增加公路工程分部工程和公路工程分项工程而成为5个层次。即使从公路工程造价的计算和工程管理的角度看，公路工程造价的层次性也是非常突出的。

5）公路工程造价的兼容性

公路工程造价的兼容性首先表现在它具有广义和狭义两种含义，其次表现在其构成因素的广泛性和复杂性。在公路工程造价中，首先是其成本因素非常复杂；其次为获得公路工程用地而支出的费用、项目可行性研究和规划设计等费用、与政府一定时期政策（特别是产业政策和税收政策）相关的费用占有相当的份额；再次是其赢利的构成也较为复杂，资金成本大。

3．公路工程造价的计价特征

1）单件性计价

产品的个体差异性决定每项公路工程都必须单独计算造价。也就是说，只能根据公路工程项目的具体设计资料和当地的实际情况单独计算公路工程造价。

2）多次性计价

公路工程一般规模大、建设期长、技术复杂、受建设所在地的自然条件影响大，消耗的人力、物力和资金巨大，一旦决策失误，将造成巨大的损失。为了满足建设各阶段的不同需要，适应造价控制和管理的要求，应在建设全过程进行多次计价。多次计价过程如图2-2所示。

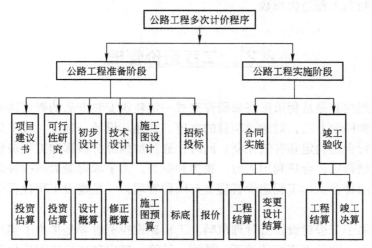

图 2-2　工程造价多次计价过程图

3）组合性特征

公路工程造价的计算是分部组合而成的，这一特征与其建设项目的组合性有关。其计算过程和计算顺序是：分项工程造价、分部工程造价、单位工程造价、单项工程造价、建设项目总造价。例如，将公路工程项目分解为路基工程、路面工程、桥梁工程等单位工程；对路基工程再分解为土方工程、石方工程、防护工程等；对土方工程再分解为挖方工程、填方工程等；对挖方工程再分解为机械挖掘、人力挖掘；机械挖再分解为挖掘机挖掘或推土机推挖掘等；如确定采用推土机推挖掘，就可以通过推土机推挖掘土方的工效定额得到推土机推挖掘1 m³土方所需推土机的机械台班消耗量，再按推土机的机械台班单价计算出所需的费用。各单位工程都可以这样进行分解，然后再将各部分的费用加以综合就可确定整个单项工程所需要的费用。任何规模庞大、技术复杂的公路工程都可以采用这种方法计算其工程造价。

4）方法的多样性

由于公路工程多次计价有各不相同的计价依据，且对公路工程多次计价的精确度要求不同，因而公路工程计价方法有多样性特征。计算和确定公路工程概、预算造价有两种基本方法，即单价法和实物量法。例如，计算和确定公路工程投资估算的方法有设备系数法、生产能力指数估算法等。不同的方法各有利弊，适应条件也不同，计价时要加以选择。

5）计价依据的复杂性特征

影响公路工程造价的因素多，计价依据复杂、种类繁多。公路工程计价依据主要可分为以下六类。

（1）计算设备数量和工程量的依据。包括项目建议书、可行性研究报告、设计文件等。

（2）计算人工、材料、机械等实物消耗量的依据。包括估算指标、概算定额、预算定额等。

（3）计算工程单价的价格依据。包括人工单价、材料供应价格、材料运杂费、机械台班费用定额等。

（4）计算设备购置费的依据。包括设备原价、设备运杂费、进口设备关税等。

（5）政府规定的税、费。
（6）物价指数和工程造价指数。

2.2　工程造价管理

工程造价管理主要是从货币形态来研究完成一定建筑安装产品的费用构成，以及如何运用各种经济规律和科学方法，对建设项目的立项、筹建、设计、施工、竣工交付使用的全过程的工程造价进行合理确定和有效控制。同时，通过加强经济核算和工程造价管理，寻求技术和经济的最佳结合点，合理利用人力、物力和财力，力争取得最大的投资效益。

工程造价有两种含义，工程造价管理也有两种管理：一是建设工程投资费用管理；二是工程价格管理。

第一种管理属于工程建设投资管理范畴。工程建设投资管理是指为了实现投资的预期目标，在拟定的规划、设计方案的条件下，预测、计算、确定和监控工程造价及其变动的系统活动。这一含义既涵盖了微观的项目投资费用的管理，也涵盖了宏观层次的投资费用管理。

第二种管理属于价格管理范畴，分为宏观管理和微观管理两个层次。宏观管理是指国家根据社会经济发展的要求，利用法律手段、经济手段和行政手段，通过建筑市场管理、规范市场主体计价行为，对工程价格进行管理和调控的系统行为。微观管理是指业主对某一工程项目建设成本的管理及发、承包双方对工程承包价格的管理。其中，业主对建设成本的管理包括从建设项目筹建到竣工验收、交付使用的所有费用的全过程管理，即工程造价预控、预测、工程实施阶段的工程造价调整及工程实际造价管理；承包商对建设成本的管理包括为实现管理目标而进行的成本控制、计价、定价和竞价的系统活动；发、承包双方对工程承包价格的管理包括工程价款的支付、结算、变更、索赔等。工程造价管理是建筑市场管理的重要组成部分和核心内容，与工程招投标、质量、施工安全有着密切关系，是保证工程质量和安全生产的前提与保障。

2.2.1　工程造价管理体制和组织

1. 我国工程造价管理体制

我国工程造价管理体制建立于新中国成立初期。1949 年中华人民共和国成立后，三年经济恢复时期和第一个五年计划时期，全国面临着大规模的恢复重建工作。特别是实施第一个五年计划后，为合理确定工程造价、用好有限的基本建设资金，我国引进了苏联的一套概预算定额管理制度，同时也为新组建的国营建筑施工企业建立了企业管理制度。1957 年颁布的《关于编制工业与民用建设预算的若干规定》，规定了各个不同设计阶段都应编制概算和预算，并明确了概预算的作用。概预算制度的建立，有效地促进了建设资金的合理和节约使用，为国民经济恢复和第一个五年计划的顺利完成起到了积极的作用。但这个时期的造价管理只局限于建设项目的概预算管理。

1958—1976 年，概预算定额管理逐渐被削弱，在中央放权的背景下，概预算与定额管理权限也全部下放。1958 年 6 月，建筑安装工程预算定额和间接费用定额交各省、自治区、直辖市负责管理，其中有关专业性的定额由中央各部负责修订、补充和管理，造成全国工量计量规则和定额项目在各地区不统一的现象。同时概预算定额管理工作遭到严重破坏，概预算和定额管理机构被撤销，预算人员改行，大量基础资料被销毁，造成设计无概算、施工无预算、竣工无决算的局面。1973年制定了《关于基本建设概预算管理办法》，但未能施行。

随着我国经济发展水平的提高和经济生活的日益复杂，计划经济的内在弊端逐步暴露出来。传统的与计划经济相适应的概预算定额管理，实际上是用来对工程造价实行行政指令的直接管理，遏制了竞争，抑制了生产者和经营者的积极性与创造性。市场经济虽然有其弱点和消极的方面，但能适应不断变化的社会经济条件，从而发挥优化资源配置的基础作用。

党的十一届三中全会以来，随着经济体制改革的深入和对外开放政策的实施，我国基本建设概预算定额管理的模式已逐步转变为工程造价管理模式，主要表现在以下几方面。

（1）重视和加强项目决策阶段的投资估算工作，努力提高可行性研究报告投资估算的准确度，切实发挥其控制建设项目总造价的作用。

（2）明确概预算工作不仅要反映设计、计算工程造价，更要能动地影响设计、优化设计，并发挥控制工程造价、促进合理使用建设资金的作用。工程经济人员与设计人员要密切配合，做好多方案的技术经济比较，通过优化设计来保证设计的技术经济合理性。

（3）从建筑产品也是商品的认识出发，以价值为基础，确定建设工程的造价和建筑安装工程的造价，使工程造价的构成合理化，逐渐与国际惯例接轨。

（4）把竞争机制引入工程造价管理领域，打破以行政手段分配建设任务的体制，冲破地区封锁，在相对平等的条件下进行招标承包，择优选择工程承包公司和设备材料供应单位，以促使这些单位改善经营管理，提高应变能力和竞争能力，降低工程造价。

（5）提出用"动态"方法研究和管理工程造价。研究如何体现项目投资额的时间价值，要求各地区、各部门工程造价管理机构要定期公布各种设备、材料、工资、机械台班的价格指数及各类工程造价指数，要求尽快建立地区、部门以至全国的工程造价管理信息系统。

（6）提出要对工程造价的估算、概算、预算、承包合同价、结算价、竣工决算实行"一体化"管理，并研究如何建立一体化的管理制度，改变过去分段管理的状况。

（7）工程造价咨询产生并逐渐发展。工程造价咨询单位在全国全面、迅速发展，他们受委托方委托，为建设项目的工程造价的合理确定和有效控制提供咨询服务。正式建立了造价工程师执业资格制度，设立了中国建设工程造价管理协会及各专业委员会，各省、自治区、直辖市工程造价管理协会也普遍建立。

随着《中华人民共和国招标投标法》的颁布，建设工程承发包主要通过招投标方式来实现。为了适应我国建筑市场发展的要求和国际市场竞争的需要，我国正式推行工程量清单计价模式。工程量清单计价模式与我国传统的定额加费率造价管理模式不同，其主要采用综合单价计价。工程项目综合单价包括了直接费、设备购置费、措施费、企业管理费、规费、利润和税金，不再需要像以往定额计价那样进行套定额、调整材料差价、计算独立费等工作，使工程计价简单明了，更适合招投标工作。实施工程量清单计价，其意义有以下5个方面。

（1）有利于贯彻"公正、公平、公开"的原则。业主与承包商在统一的工程量清单基础上进行招标和投标，承发包工作更易于操作，有利于防止建筑领域的腐败行为。

（2）工程量清单报价将会有利于我国工程造价管理的政府职能转变，由过去行政直接干预转变为对工程造价依法监督，有效地强化政府对工程造价的宏观调控。

（3）工程量清单要求承包商根据市场行情、项目状况和自身实力报价，有利于引导承包商编制企业定额，进行项目成本核算，提高其管理水平和竞争能力。

（4）工程量清单条目简单明了，有利于监理工程师进行工程计量，造价工程师进行工程结算，加快结算进度。

（5）工程量清单报价对业主和承包商之间承担的工程风险进行了明确划分。业主承担了工程量变动的风险，承包商承担了工程价格波动的风险，对双方的利益都有一定程度的保证。

随着市场经济体制的建立，原有工程造价管理体制已不能适应市场经济发展的需要，必须要进行改革。我国工程造价管理体制改革的最终目标是：建立市场形成价格的机制，实现工程造价管理市场化，形成社会化的工程造价咨询服务业，与国际惯例接轨。

2. 工程造价管理的组织

工程造价管理的组织是指为了实现工程造价管理目标而进行的有效组织活动，以及与造价管理功能相关的有机群体。具体来说，主要是指国家、地方、部门和企业之间管理权限和职责范围的划分，目前我国工程造价管理组织有3个系统。

1）政府行政管理系统

政府在工程造价管理中既是宏观管理主体，也是政府投资项目的微观管理主体。

从宏观管理的角度，政府对工程造价管理有一个严密的组织系统，设置了多层管理机构，规定了管理权限和职责范围。国家建设行政主管部门的造价管理机构在全国范围内行使管理职能，它在工程造价管理工作方面承担的主要职责如下。

（1）组织制定工程造价管理有关法规、制度并组织贯彻实施。

（2）组织制定全国统一经济定额和部管行业经济定额的制订、修订计划。

（3）监督指导全国统一经济定额和部管行业经济定额的实施。

（4）制定工程造价咨询单位的资质标准并监督执行，提出工程造价专业技术人员执业资格标准。

（5）管理全国工程造价咨询单位资质工作，负责全国甲级工程造价咨询单位的资质审定。

省、自治区、直辖市和行业主管部门的造价管理机构在其管辖范围内行使管理职能；省辖市和地区的造价管理部门在所辖地区内行使管理职能。其职责大体和国家建设部的工程造价管理机构相对应。

2）企、事业机构管理系统

企、事业机构对工程造价的管理，属微观管理的范畴。

设计机构和工程造价咨询机构，按照业主或委托方的意图，在可行性研究和规划设计阶段合理确定和有效控制建设项目的工程造价，通过限额设计等手段实现设定的造价管理目标；在招投标工作中编制标底，参加评标、定标；在项目实施阶段，通过对设计变更、工期、索赔和结算等项管理进行造价控制。设计机构和造价咨询机构，通过在全过程造价管理中的业绩，赢得自己的信誉，提高市场竞争力。

承包企业的工程造价管理是企业管理中的重要组成，设有专门的职能机构参与企业的投标决策，并通过对市场的调查研究，利用过去积累的经验，研究报价策略，提出报价；在施工过程中，进行工程造价的动态管理，注意各种调价因素的发生和工程价款的结算，避免收益的流失，以促进企业赢利目标的实现。当然，承包企业在加强工程造价管理的同时，还要加强企业内部的各项管理，特别要加强成本控制，才能切实保证企业有较高的利润水平。

3) 行业协会管理系统

在全国各省、自治区、直辖市及一些大中城市，先后成立了工程造价管理协会，对工程造价咨询工作和造价工程师实行行业管理。

协会的宗旨是：坚持党的基本路线，遵守国家宪法、法律、法规和国家政策，遵守社会道德风尚，遵循国际惯例，按照市场经济的要求，组织研究工程造价行业发展和管理体制改革的理论和实际问题，不断提高工程造价专业人员的素质和工程造价的业务水平，为维护各方的合法权益，遵守职业道德，合理确定工程造价，提高投资效益，以及促进与国际工程造价机构的交流及合作服务。

协会的性质是：由从事工程造价管理与工程造价咨询服务的单位及具有造价工程师注册资格和资深的专家、学者自愿组成的具有社会团体法人资格的全国性社会团体，是对外代表造价工程师和工程造价咨询服务机构的行业性组织。经建设部同意，民政部核准登记，协会属非营利性社会组织。

协会的业务范围包括以下几方面。

（1）研究工程造价管理体制的改革，行业发展、行业政策、市场准入制度及行为规范等理论与实践问题。

（2）探讨提高政府和业主项目投资效益，科学预测和控制工程造价，促进现代化管理技术在工程造价咨询行业的运用，向国家行政部门提供建议。

（3）接受国家行政主管部门委托，承担工程造价咨询行业和造价工程师执业资格及职业教育等具体工作，研究提出与工程造价有关的规章制度及工程造价咨询行业的资质标准、合同范本、职业道德规范等行业标准，并推动实施。

（4）对外代表我国造价工程师组织和工程造价咨询行业与国际组织及各国同行组织建立联系与交往，签订有关协议，为会员开展国际交流与合作等服务。

（5）建立工程造价信息服务系统，编辑、出版有关工程造价方面的刊物和参考资料，组织交流和推广先进工程造价咨询经验，举办有关职业培训和国际工程造价咨询业务研讨活动。

（6）在国内外工程造价咨询活动中，维护和增进会员的合法权益，协调解决会员和行业间的有关问题，受理关于工程造价咨询执业违规的投诉，配合行政主管部门进行处理，并向政府部门和有关方面反映会员单位和工程造价咨询人员的建议和意见。

（7）指导各专业委员会和地方造价协会的业务工作。

（8）组织完成政府有关部门和社会各界委托的其他业务。

2.2.2 工程造价管理的内容

工程造价管理的目标是按照经济规律的要求，根据市场经济的发展形势，利用科学管理方法和先进管理手段，合理地确定造价和有效地控制造价，以提高投资效益和建筑安装企业经营效益。工程造价管理的任务是加强工程造价的全过程动态管理，强化工程造价的约束机制，维护有关各方的经济利益，规范价格行为，促进微观效益和宏观效益的统一。

工程造价管理的基本内容就是合理地确定和有效地控制工程造价。其范围涉及工程项目建设的全过程造价管理，即项目建议书、可行性研究、初步设计、技术设计、施工图设计、招投标、合同实施、竣工验收等阶段的工程造价管理。

1. 工程造价的合理确定

所谓工程造价的合理确定,就是在建设程序的各个阶段,合理确定投资估算、设计概算、施工图预算、承包合同价、工程结算、竣工决算。

(1) 在项目建议书阶段,按照有关规定,应编制初步投资估算。经有关部门批准,作为拟建项目列入国家中长期计划和开展前期工作的控制造价。

(2) 在可行性研究报告阶段,按照有关规定编制的投资估算,经有关部门批准,即为该项目的控制造价。

(3) 在初步设计阶段,按照有关规定编制的设计概算,经有关部门批准,即作为拟建项目工程造价的最高限额。对初步设计阶段,实行建设项目招标承包制签订承包合同协议时,其标底及合同价也应在最高限额相应的范围内。

(4) 在施工图设计阶段,按照《公路工程预算定额》《公路工程建设项目概算预算编制办法》等规定编制施工图预算,并核实施工图预算是否超过批准的设计概算。

(5) 对以施工图预算为基础的招标投标工程,承包合同价也是以经济合同形式确定的建筑安装工程造价。

(6) 在工程实施阶段要按照承包实际完成的工程量,以承包合同价为基础,同时考虑因物价上涨所引起的造价提高,考虑到设计中难以预计的而在实施阶段实际发生的工程和费用,合理确定工程结算价。

(7) 在竣工验收阶段,全面汇集在工程建设过程中实际花费的全部费用,编制竣工决算,如实体现建设工程的实际造价。

2. 工程造价的有效控制

工程造价的有效控制是指在优化建设方案、设计方案的基础上,在建设程序的各个阶段,采用一定的方法和措施把工程造价的发生控制在合理的范围和核定的造价限额以内。具体来说,就是要用投资估算控制设计方案的选择和设计概算;用设计概算控制技术设计和修正概算;用设计概算或修正概算控制施工图设计和施工图预算,以求合理使用人力、物力和财力,取得较好的投资效益。控制造价主要就是控制项目投资。

3. 工程造价有效控制原理

1) 以设计阶段为重点的建设全过程造价控制

工程造价控制贯穿于项目建设全过程,但是必须重点突出。很显然,工程造价控制的关键在于施工前的投资决策和设计阶段,而在项目做出投资决策后,控制工程造价的关键就在于设计。建设工程全寿命费用包括工程造价和工程交付使用后的经常开支费用(含经营费用、日常维护修理费用、使用期内大修理和局部更新费用),以及该项目使用期满后的报废拆除费用等。据西方一些国家分析,设计费一般只相当于建设工程全寿命费用的1%以下,但正是这少于1%的费用对工程造价的影响度占75%以上。由此可见,设计对于整个工程建设的效益是至关重要的。

长期以来,我国普遍忽视工程建设项目前期工作阶段的造价控制,而往往把控制工程造价的主要精力放在施工阶段(如审核施工图预算、工程价款的结算)。这样做尽管也有效果,但毕竟是"亡羊补牢",事倍功半。要有效地控制工程造价,就要坚决地把控制重点转到建设前期阶段上来,当前尤其应抓住设计这个关键阶段,以取得事半功倍的效果。

2) 主动控制，以取得令人满意的结果

人们常把控制理解为目标值与实际值的比较，以及当实际值偏离目标值时，分析其产生偏差的原因，并确定下一步的对策。在工程项目建设全过程进行这样的工程造价控制当然是有意义的。但这种立足于调查—分析—决策基础之上的偏离—纠偏—再偏离—再纠偏的控制方法，只能发现偏离，不能使已产生的偏离消失，不能预防可能发生的偏离，因而只能说是被动控制。自20世纪70年代初开始，人们将"控制"立足于事先主动地采取决策措施，以尽可能地减少以至避免目标值与实际值的偏离，这是主动的、积极的控制方法，因此被称为主动控制。也就是说，工程造价控制不仅要反映投资决策，反映设计、发包和施工，更要能动地影响投资决策，影响设计、发包和施工，主动地控制工程造价。

3) 技术与经济相结合是控制工程造价最有效的手段

要有效地控制工程造价，应从组织、技术、经济等多方面采取措施。从组织上采取的措施，包括明确项目组织结构，明确造价控制者及其任务，明确管理职能分工；从技术上采取措施，包括重视设计多方案选择，严格审查监督初步设计、技术设计、施工图设计、施工组织设计，深入技术领域，研究节约投资的可能；从经济上采取措施，包括动态地比较造价的计划值和实际值，严格审核各项费用支出，采取对节约投资的有力奖励措施等。

应该看到，技术与经济相结合是控制工程造价最有效的手段。长期以来，在我国工程建设领域，技术与经济相分离。技术人员把如何降低工程造价看成与己无关，认为那是财会人员的职责。而财会、概预算人员的主要责任是根据财务制度办事，他们往往不熟悉工程知识，也较少了解工程进展中的各种关系和问题，往往单纯地从财务制度角度审核费用开支，难以有效地控制工程造价。为此，迫切需要在工程建设过程中把技术与经济有机地结合起来，通过技术比较、经济分析和效果评价，正确处理技术先进与经济合理两者之间的对立统一关系，力求达到在技术先进条件下的经济合理，在经济合理基础上的技术先进，把控制工程造价观念渗透到各项设计和施工技术措施之中。

4. 工程造价管理的工作要素

工程造价管理围绕合理确定和有效控制工程造价这个基本内容，采取全过程、全方位管理，其具体的工作要素大致归纳如下。

(1) 可行性研究阶段对建设方案认真优选，在编制投资估算时，应考虑风险，打足投资。

(2) 通过招标，从优选择建设项目的承建单位、咨询（监理）单位、设计单位。

(3) 合理选定工程的建设标准、设计标准，贯彻国家的建设方针。

(4) 按估算对初步设计推行量财设计，积极、合理地采用新技术、新工艺、新材料，优化设计方案，准确合理编制设计概算。

(5) 对设备、主要材料进行择优采购，抓好相应的招标工作。

(6) 认真控制施工图设计，推行"限额设计"。

(7) 协调好与各有关方面的关系，合理处理配套工作（包括征地、拆迁、城建等）中的经济关系。

(8) 严格按设计概算对造价实行静态控制、动态管理。

(9) 用好、管好建设资金，保证资金合理、有效地使用，减少资金利息支出和损失。

(10) 严格合同管理，做好工程索赔和工程结算。

（11）强化项目法人责任制，落实项目法人对工程造价管理的主体地位，在法人组织内建立与工程造价紧密结合的经济责任制。

（12）社会咨询（监理）机构要为项目法人积极开展工程造价管理提供全过程、全方位的咨询服务，遵守职业道德，确保服务质量。

（13）各造价管理部门要强化服务意识，强化基础工作（定额、指标、价格、工程量、造价等信息资料）的建设，为工程造价的合理确定提供动态的可靠依据。

（14）各单位、各部门要组织好对造价工程师的考核、培养和培训工作，促进人员素质和工作水平的提高。

2.3 工程造价咨询

2.3.1 工程造价咨询的概念与功能

1. 咨询及工程造价咨询

所谓咨询，是利用科学技术和管理人才已有的专门知识、技能和经验，根据政府、企业以至个人的委托要求，提供解决有关决策、技术和管理等方面问题的优化方案的智力服务活动过程。它以智力劳动为特点，以特定问题为目标，以委托人为服务对象，按合同规定条件进行有偿的经营活动。可见，咨询是商品经济进一步发展和社会分工更加细密的产物，也是技术和知识商品化的具体形式。

工程造价咨询是指造价咨询单位面向社会接受委托，承担建设项目的可行性研究，投资估算，项目经济评价，工程概算、预算、结算、竣工决算，工程招标标底编制，投标报价编制和审核，对工程造价进行监控及提供有关工程造价信息资料等业务工作。

2. 咨询业的形成

咨询业作为一个产业部门的形成，是技术进步和社会经济发展的结果。

技术进步使社会分工更加细密，并不断产生新的产业部门。尤其是在国民经济发展程度较高的发达国家出现了"第三产业化"现象。这是因为经济发展程度越高，在社会经济生活和个人生活中对各种专业知识技能和经验的需要就越广泛，而要使一个企业或个人掌握和精通经济活动及社会活动所需要的各种专业知识、技能和经验，几乎是不可能的。例如，进行物业投资的企业和个人并不很了解有关的技术经济问题；要出国深造或旅游，但不知道如何选择学校和旅游线路；进行国际贸易或项目投资，但不掌握国际市场的情况。凡此种种，都要求有大量的咨询服务。适应这种形势，能够提供不同专业咨询服务的咨询公司应运而生。最为普遍的是房地产开发公司和物业咨询服务公司、工程咨询公司、土地价格评估公司、资产评估公司、房地产评估公司、工程监理公司及工程造价咨询公司等。大量咨询公司的出现，是咨询业形成的标志。

3. 咨询业的社会功能

咨询业作为国民经济中的一个新兴产业，具有以下社会功能。

1）服务功能

咨询业的首要功能就是服务，即为经济发展服务，为社会发展服务和为居民生活服务。

在生产领域和流通领域的技术咨询、信息咨询、管理咨询，可以起到加速企业技术进步，提高生产效率和投资效益，提高企业素质和管理水平的作用。在社会发展领域，在环境、人口、文教卫生、婚姻家庭、社会福利与保险等方面的咨询服务，可以促使社会进步与社会稳定，促进社会环境和生态环境的改善，提高人口素质和社会文明程度。对居民生活的咨询服务，主要是在居民的置业、购物、旅游、投资理财、财产分割、婚姻家庭、医疗保健、升学就业等方面提供服务，协助他们做出正确选择，以保护居民正当的合法权益。

2) 引导功能

咨询业是知识密集的智能型产业，它拥有大批专业人才，有能力也有义务为服务对象提供最权威的指导，引导服务对象按照法律法规、政府政策和发展规划、市场信息等，抓住机遇，规避风险，使社会行为和市场行为既符合企业与个人的利益，也符合宏观社会经济发展的要求，以引导他们去规范自己的行为，促使微观效益和宏观效益的统一。

3) 联系功能

咨询业的社会功能，在一定意义上也可以说是架起了一座联系的桥梁。它通过咨询活动把生产和流通，生产流通和消费更密切地联系起来，同时也促进了市场需求主体和供给主体的联系，促进了企业、居民和政府的联系，从而有利于国民经济以至整个社会健康、协调地发展。

2.3.2 工程造价咨询单位

工程造价咨询单位是指接受委托，对建设项目工程造价的确定与控制提供专业服务，出具工程造价成果文件的中介组织或咨询服务机构。工程造价咨询单位应取得工程造价咨询单位资质证书，并在资质证书核定的范围内从事工程造价咨询业务。工程造价咨询单位从事工程造价咨询活动应遵循公开、公正、公平的原则。不允许任何单位和个人分割、封锁和垄断工程造价咨询市场。

1. 工程造价咨询单位的资质等级和标准

工程造价咨询单位资质等级分为甲级和乙级。其资质等级是对工程造价咨询单位的专职技术负责人、专业技术人员、注册资金、历史业绩和社会信誉等方面的要求，具体标准如下：

1) 甲级工程造价咨询单位的资质标准

（1）专职技术负责人具有高级专业技术职称，从事工程造价专业工作 10 年以上，并取得造价工程师注册证书。

（2）具有专业技术职称，从事工程造价专业工作的专职人员不少于 20 人，其中具有高级专业技术职称的专业人员不少于 6 人，中级专业技术职称的人员不少于 10 人，取得造价工程师注册证书的专业人员不少于 8 人。

（3）注册资金不少于 100 万元。

（4）具有固定的办公场所，健全的组织机构，完善的技术经济档案管理制度和严格的质量保证体系。

（5）近 3 年已完成 5 个大型或 8 个中型以上建设项目工程造价的咨询工作。

（6）有良好的社会信誉。

2) 乙级工程造价咨询单位的资质标准

（1）专职技术负责人具有高级专业技术职称，从事工程造价专业工作 8 年以上，并取得造价工程师注册证书。

（2）具有专业技术职称，从事工程造价专业工作的专职人员不少于 12 人，其中具有高级专业技术职称的专业人员不少于 3 人，中级专业技术职称的人员不少于 6 人，取得造价工程师注册证书的专业人员不少于 4 人。

（3）注册资金不少于 50 万元。

（4）具有固定的办公场所，健全的组织机构，完善的技术经济档案管理制度和严格的质量保证体系。

（5）近 3 年已完成 5 个以上中小型建设项目工程造价的咨询工作。

（6）有较好的社会信誉。

2. 工程造价咨询单位的执业范围

工程造价咨询单位应当在资质证书核定的范围内承接工程造价咨询业务，不应超越资质等级和资质等级证书核定的范围承接工程造价咨询业务。

工程造价咨询单位在承接工程造价咨询业务时，应当与委托单位签订工程造价咨询合同。工程造价咨询合同一般包括下列主要内容。

（1）当事人的名称、地址。

（2）咨询项目的名称、委托内容、要求、标准。

（3）履行期限。

（4）咨询费、支付方式和时间。

（5）违约责任和纠纷解决方式。

（6）当事人约定的其他内容。

工程造价咨询单位应当在工程造价成果文件上注明资质证书的等级和编号，加盖单位公章及造价工程师执业专用章。

3. 工程造价咨询单位执业行为准则

为了规范工程造价咨询单位执业行为，保障国家与公众利益，维护公平竞争秩序和各方合法权益，具有工程造价咨询资质的企业法人在执业活动中均应遵循以下执业行为准则。

（1）要执行国家的宏观经济政策和产业政策，遵守国家和地方的法律、法规及有关规定，维护国家和人民的利益。

（2）接受工程造价咨询行业自律组织业务指导，自觉遵守本行业的规定和各项制度，积极参加本行业组织的业务活动。

（3）按照工程造价咨询单位资质证书规定的资质等级和服务范围开展业务。

（4）要竭诚为客户服务，以高质量的咨询成果和优良服务，获得客户的信任和好评。

（5）要按照公平、公正和诚信的原则开展业务，认真履行合同，依法独立自主地开展经营活动，努力提高经济效益。

（6）靠质量、靠信誉参加市场竞争，杜绝无序和恶性竞争；不得利用与行政机关、社会团体及其他经济组织的特殊关系搞业务垄断。

（7）要"以人为本"，鼓励员工更新知识，掌握先进的技术手段和业务知识，采取有效措施组织、督促员工接受继续教育。

（8）不得在解决经济纠纷的鉴证咨询业务中分别接受双方当事人的委托。

（9）不得阻挠委托人委托其他工程造价咨询单位参与咨询服务；共同提供服务的工程造

价咨询单位之间应分工明确，密切协作，不得损害其他单位的利益和名誉。

（10）有义务保守客户的技术和商务秘密，客户事先允许和国家另有规定的除外。

2.3.3 我国现行工程造价咨询单位管理制度的内容

1. 管理部门

国务院建设行政主管部门负责全国工程造价咨询单位的管理工作。省、自治区、直辖市人民政府建设行政主管部门负责本行政区域内工程造价咨询单位的管理工作。特殊行业的主管部门经国务院建设行政主管部门认可，负责本行业内工程造价咨询单位的管理工作。

2. 申请与审批

申请甲级工程造价咨询单位资质的，由国务院建设行政主管部门认可的特殊行业主管部门或省、自治区、直辖市人民政府建设行政主管部门进行资质初审，初审合格后报国务院建设行政主管部门审批。

申请乙级工程造价咨询单位资质的，由省、自治区、直辖市人民政府建设行政主管部门或同级有关专业部门审批。

申请工程造价咨询单位资质等级应当提交下列材料。

（1）工程造价咨询单位资质等级申请书。

（2）技术负责人专业技术职称证书和造价工程师注册证书。

（3）专业人员技术职称证书和造价工程师注册证书。

（4）主要工程造价咨询合同和委托方证明材料。

（5）营业执照复印件。

（6）单位章程。

新开办的工程造价咨询单位只能申请乙级工程造价咨询单位资质等级。工程造价咨询单位资质等级的申请，经资质管理部门审批后，颁发相应的工程造价咨询单位资质证书。工程造价咨询单位资质证书由国务院建设行政主管部门统一印制，分为正本和副本。正本和副本具有同等法律效力。

3. 动态管理

1）资质年检

资质管理部门对工程造价咨询单位实行资质年检。资质年检的内容包括工程造价咨询单位资质条件、工作业绩、服务质量、社会资信等。

年检申报材料主要包括以下几项。

（1）工程造价咨询单位资质质量考核及年检申请表。

（2）营业执照副本复印件和已取得的工程造价咨询单位资质证书正、副本复印件。

（3）内部管理制度。

（4）主要工程造价咨询服务合同、委托方证明材料和上一年度已完成的 3 个主要项目工程造价咨询成果文件复印件。

（5）晋升和新增加的专业人员职称证书、造价工程师注册证书。

（6）新增加的专业人员人事关系证明。

（7）其他需报送的资料。

年检结论为合格、不合格两种，并由资质管理部门记录在工程造价咨询单位资质证书

（副本）的年审栏内。

工程造价咨询单位资质年检结果，由资质管理部门公布。

2）降级与注销资质

工程造价咨询单位未按照规定进行资质年检，资质管理部门可以责令其限期办理；逾期不办理的，资质管理部门可以注销其资质证书。

对年检不合格的工程造价咨询单位，资质管理部门应限其整改，收回资质证书，整改合格后方可继续开展业务；问题严重、整改无效的，由资质管理部门予以降级或注销其资质证书。

3）升级

申请晋级的乙级工程造价咨询单位应当符合脱钩改制要求，达到甲级资质标准，并且连续两年年检合格，同时按规定提交有关申报材料。

4）变更及其他

工程造价咨询单位发生下列情况之一的，应当自情况发生之日起30日内到资质管理部门办理有关手续。

（1）分立或合并，应当交回原工程造价咨询单位资质证书，重新申请资质等级。

（2）停业半年以上，应当办理备案手续。

（3）变更名称、地址、法定代表人、主要技术负责人，应当办理变更手续。

（4）宣布破产或其他原因终止业务，应当办理注销手续。

5）违规处罚

未取得工程造价咨询单位资质证书的单位，从事工程造价咨询业务的，由资质管理部门责令其停止活动，处以1万元以上3万元以下的罚款，并提请工商行政管理部门吊销其营业执照。

工程造价咨询单位隐瞒真实情况、弄虚作假申请资质等级的，由资质管理部门注销其工程造价咨询单位资质证书，并处以1万元以上3万元以下的罚款。

工程造价咨询单位伪造、涂改、出租、转让、出卖工程造价咨询单位资质证书的，由资质管理部门注销其工程造价咨询单位资质证书，并处以1万元以上3万元以下的罚款。

工程造价咨询单位不办理备案、注销或变更手续的，由资质管理部门责令其限期办理；对于逾期不办理的，资质管理部门可以注销其工程造价咨询单位资质证书。

工程造价咨询单位超越资质等级和资质证书核定的范围承接工程造价咨询业务的，由资质管理部门注销其工程造价咨询单位资质证书。

因工程造价咨询单位的过失，给委托方造成经济损失的，工程造价咨询单位应当依法赔偿。

2.4 造价工程师

2.4.1 造价工程师执业资格制度

1. 造价工程师

造价工程师是指经全国统一考试合格，取得造价工程师执业资格证书，并经注册取得造价工程师注册证书，从事建设工程造价活动的人员。考试合格但未经注册的人员，不得以造价工程师的名义从事建设工程造价活动。凡从事工程建设活动的建设、设计、施工、工程造价咨询、工程造价管理等单位，必须在计价、评估、审查（核）、控制及管理等岗位配备有造价工程师执业资格的专业技术人员。

1）造价工程师的素质要求

造价工程师的工作关系到国家和社会公众利益，技术性很强，因此，对造价工程师的素质有特殊要求。造价工程师的素质包括以下几个方面。

（1）思想品德方面的素质。造价工程师在执业过程中，往往要接触许多工程项目，有些项目的工程造价高达数千万、数亿元人民币，甚至更多。造价确定是否准确，造价控制是否合理，不仅关系到国计民生，关系到国民经济发展的速度和规模，而且关系到多方面的经济利益关系。这就要求造价工程师具有良好的思想修养和职业道德，既能维护国家利益，又能以公正的态度维护有关各方合理的经济利益，绝不能以权谋私。

（2）专业方面的素质。造价工程师专业方面的素质集中表现在以专业知识和技能为基础的工程造价管理方面的实际工作能力。造价工程师应掌握和了解的专业知识主要包括相关的经济理论与项目投资管理和融资；相关法律、法规和政策与工程造价管理；建筑经济与企业管理；财政税收与金融实务；市场、价格与现行各类计价依据（定额）；招投标与合同管理；施工技术与施工组织；工作方法与动作研究，建筑制图与识图、综合工业技术与建筑技术；计算机应用和信息管理。

（3）身体方面的素质。造价工程师要有健康的身体，以适应紧张而繁忙的工作，同时应具有肯于钻研和积极进取的精神面貌。

以上各项素质，只是造价工程师工作能力的基础。造价工程师在实际岗位上应能独立完成建设方案、设计方案的经济比较工作，项目可行性研究的投资估算、设计概算和施工图预算、招标标底和投标报价、补充定额和造价指数等编制与管理工作，应能进行合同价结算和竣工决算的管理，以及对造价变动规律和趋势应具有分析和预测能力。

2）造价工程师的技能结构

造价工程师是建设领域工程造价的管理者，其执业范围和担负的重要任务，要求造价工程师必须具备现代管理人员的技能结构。

按照行为科学的观点，作为管理人员应具有3种技能，即技术技能、人文技能和观念技能。技术技能是指能使用由经验、教育及训练上的知识、方法、技能及设备来达到特定任务的能力；人文技能是指与人共事的能力和判断力；观念技能是指了解整个组织及自己在组织中地位的能力，使自己不仅能按本身所属的群体目标行事，而且能按整个组织的目标行事。但是，不同层次的管理人员所需具备的3种技能的结构并不相同，造价工程师应同时具备这3种技能。特别是观念技能和技术技能。但也不能忽视人文技能，忽视与人共事能力的培养，忽视激励的作用。

3）造价工程师的权利

经造价工程师签字的工程造价成果文件，应当作为办理审批、报建、拨付工程款和工程结算的依据。

（1）使用造价工程师名称。

（2）依法独立执行业务。

（3）签署工程造价文件、加盖执业专用章。

(4) 申请设立工程造价咨询单位。
(5) 对违反国家法律、法规的不正当计价行为，有权向有关部门举报。
4) 造价工程师的义务
(1) 遵守法律、法规，恪守职业道德。
(2) 接受继续教育，提高业务技术水平。
(3) 在执业中保守技术和经济秘密。
(4) 不得允许他人以本人名义执业。
(5) 按照有关规定提供工程造价资料。

2. 我国造价工程师执业资格制度

近年来，随着我国市场经济体制的逐步建立，投融资体制不断改革和建设工程逐步推行招投标制，工程造价管理逐步由政府定价转变为市场形成造价的机制，这对工程造价专业人员的业务素质提出了更高的要求。因此，为了适应市场经济体制的需要，更好地发挥工程造价专业人员在工程建设中的作用，急需尽快规范工程造价专业人员的执业行为，提高工程造价专业人员的素质。

为了加强建设工程造价专业技术人员的执业准入控制和管理，确保建设工程造价管理工作质量，维护国家和社会公共利益，1996年8月，国家在工程造价领域实施造价工程师执业资格制度。造价工程师执业资格制度属于国家统一规划的专业技术人员执业资格制度范围。全国造价工程师执业资格制度的政策制定、组织协调、资格考试、注册登记和监督管理工作由人事部和建设部共同负责。

我国造价工程师执业资格制度是指国家建设行政主管部门或其授权的行业协会，依据国家法律法规制定的规范造价工程师执业行为的系统化规章制度。它主要包括以下几方面。
(1) 考试制度和资格标准。
(2) 注册制度和执业范围与规程、规范体系。
(3) 继续教育制度。
(4) 纪律检查与行业监督制度。
(5) 行业服务质量管理制度。
(6) 风险管理与保险制度。
(7) 造价工程师道德规范。

2.4.2 造价工程师的考试和注册制度

1. 造价工程师考试制度

造价工程师执业资格考试实行全国统一大纲、统一命题、统一组织的办法。原则上每年举行一次。国家建设部负责考试大纲的拟订、培训教材的编写和命题工作，统一计划和组织考前培训等有关工作。培训工作按照与考试分开、自愿参加的原则进行。国家人事部负责审定考试大纲、考试科目和试题，组织或授权实施各项考务工作，会同国家建设部对考试进行监督、检查、指导和确定合格标准。

1) 报考条件
(1) 一级造价工程师。
凡遵守中华人民共和国宪法、法律法规，具有良好的业务素质和道德品行，具备下列条件之一者，可以申请一级造价工程师职业资格考试：

具有工程造价专业大学专科（或高等职业教育）学历，从事工程造价业务工作满5年；具有土木建筑、水利、装备制造、交通运输、电子信息、财经商贸大类大学专科（或高等职业教育）学历，从事工程造价业务工作满6年。

具有通过工程教育专业评估（认证）的工程管理、工程造价专业大学本科学历或学位，从事工程造价业务工作满4年；具有工学、管理学、经济学门类大学本科学历或学位，从事工程造价业务工作满5年。

具有工学、管理学、经济学门类硕士学位或第二学士学位，从事工程造价业务工作满3年。

具有工学、管理学、经济学门类博士学位，从事工程造价业务工作满1年。

具有其他专业相应学历或者学位的人员，从事工程造价业务工作年限相应增加1年。

（2）二级造价工程师。

遵守中华人民共和国宪法、法律法规，具有良好的业务素质和道德品行，具备下列条件之一者，可以申请二级造价工程师职业资格考试：

具有工程造价专业大学专科（或高等职业教育）学历，从事工程造价业务工作满2年；具有土木建筑、水利、装备制造、交通运输、电子信息、财经商贸大类大学专科（或高等职业教育）学历，从事工程造价业务工作满3年。

具有工程管理、工程造价专业大学本科及以上学历或学位，从事工程造价业务工作满1年；具有工学、管理学、经济学门类大学本科及以上学历或学位，从事工程造价业务工作满2年。

具有其他专业相应学历或学位的人员，从事工程造价业务工作年限相应增加1年。

2）考试科目

一级造价工程师职业资格考试设《建设工程造价管理》《建设工程计价》《建设工程技术与计量》《建设工程造价案例分析》4个科目。其中《建设工程造价管理》和《建设工程计价》为基础科目，《建设工程技术与计量》和《建设工程造价案例分析》为专业科目。

已取得造价工程师一种专业职业资格证书的人员，报名参加其他专业科目考试的，可免考基础科目。具有以下条件之一的，参加一级造价工程师考试可免考基础科目：

已取得公路工程造价人员资格证书（甲级）；

已取得水运工程造价工程师资格证书；

已取得水利工程造价工程师资格证书。

具有以下条件之一的，参加二级造价工程师考试可免考基础科目：

已取得全国建设工程造价员资格证书；

已取得公路工程造价人员资格证书（乙级）；

具有经专业教育评估（认证）的工程管理、工程造价专业学士学位的大学本科毕业生。

3）证书取得

通过造价工程师执业资格考试合格者，由省、自治区、直辖市人事（职改）部门颁发造价工程师执业资格证书，该证书全国范围内有效，并作为造价工程师注册的凭证。

2. 造价工程师的注册制度

1）注册管理部门

国务院建设行政主管部门负责全国造价工程师注册管理工作，造价工程师注册的具体工作委托中国建设工程造价管理协会办理。省、自治区、直辖市人民政府建设行政主管部门（以下简称省级注册机构）负责本行政区域内的造价工程师注册管理工作。特殊行业的主管部门（以下简称部门注册机构）经国务院建设行政主管部门认可，负责本行业内造价工程师注册管理工作。

2）初始注册

（1）初始注册条件。经全国造价工程师执业资格统一考试合格，且无以下情形的人员。

① 丧失民事行为能力的。

② 受过刑事处罚，且自刑事处罚执行完毕之日起至申请注册之日不满5年的。

③ 在工程造价业务中有重大过失，受过行政处罚或撤职以上行政处分，且处罚、处分决定之日至申请注册之日不满2年的。

④ 在申请注册过程中有弄虚作假行为的。

在下述单位从事工程造价工作的人员。

① 具有工程造价咨询资质的咨询单位。

② 工程建设领域的建设、勘察设计、施工、工程造价（定额）管理、招标代理、工程监理等单位。

③ 教育岗位直接从事工程造价理论研究或教学工作。

（2）初始注册程序及要求。申请造价工程师初始注册，按照下列程序办理。

① 申请人向聘用单位提出申请。

② 聘用单位审核同意后，连同规定的材料一并报省级注册机构或部门注册机构。

③ 省级注册机构或部门注册机构对申请注册的有关材料进行初审，签署初审意见，报国务院建设行政主管部门。

④ 国务院建设行政主管部门对初审意见进行审核，对符合注册条件的，准予注册，并颁发"造价工程师注册证"和造价工程师执业专用章。

每年全国造价工程师执业资格统一考试成绩公布后第3个月，由中国建设工程造价管理协会发布注册通知。

（3）初始注册申报材料的要求。

① 造价工程师初始注册申请表。

② 造价工程师考试合格证书或考试合格证明的原件和复印件（原件由注册机构审核加盖"已申请注册"专用章后退还本人）。

③ 学历证明和身份证原件及复印件。

④ 在工程造价咨询单位注册的人员，应提交其所在单位工程造价咨询资质证书复印件，其中在专营工程造价咨询、会计师及评估师事务所等中介机构注册的人员，尚应提交本人所在地的县级以上（含县级）人才交流中心的人事代理合同、单位聘用合同及交纳养老保险和医疗保险的凭证。

⑤ 从事工程造价工作年限证明。

⑥ 申请人应根据所在工程造价业务岗位提供以下相应的工作业绩证明：

● 近两年已完成编制或审核的单项或单位工程的估算、概算、预算、标底、结算等成果文件及相应的委托书或合同书一份。

● 近两年参加编制或审核的全国统一定额或地区统一定额等计价依据的工作报告两份。

● 近两年发表的工程造价理论研究的报告两份。

未按规定进行初始注册，其全国造价工程师考试合格成绩可保留，但每年必须参加造价工程师的继续教育并达到要求，以便再次申请初始注册。

造价工程师初始注册的有效期限为2年，自核准注册之日起计算。

3）续期注册

（1）续期注册的条件。注册有效期满要求继续执业，且无以下情形的人员。

① 在注册期内参加造价工程师执业资格年检不合格的。

② 无业绩证明和工作总结的。

③ 同时在两个以上单位执业的。

④ 未按规定参加造价工程师继续教育或继续教育未达到标准的。

⑤ 允许他人以本人名义执业的。

⑥ 在工程造价活动中有弄虚作假行为的。

⑦ 在工程造价活动中有过失，造成重大损失的。

⑧ 在注册期内参加造价工程师执业资格年检合格的人员。

（2）续期注册的办理程序如下。

① 申请人向聘用单位提出续期注册申请。

② 聘用单位审核同意后，将续期注册申请表、注册证书、执业期间工作业绩证明、造价工程师继续教育证书及聘用合同一并报省级或部门注册机构。

③ 省级或部门注册机构对申请材料进行审核，对初审合格的人员，准予续期注册；并在注册证书中续期注册栏内签署意见。

④ 省级或部门注册机构应当在准予续期注册后30日内，按规定格式填写《造价工程师续期注册情况统计表》、《造价工程师未通过续期注册人员统计表》和相应的软盘，并报中国建设工程造价管理协会备案。

⑤ 未按规定进行续期注册或经续期注册不合格的人员，由建设部注销其造价工程师执业资格，并予以公告。

造价工程师注册有效期满要求继续执业的，应当在注册有效期满前2个月向省级注册机构或部门注册机构申请续期注册。

申请造价工程师续期注册，应当提交下列材料：

① 从事工程造价活动的业绩证明和工作总结；

② 国务院建设行政主管部门认可的工程造价继续教育证明。

续期注册的有效期限为2年，自准予续期注册之日起计算。

4）变更注册

造价工程师变更工作单位，应当在变更工作单位后2个月内到省级注册机构或部门注册机构办理变更注册。

申请变更注册，按照下列程序办理。

（1）申请人向聘用单位提出申请。

（2）聘用单位审核同意后，连同申请人与原聘用单位的解聘证明，一并上报省级注册机构或部门注册机构。

（3）省级注册机构或部门注册机构对有关情况进行审核，情况属实的，予以变更注册。

（4）省级注册机构或部门注册机构应当在准予变更之日起 30 日内，将变更注册人员情况报国务院建设行政主管部门备案。

造价工程师办理变更注册后一年内再次申请变更的，不予办理。

练习思考题

1. 简述工程造价的含义和作用。公路工程造价的特点是什么？
2. 工程概预算的含义是什么？按照建设开展阶段的不同，工程概预算是如何进行分类的？
3. 简述投资估算、设计概算、施工图预算、施工预算、工程结算和竣工决算的概念及其主要作用。
4. 工程概预算和项目发展周期的关系是什么？
5. 简述工程造价管理的概念。我国工程造价的管理体制和组织形式是什么？
6. 简述工程造价管理的内容及工程造价的有效控制原理是什么。
7. 简述工程造价咨询的概念和功能。我国现行的工程造价咨询管理体制是什么？
8. 什么是工程造价师？工程造价师的权利和义务是什么？
9. 简述我国工程造价师的考试和注册制度是什么。

第3章 公路工程概算预算费用组成

主要内容：
1. 工程类别的划分，公路基本建设项目概算预算费用组成；
2. 人工费、材料费和施工机械使用费的含义；
3. 建筑安装工程费的组成和计量方式；
4. 工程建设其他费的组成和计量方式。

3.1 概　述

公路工程项目全部建设费用以其基本造价表示。而公路基本造价则由建筑安装工程费、土地使用及拆迁补偿费、工程建设其他费、预备费和建设期贷款利息组成。根据交通运输部2018年颁发的《公路工程建设项目概算预算编制办法》（JTG 3830—2018）规定，公路建设项目概算预算费用组成如图3-1所示。

1. 工程类别的划分

《公路工程建设项目概算预算编制办法》（JTG 3830—2018）将公路的工程类别划分为10类，按工程类别制定相应的取费系数，作为措施费和企业管理费等的计费依据。这10类工程类别包括以下各项。

（1）土方：指人工及机械施工的土方工程、路基掺灰、路基换填及台背回填。

（2）石方：指人工及机械施工的石方工程。

（3）运输：指用汽车、拖拉机、机动翻斗车、船舶等运送土石方、路面基层和面层混合料、水泥混凝土及预制构件、绿化苗木等。

（4）路面：指路面所有结构层工程、路面附属工程、便道及特殊路基处理（不含特殊路基处理中的圬工构造物）。

（5）隧道：指隧道土建工程（不含隧道的钢材及钢结构）。

（6）构造物Ⅰ：指砍树挖根、拆除工程、排水、防护、特殊路基处理中的圬工构造物、涵洞、交通安全设施、拌和站（楼）安拆工程、便桥、便涵、临时电力和电信设施、临时轨道、临时码头、绿化工程等工程。

（7）构造物Ⅱ：指小桥、中桥、大桥、特大桥工程。

（8）构造物Ⅲ：指商品水泥混凝土的浇筑、商品沥青混合料和各类商品稳定土混合料的

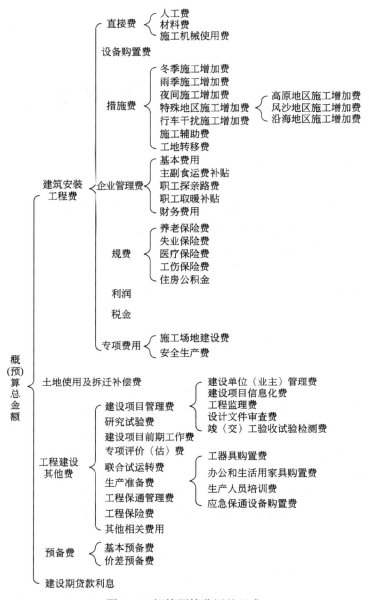

图 3-1 概算预算费用的组成

铺筑、外购混凝土构件、设备安装工程等。

（9）技术复杂大桥：指钢管拱桥、斜拉桥、悬索桥、单孔跨径在 120 m 以上（含 120 m）和基础水深在 10 m 以上（含 10 m）的大桥主桥部分的基础、下部和上部工程（不含桥梁的钢材及钢结构）。

（10）钢材及钢结构：指所有工程的钢材及钢结构等工程。

2. 定额建筑安装工程费

定额建筑安装工程费是取费基数，包括定额直接费、定额设备购置费的 40%、措施费、企业管理费、规费、利润、税金和专项费用。

定额直接费是指定额人工费、定额材料费、定额施工机械使用费之和，按工程数量乘现行《公路工程预算定额》（JTG/T 3832—2018）中的基价进行计算。

定额人工费是指按《公路工程预算定额》（JTG/T 3832—2018）附录四"定额人工、材料、设备单价表"和现行《公路工程机械台班费用定额》（JTG/T 3833—2018）规定的人工工日基价计算的费用，即定额中人工消耗量乘人工工日基价计算的费用。

定额材料费是指按《公路工程预算定额》（JTG/T 3832—2018）附录四"定额人工、材料、设备单价表"中规定的材料基价计算的费用，即定额中材料消耗量乘材料基价计算的费用。

定额施工机械使用费是指按现行《公路工程机械台班费用定额》（JTG/T 3833—2018）中规定的施工机械台班基价计算的费用，即定额中施工机械消耗量乘施工机械台班基价计算的费用。

定额设备购置费是指按《公路工程预算定额》（JTG/T 3832—2018）附录四"定额人工、材料、设备单价表"中规定的设备基价计算的费用，即设备数量乘设备基价计算的费用。

3.2 建筑安装工程费用

3.2.1 直接费

直接费指施工过程中耗费的构成工程实体和有助于工程形成的各项费用，包括人工费、材料费、施工机械使用费。

1. 人工费

人工费指列入概算、预算定额的直接从事建筑安装工程施工的生产工人开支的各项费用。包括：计时工资或计件工资；津贴、补贴；特殊情况下支付的工资。人工费以概算、预算定额人工工日数乘人工工日单价计算。人工工日单价由省级交通运输主管部门制定发布，并适时进行动态调整。人工工日单价仅作为编制概算、预算的依据，不作为施工企业实发工资的依据。

2. 材料费

材料费指施工过程中耗用的构成工程实体的原材料、辅助材料、构配件、零件、半成品、成品的用量和周转材料的摊销量，按工程所在地的材料预算价格计算的费用。

材料费以概算、预算定额的材料消耗量乘材料预算价格计算。材料预算价格由材料原价、运杂费、场外运输损耗、采购及保管费组成。

$$\text{材料预算价格} = (\text{材料原价} + \text{运杂费}) \times (1 + \text{场外运输损耗率}) \times$$
$$(1 + \text{采购及保管费率}) - \text{包装品回收价值} \qquad (3-1)$$

3. 施工机械使用费

施工机械使用费指列入概算、预算定额的工程机械和工程仪器仪表台班数量，按相应的施工机械台班费用定额计算的费用等。

（1）工程机械使用费。机械台班预算价格应按现行《公路工程机械台班费用定额》

(JTG/T 3833—2018) 计算,机械台班单价由不变费用和可变费用组成。不变费用包括折旧费、检修费、维护费、安拆辅助费等;可变费用包括机上人员人工费、动力燃料费、车船税。可变费用中的人工工日数及动力燃料消耗量,应以机械台班费用定额中的数值为准。台班人工费工日单价同生产工人人工费单价。动力燃料费用则按材料费的计算规定计算。

(2) 工程仪器仪表使用费。指机电工程施工作业所发生的仪器仪表使用费,以施工仪器仪表台班耗用量乘施工仪器仪表台班单价计算。

3.2.2 设备购置费

设备购置费指为满足公路初期运营、管理需要购置的构成固定资产标准的设备和虽低于固定资产标准但属于设计明确列入设备清单的设备的费用,包括渡口设备,隧道照明、消防、通风的动力设备,公路收费、监控、通信、路网运行监测、供配电及照明设备等。

1. 设备购置费内容

设备购置费包括设备原价、运杂费、运输保险费、采购及保管费,各种税费按编制期有关部门规定计算。

$$设备购置费 = 设备原价 + 运杂费 + 运输保险费 + 采购及保管费 \qquad (3-2)$$

2. 设备与材料的划分

工程建设设备与材料的划分,直接关系到投资构成的合理划分、概算预算的编制及施工产值的计算等方面。

1) 设备划分

凡是经过加工制造,由多种材料和部件按各自用途组成生产加工、动力、传送、储存、运输、科研等功能的机器、容器和其他机械、成套装置等均为设备。设备分为标准设备和非标准设备。

(1) 标准设备(包括通用设备和专用设备):指按国家规定的产品标准批量生产的、已进入设备系列的设备。

(2) 非标准设备:指国家未定型、非批量生产的,由设计单位提供制造图纸,委托承制单位或施工企业在工厂或施工现场制作的设备。

2) 设备包含项目

(1) 各种设备的本体及随设备到货的配件、备件和附属于设备本体制作成型的梯子、平台、栏杆及管道等。

(2) 各种计量器、仪表及自动化控制装置、试验仪器及属于设备本体部分的仪器仪表等。

(3) 附属于设备本体的油类、化学药品等设备的组成部分。

(4) 用于生产或生活、附属于建筑物的水泵、锅炉及水处理设备、电气、通风设备等。

3) 材料划分

为完成建筑、安装工程所需的原料和经过工业加工在工艺生产过程中不起单元工艺生产用的设备本体以外的零配件、附件、成品、半成品等均为材料。材料一般包括以下各项。

(1) 设备本体以外的不属于设备配套供货,需由施工企业进行加工制作或委托加工的平台、梯子、栏杆及其他金属构件等,以及以成品、半成品形式供货的管道、管件、阀门、法兰等。

(2) 设备本体以外的各种行车轨道、滑触线、电梯的滑轨等均为材料。

3.2.3 措施费

措施费指直接费和设备购置费以外施工过程中发生的直接用于工程的费用。包括冬季施工增加费、雨季施工增加费、夜间施工增加费、特殊地区施工增加费、行车干扰施工增加费、施工辅助费、工地转移费等。

1. 冬季施工增加费

冬季施工增加费指按照公路工程施工及验收规范所规定的冬季施工要求,为保证工程质量和安全生产所需采取的防寒保温设施、工效降低和机械作业效率降低及技术操作过程的改变等所增加的有关费用。冬季施工增加费的内容包括:①因冬季施工所需增加的一切人工、机械与材料的支出;②施工机械所需修建的暖棚(包括拆、移),增加其他保温设备的购置费用;③因施工组织设计确定,需增加的一切保温、加温等有关支出;④清除工作地点的冰雪等与冬季施工有关的其他各项费用。

全国冬季施工气温区划分表见附录 A。

冬季施工增加费以各类工程的定额人工费和定额施工机械使用费之和为基数,按工程所在地的气温区的冬季施工增加费费率计算,见表 3-1。

表 3-1 冬季施工增加费费率表　　　　单位:%

工程类别	冬季期平均温度/℃								准一区	准二区
	-1 以上		-1~-4		-4~-7	-7~-10	-10~-14	-14 以下		
	冬一区		冬二区		冬三区	冬四区	冬五区	冬六区		
	Ⅰ	Ⅱ	Ⅰ	Ⅱ						
土方	0.835	1.301	1.800	2.270	4.288	6.094	9.140	13.720	—	—
石方	0.164	0.266	0.368	0.429	0.859	1.248	1.861	2.801	—	—
运输	0.166	0.250	0.354	0.437	0.832	1.165	1.748	2.643	—	—
路面	0.566	0.842	1.181	1.371	2.449	3.273	4.909	7.364	0.073	0.198
隧道	0.203	0.385	0.548	0.710	1.175	1.520	2.269	3.425	—	—
构造物Ⅰ	0.652	0.940	1.265	1.438	2.607	3.527	5.291	7.936	0.115	0.288
构造物Ⅱ	0.868	1.240	1.675	1.902	3.452	4.693	7.028	10.542	0.165	0.393
构造物Ⅲ	1.616	2.296	3.114	3.523	6.403	8.680	13.020	19.520	0.292	0.721
技术复杂大桥	1.019	1.444	1.975	2.230	4.057	5.479	8.219	12.338	0.170	0.446
钢材及钢结构	0.04	0.101	0.141	0.181	0.301	0.381	0.581	0.861	—	—

注:绿化工程不计冬季施工增加费。

为了简化计算手续,采用全年平均摊销的方法,即不论是否在冬季施工,均按规定的取费标准计取冬季施工增加费。一条路线穿过两个以上的气温区时,可分段计算或按各区的工程量比例求得全线的平均增加率,计算冬季施工增加费。

例题 3-1:吉林省某公路长 100 km,其中 40 km 在长春市内,60 km 在吉林市内,计算该公路土方的冬季施工增加费费率。

解：查附录 A 得到长春市和吉林市分别为：冬四区和冬五区，查表 3-1 得长春市和吉林市的冬季施工增加费率分别为 6.094% 和 9.140%。则该公路的冬季施工增加费费率为：

$$0.4 \times 6.094\% + 0.6 \times 9.140\% = 7.92\%$$

2. 雨季施工增加费

雨季施工增加费指雨季期间施工为保证工程质量和安全生产所需采取的防雨、排水、防潮和防护措施、工效降低和机械作业率降低及技术操作过程的改变等，所需增加的有关费用。雨季施工增加费的内容包括：①因雨季施工所需增加的工、料、机费用的支出，包括工作效率的降低及易被雨水冲毁的工程所增加的清理坍塌基坑和堵塞排水沟、填补路基边坡冲沟等工作内容。②路基土方工程的开挖和运输，因雨季施工（非土壤中水影响）而引起的黏附工具、降低工效所增加的费用。③因防止雨水必须采取的挖临时排水沟、防止基坑坍塌所需的支撑、挡板等防护措施费用。④材料因受潮、受湿的耗损费用。⑤增加防雨、防潮设备的费用。⑥因河水高涨致使工作困难等其他有关雨季施工所需增加的费用。

雨季施工增加费以各类工程的定额人工费和定额施工机械使用费之和为基数，乘相应的费率。根据气象资料及一定的划分方法，《公路工程建设项目概算预算编制办法》将全国划分为若干个雨量区和雨季期（见附录 B），并根据各类工程的特点规定各雨量区和雨季期的取费标准（见表 3-2），采用全年平均摊销的方法，即不论是否在雨季施工，均按规定的取费标准计取雨季施工增加费。一条路线通过不同的雨量区和雨季期时，应分别计算雨季施工增加费或按工程量比例求得平均的增加率，计算全线雨季施工增加费。

例题 3-2：某公路经过吉林省辽源市、白山市和通化市，长度分别为 20 km、40 km、40 km，该路的路面工程施工期为 3 个月。求其雨季施工增加费费率。

解：根据附录 B 得到辽源市、白山市和通化市的雨量区和雨季期分别为 Ⅰ（2 月）、Ⅱ（2 月）、Ⅱ（3 月），雨季施工增加费费率分别为 0.23%、0.336% 和 0.557%。则其路面工程雨季施工增加费率为

$$(0.2 \times 0.230\% + 0.4 \times 0.366\% + 0.4 \times 0.557\%) \times 3/12 = 0.104\%$$

3. 夜间施工增加费

夜间施工增加费指根据设计、施工技术规范和合理的施工组织要求，必须在夜间施工或必须昼夜连续施工而发生的夜班补助费、夜间施工降效、施工照明设备摊销及照明用电等费用。夜间施工增加费以夜间施工工程项目的定额人工费与定额施工机械使用费之和为基数，按表 3-3 的费率计算。

4. 特殊地区施工增加费

特殊地区施工增加费包括高原地区施工增加费、风沙地区施工增加费和沿海地区施工增加费 3 项。

1）高原地区施工增加费

高原地区施工增加费指在海拔高度 2 000 m 以上地区施工，由于受气候、气压的影响，致使人工、机械效率降低而增加的费用。该费用以各类工程定额人工费与定额机械使用费之和为基数，按表 3-4 的费率计算。

第3章 公路工程概算预算费用组成

表3-2 雨季施工增加费费率表

单位:%

工程类别	雨季期/月数 1		1.5		2		2.5		3		3.5		4		4.5		5		6		7		8	
	雨量区																							
	I	II	I	II	I	II	I	II	I	II	I	II	I	II	I	II	I	II	I	II	I	II	I	II
土方	0.140	—	0.175	—	0.245	0.385	0.315	0.455	0.385	0.525	0.455	0.595	0.525	0.700	0.595	0.805	0.665	0.939	0.764	1.114	—	1.289	—	1.499
石方	0.105	—	0.140	—	0.212	0.349	0.280	0.420	0.349	0.491	0.418	0.563	0.487	0.667	0.555	0.772	0.626	0.876	0.701	1.018	—	1.194	—	1.373
运输	0.142	—	0.178	—	0.249	0.391	0.320	0.462	0.391	0.568	0.462	0.675	0.533	0.781	0.604	0.888	0.675	0.959	0.781	1.136	—	1.314	—	1.527
路面	0.115	—	0.153	—	0.230	0.366	0.306	0.480	0.366	0.557	0.425	0.634	0.501	0.710	0.578	0.825	0.654	0.940	0.749	1.093	—	1.267	—	1.459
隧道	—	—	—	—	—	—	—	—	—	—	—	—	—	—	—	—	—	—	—	—	—	—	—	—
构造物 I	0.098	—	0.131	—	0.164	0.262	0.196	0.295	0.229	0.360	0.262	0.426	0.327	0.491	0.393	0.557	0.458	0.622	0.524	0.753	—	0.884	—	1.015
构造物 II	0.106	—	0.141	—	0.177	0.282	0.247	0.353	0.282	0.424	0.318	0.494	0.388	0.565	0.459	0.636	0.530	0.742	0.600	0.883	—	1.059	—	1.201
构造物 III	0.200	—	0.266	—	0.366	0.565	0.466	0.699	0.565	0.832	0.665	0.998	0.765	1.164	0.898	1.331	1.031	1.497	1.164	1.730	—	1.996	—	2.295
技术复杂大桥	0.109	—	0.181	—	0.254	0.363	0.290	0.435	0.363	0.508	0.435	0.580	0.508	0.689	0.580	0.798	0.653	0.907	0.725	1.052	—	1.233	—	1.414
钢材及钢结构	—	—	—	—	—	—	—	—	—	—	—	—	—	—	—	—	—	—	—	—	—	—	—	—

注:室内和隧道内工程及设备安装不计雨季施工增加费。

表 3-3 夜间施工增加费费率表　　　　　　　　　　　　　单位:%

工程类别	费率	工程类别	费率
构造物Ⅱ	0.903	构造物Ⅲ	1.702
技术复杂大桥	0.928	钢材及钢结构	0.874

注：设备安装工程及金属标志牌、防撞钢护栏、防眩板（网）、隔离栅、防护网等不计夜间施工增加费。

表 3-4 高原地区施工增加费费率表　　　　　　　　　　　　单位:%

工程类别	海拔高度/m						
	2 001~2 500	2 501~3 000	3 001~3 500	3 501~4 000	4 001~4 500	4 501~5 000	5 000以上
土方	13.295	19.709	27.455	38.875	53.102	70.162	91.853
石方	13.711	20.358	29.025	41.435	56.875	75.358	100.223
运输	13.288	19.666	26.575	37.205	50.493	66.438	85.040
路面	14.572	21.618	30.689	45.032	59.615	79.500	102.640
隧道	13.364	19.850	28.490	40.767	56.037	74.302	99.259
构造物Ⅰ	12.799	19.051	27.989	40.356	55.723	74.098	95.521
构造物Ⅱ	13.622	20.244	29.082	41.617	57.214	75.874	101.408
构造物Ⅲ	12.786	18.985	27.054	38.616	53.004	70.217	93.371
技术复杂大桥	13.912	20.645	29.257	41.670	57.134	75.640	100.205
钢材及钢结构	13.204	19.622	28.269	40.492	55.699	73.891	98.930

当一条路线通过两个以上（含两个）不同的海拔高度分区时，应分别计算高原地区施工增加费或按工程量比例求得平均增加率，计算全线高原地区施工增加费。

2）风沙地区施工增加费

风沙地区施工增加费指在沙漠地区施工时，由于受风沙影响，按照施工及验收规范的要求，为保证工程质量和安全生产而增加的有关费用。内容包括防风、防沙及气候影响的措施费，人工、机械效率降低增加的费用，以及积沙、风蚀的清理修复等费用。

全国风沙地区公路施工区划分表见附录C。当一条路线穿过两个以上（含两个）不同风沙区时，按路线长度经过不同的风沙区加权计算项目全线风沙地区施工增加费。

风沙地区施工增加费以各类工程的定额人工费和定额施工机械使用费之和为基数，根据工程所在地的风沙区划及类别，按表3-5的费率计算。

表 3-5 风沙地区施工增加费费率表　　　　　　　　　　　　单位:%

工程类型	风沙一区			风沙二区			风沙三区		
	沙漠类型								
	固定	半固定	流动	固定	半固定	流动	固定	半固定	流动
土方	4.558	8.056	13.674	5.618	12.614	23.426	8.056	17.331	27.507
石方	0.745	1.490	2.981	1.014	2.236	3.959	1.490	3.726	5.216
运输	4.304	8.608	13.988	5.380	12.912	19.368	8.608	18.292	27.976
路面	1.364	2.727	4.932	2.205	4.932	7.567	3.365	7.137	11.025
隧道	0.261	0.522	1.043	0.355	0.783	1.386	0.522	1.304	1.826
构造物Ⅰ	3.968	6.944	11.904	4.96	10.912	16.864	6.944	15.872	23.808

续表

工程类型	风沙一区			风沙二区			风沙三区		
	沙漠类型								
	固定	半固定	流动	固定	半固定	流动	固定	半固定	流动
构造物Ⅱ	3.254	5.694	9.761	4.067	8.948	13.828	5.694	13.015	19.523
构造物Ⅲ	2.976	5.208	8.928	3.720	8.184	12.648	5.208	11.904	17.226
技术复杂大桥	2.778	4.861	8.333	3.472	7.638	11.805	8.861	11.110	16.077
钢材及钢结构	1.035	2.070	4.140	1.409	3.105	5.498	2.070	5.175	7.245

3) 沿海地区施工增加费

沿海地区施工增加费指工程项目在沿海地区施工受海风、海浪和潮汐的影响，致使人工、机械效率降低等所需增加的费用。本项费用由沿海各省级交通运输主管部门制定具体的适用范围（地区）。沿海地区施工增加费以各类工程的定额人工费和定额施工机械使用费之和为基数，按表3-6的费率计算。

表3-6 沿海地区工程施工增加费费率表　　　　　　　　　　　　　　　　单位：%

工程类别	费率	工程类别	费率
构造物Ⅱ	0.207	构造物Ⅲ	0.195
技术复杂大桥	0.212	钢材及钢结构	0.200

注：1. 表中的构造物Ⅲ系指桥梁工程所用的商品水泥混凝土浇筑及混凝土构件、钢构件的安装。
　　2. 表中的钢材及钢结构系桥梁工程所用的钢材及钢结构。

5. 行车干扰施工增加费

行车干扰施工增加费指由于边施工边维持通车，受行车干扰的影响，致使人工、机械效率降低而增加的费用。该费用以受行车影响部分的工程项目的定额人工费和定额施工机械使用费之和为基数，按表3-7的费率计算。

表3-7 行车干扰施工增加费费率表　　　　　　　　　　　　　　　　单位：%

工程类别	施工期间平均每昼夜双向行车次数（机动车、非机动车合计）							
	51~100	101~500	501~1 000	1 001~2 000	2 001~3 000	3 001~4 000	4 001~5 000	5 000以上
土方	1.499	2.343	3.194	4.118	4.775	5.314	5.885	6.468
石方	1.279	1.881	2.618	3.479	4.035	4.492	4.973	5.462
运输	1.451	2.230	3.041	4.001	4.641	5.164	5.719	6.285
路面	1.390	2.098	2.802	3.487	4.046	4.496	4.987	5.475
隧道	—	—	—	—	—	—	—	—
构造物Ⅰ	0.924	1.386	1.858	2.320	2.693	2.988	3.313	3.647
构造物Ⅱ	1.007	1.516	2.014	2.512	2.915	3.244	3.593	3.943
构造物Ⅲ	0.948	1.417	1.896	2.365	2.745	3.044	3.373	3.713
技术复杂大桥	—	—	—	—	—	—	—	—
钢材及钢结构	—	—	—	—	—	—	—	—

注：新建工程、中断交通进行封闭施工或为保证交通正常通行而修建保通便道改的扩建工程，不计行车干扰施工增加费。

6. 施工辅助费

施工辅助费包括生产工具用具使用费、检验试验费和工程定位复测、工程点交、场地清理等费用，具体如下。

（1）生产工具用具使用费是指施工所需不属于固定资产的生产工具、检验、试验用具及仪器、仪表等的购置、摊销和维修费，以及支付给生产工人自备工具的补贴费。

（2）检验试验费是指施工企业对建筑材料、构件和建筑安装工程进行一般鉴定、检查所发生的费用，包括自设试验室进行试验所耗用的材料和化学药品的费用，以及技术革新和研究试验费，不包括新结构、新材料的试验费和建设单位要求对具有出厂合格证明的材料进行检验、对构件破坏性试验及其他特殊要求检验的费用。

（3）高填方和软基沉降监测、高边坡稳定监测、桥梁施工监测、隧道施工监控量测、超前地质预报等施工监控费含在施工辅助费中，不得另行计算。

施工辅助费以各类工程的定额直接费为基数，按表3-8的费率计算。

表3-8 施工辅助费费率表　　　　　　　　　　　　　　　　　　　　单位：%

工程类别	费率	工程类别	费率
土方	0.521	构造物Ⅰ	1.201
石方	0.470	构造物Ⅱ	1.537
运输	0.154	构造物Ⅲ	2.729
路面	0.818	技术复杂大桥	1.677
隧道	1.195	钢材及钢结构	0.564

7. 工地转移费

工地转移费指施工企业迁至新工地的搬迁费用。工地转移费包括以下各项。

（1）施工单位职工及随职工迁移的家属向新工地转移的车费、家具行李运费、途中住宿费、行程补助费、杂费等。

（2）公物、工具、施工设备器材、施工机械的运杂费，以及外租机械的往返费与施工机械、设备、公物、工具的转移费等。

（3）非固定工人进退场的费用。

工地转移费以各类工程的定额人工费和定额施工机械使用费之和为基数，按表3-9的费率计算。工地转移里程数在表列里程之间时，费率可内插计算。工地转移距离在50 km以内的工程按50 km计算。

表3-9 工地转移费费率表　　　　　　　　　　　　　　　　　　　　单位：%

工程类别	工地转移距离/km					
	50	100	300	500	1 000	每增加100
土方	0.224	0.301	0.470	0.614	0.815	0.036
石方	0.176	0.212	0.363	0.476	0.628	0.030
运输	0.157	0.203	0.315	0.416	0.543	0.025
路面	0.321	0.435	0.682	0.891	1.191	0.062

续表

工程类别	工地转移距离/km					
	50	100	300	500	1 000	每增加 100
隧道	0.257	0.351	0.549	0.717	0.959	0.049
构造物Ⅰ	0.262	0.351	0.552	0.720	0.963	0.051
构造物Ⅱ	0.333	0.449	0.706	0.923	1.236	0.066
构造物Ⅲ	0.622	0.841	1.316	1.720	2.304	0.119
技术复杂大桥	0.389	0.523	0.818	1.067	1.430	0.073
钢材及钢结构	0.351	0.473	0.737	0.961	1.288	0.063

3.2.4 企业管理费

企业管理费由基本费用、主副食运费补贴、职工探亲路费、职工取暖补贴和财务费用 5 项组成。

1. 基本费用

企业管理费基本费用指建筑安装企业组织施工生产和经营管理所需的费用，见表 3-10。

表 3-10 基本费用的组成和内容

基本费用名称	费用内容
管理人员工资	管理人员的基本工资、绩效工资、津贴补贴及特殊情况下支付的工资，以及缴纳的养老、医疗、失业、工伤保险费和住房公积金等
办公费	企业管理办公用的文具、纸张、账表、印刷、通信、网络、书报、办公软件、会议、水电、烧水和集体取暖降温（包括现场临时宿舍取暖降温）用煤（电、气）等费用
差旅交通费	职工因公出差、调动工作的差旅费、住勤补助费，市内交通费和误餐补助费，劳动力招募费，职工退休、退职一次性路费，工伤人员就医路费及管理部门使用的交通工具的油料、燃料等费用
固定资产使用费	管理部门及附属生产单位使用的属于固定资产的房屋、设备等的折旧、大修、维修或租赁费
工具用具使用费	企业管理使用的不属于固定资产的工具、器具、家具、交通工具和检验、试验、测绘、消防用具等的购置、维修和摊销费
劳动保险费	企业支付的离退休职工的易地安家补助费、职工退职金、6 个月以上的病假人员工资、职工死亡丧葬补助费、抚恤费、按规定支付给离休干部的各项经费
职工福利费	按国家规定标准计提的职工福利费
劳动保护费	企业按国家有关部门规定标准发放的劳动保护用品的购置费及修理费、防暑降温费、在有碍身体健康环境中施工的保健费用等
工会经费	指企业根据《中华人民共和国工会法》的规定按全部职工工资总额比例计提的工会经费
职工教育经费	按职工工资总额的规定比例计提，企业为职工进行专业技术和职业技能培训，专业技术人员继续教育、职工职业技能鉴定、职业资格认定及根据需要对职工进行各类文化教育所发生的费用，不含职工安全教育、培训费用
保险费	企业财产保险、管理用与生产用车辆等保险费用及人身意外伤害险的费用
工程排污费	施工现场按规定缴纳的排污费用

续表

基本费用名称	费用内容
税金	企业按规定缴纳的城市维护建设税、教育费附加、地方教育附加、房产税、车船使用税、土地使用税、印花税等
其他	上述项目以外的其他必要的费用支出,包括技术转让费、技术开发费、竣(交)工文件编制费、招投标费、业务招待费、绿化费、广告费、公证费、定额测定费、法律顾问费、审计费、咨询费及施工标准化、规范化、精细化管理等费用

基本费用以各类工程的定额直接费为基数,按表3-11的费率计算。

表3-11 基本费用费率表   单位:%

工程类别	费率	工程类别	费率
土方	2.747	构造物Ⅰ	3.587
石方	2.792	构造物Ⅱ	4.726
运输	1.374	构造物Ⅲ	5.976
路面	2.427	技术复杂大桥	4.143
隧道	3.569	钢材及钢结构	2.242

2. 主副食运费补贴

主副食运费补贴指施工企业在远离城镇及乡村的野外施工购买生活必需品所需增加的费用。该费用以各类工程的定额直接费为基数,按表3-12的费率计算。

表3-12 主副食运费补贴费率表   单位:%

工程类别	综合里程/km										
	3	5	8	10	15	20	25	30	40	50	每增加10
土方	0.122	0.131	0.164	0.191	0.235	0.284	0.322	0.377	0.444	0.519	0.070
石方	0.108	0.117	0.149	0.175	0.218	0.261	0.293	0.346	0.405	0.473	0.063
运输	0.118	0.130	0.166	0.192	0.233	0.285	0.322	0.379	0.447	0.519	0.073
路面	0.066	0.088	0.119	0.130	0.165	0.194	0.224	0.259	0.308	0.356	0.051
隧道	0.096	0.104	0.130	0.152	0.185	0.229	0.260	0.304	0.359	0.418	0.054
构造物Ⅰ	0.114	0.120	0.145	0.167	0.207	0.254	0.285	0.338	0.394	0.463	0.062
构造物Ⅱ	0.126	0.140	0.168	0.196	0.242	0.292	0.338	0.394	0.467	0.540	0.073
构造物Ⅲ	0.225	0.248	0.303	0.352	0.435	0.528	0.599	0.705	0.831	0.969	0.132
技术复杂大桥	0.101	0.115	0.143	0.165	0.205	0.245	0.280	0.325	0.389	0.452	0.063
钢材及钢结构	0.104	0.113	0.146	0.168	0.207	0.247	0.281	0.331	0.387	0.449	0.062

综合里程=粮食运距×0.06+燃料运距×0.09+蔬菜运距×0.15+水运距×0.70,粮食、燃料、蔬菜、水的运距均为单运距;如综合里程数在表列里程之间时,费率可内插;综合里程在3km以内的工程,按3km计取本项费用。

职工探亲路费

职工探亲路费指按照有关规定发放给施工企业职工在探亲期间发生的往返交通费和途中费用。该费用以各类工程的定额直接费为基数,按表3-13的费率计算。

续表

工程类别	工地转移距离/km					
	50	100	300	500	1 000	每增加 100
隧道	0.257	0.351	0.549	0.717	0.959	0.049
构造物Ⅰ	0.262	0.351	0.552	0.720	0.963	0.051
构造物Ⅱ	0.333	0.449	0.706	0.923	1.236	0.066
构造物Ⅲ	0.622	0.841	1.316	1.720	2.304	0.119
技术复杂大桥	0.389	0.523	0.818	1.067	1.430	0.073
钢材及钢结构	0.351	0.473	0.737	0.961	1.288	0.063

3.2.4 企业管理费

企业管理费由基本费用、主副食运费补贴、职工探亲路费、职工取暖补贴和财务费用 5 项组成。

1. 基本费用

企业管理费基本费用指建筑安装企业组织施工生产和经营管理所需的费用，见表 3-10。

表 3-10 基本费用的组成和内容

基本费用名称	费用内容
管理人员工资	管理人员的基本工资、绩效工资、津贴补贴及特殊情况下支付的工资，以及缴纳的养老、医疗、失业、工伤保险费和住房公积金等
办公费	企业管理办公用的文具、纸张、账表、印刷、通信、网络、书报、办公软件、会议、水电、烧水和集体取暖降温（包括现场临时宿舍取暖降温）用煤（电、气）等费用
差旅交通费	职工因公出差、调动工作的差旅费、住勤补助费，市内交通费和误餐补助费，劳动力招募费，职工退休、退职一次性路费，工伤人员就医路费及管理部门使用的交通工具的油料、燃料等费用
固定资产使用费	管理部门及附属生产单位使用的属于固定资产的房屋、设备等的折旧、大修、维修或租赁费
工具用具使用费	企业管理使用的不属于固定资产的工具、器具、家具、交通工具和检验、试验、测绘、消防用具等的购置、维修和摊销费
劳动保险费	企业支付的离退休职工的易地安家补助费、职工退职金、6 个月以上的病假人员工资、职工死亡丧葬补助费、抚恤费、按规定支付给离休干部的各项经费
职工福利费	按国家规定标准计提的职工福利费
劳动保护费	企业按国家有关部门规定标准发放的劳动保护用品的购置费及修理费、防暑降温费、在有碍身体健康环境中施工的保健费用等
工会经费	指企业根据《中华人民共和国工会法》的规定按全部职工工资总额比例计提的工会经费
职工教育经费	按职工工资总额的规定比例计提，企业为职工进行专业技术和职业技能培训，专业技术人员继续教育、职工职业技能鉴定、职业资格认定和根据需要对职工进行各类文化教育所发生的费用，不含职工安全教育、培训费用
保险费	企业财产保险、管理用与生产用车辆等保险费用及人身意外伤害险的费用
工程排污费	施工现场按规定缴纳的排污费用

续表

基本费用名称	费用内容
税金	企业按规定缴纳的城市维护建设税、教育费附加、地方教育附加、房产税、车船使用税、土地使用税、印花税等
其他	上述项目以外的其他必要的费用支出，包括技术转让费、技术开发费、竣（交）工文件编制费、招投标费、业务招待费、绿化费、广告费、公证费、定额测定费、法律顾问费、审计费、咨询费及施工标准化、规范化、精细化管理等费用

基本费用以各类工程的定额直接费为基数，按表3-11的费率计算。

表3-11 基本费用费率表　　　　　　　　　　　　　　　单位：%

工程类别	费率	工程类别	费率
土方	2.747	构造物Ⅰ	3.587
石方	2.792	构造物Ⅱ	4.726
运输	1.374	构造物Ⅲ	5.976
路面	2.427	技术复杂大桥	4.143
隧道	3.569	钢材及钢结构	2.242

2. 主副食运费补贴

主副食运费补贴指施工企业在远离城镇及乡村的野外施工购买生活必需品所需增加的费用。该费用以各类工程的定额直接费为基数，按表3-12的费率计算。

表3-12 主副食运费补贴费率表　　　　　　　　　　　　单位：%

工程类别	综合里程/km										
	3	5	8	10	15	20	25	30	40	50	每增加10
土方	0.122	0.131	0.164	0.191	0.235	0.284	0.322	0.377	0.444	0.519	0.070
石方	0.108	0.117	0.149	0.175	0.218	0.261	0.293	0.346	0.405	0.473	0.063
运输	0.118	0.130	0.166	0.192	0.233	0.285	0.322	0.379	0.447	0.519	0.073
路面	0.066	0.088	0.119	0.130	0.165	0.194	0.224	0.259	0.308	0.356	0.051
隧道	0.096	0.104	0.130	0.152	0.185	0.229	0.260	0.304	0.359	0.418	0.054
构造物Ⅰ	0.114	0.120	0.145	0.167	0.207	0.254	0.285	0.338	0.394	0.463	0.062
构造物Ⅱ	0.126	0.140	0.168	0.196	0.242	0.292	0.338	0.394	0.467	0.540	0.073
构造物Ⅲ	0.225	0.248	0.303	0.352	0.435	0.528	0.599	0.705	0.831	0.969	0.132
技术复杂大桥	0.101	0.115	0.143	0.165	0.205	0.245	0.280	0.325	0.389	0.452	0.063
钢材及钢结构	0.104	0.113	0.146	0.168	0.207	0.247	0.281	0.331	0.387	0.449	0.062

注：综合里程=粮食运距×0.06+燃料运距×0.09+蔬菜运距×0.15+水运距×0.70，粮食、燃料、蔬菜、水的运距均为全线平均运距；如综合里程数在表列里程之间时，费率可内插；综合里程在3 km以内的工程，按3 km计取本项费用。

3. 职工探亲路费

职工探亲路费指按照有关规定发放给施工企业职工在探亲期间发生的往返交通费和途中住宿费等费用。该费用以各类工程的定额直接费为基数，按表3-13的费率计算。

表 3-13 职工探亲路费费率表 单位:%

工程类别	费率	工程类别	费率
土方	0.192	构造物Ⅰ	0.274
石方	0.204	构造物Ⅱ	0.348
运输	0.132	构造物Ⅲ	0.551
路面	0.159	技术复杂大桥	0.208
隧道	0.266	钢材及钢结构	0.164

4. 职工取暖补贴

职工取暖补贴指按规定发放给施工企业职工的冬季取暖费和为职工在施工现场设置的临时取暖设施的费用。该费用以各类工程的定额直接费为基数,按工程所在地的气温区(附录 A)选用表 3-14 的费率计算。

表 3-14 职工取暖补贴费率表 单位:%

工程类别	气温区						
	准二区	冬一区	冬二区	冬三区	冬四区	冬五区	冬六区
土方	0.060	0.130	0.221	0.331	0.436	0.554	0.663
石方	0.054	0.118	0.183	0.279	0.373	0.472	0.569
运输	0.065	0.130	0.228	0.336	0.444	0.552	0.671
路面	0.049	0.086	0.155	0.229	0.302	0.376	0.456
隧道	0.045	0.091	0.158	0.249	0.318	0.409	0.488
构造物Ⅰ	0.065	0.130	0.206	0.304	0.390	0.499	0.607
构造物Ⅱ	0.070	0.153	0.234	0.352	0.481	0.598	0.727
构造物Ⅲ	0.126	0.264	0.425	0.643	0.849	1.067	1.297
技术复杂大桥	0.059	0.120	0.203	0.310	0.406	0.501	0.609
钢材及钢结构	0.047	0.082	0.141	0.222	0.293	0.363	0.433

5. 财务费用

财务费用指施工企业为筹集资金提供投标担保、预付款担保、履约担保、职工工资支付担保等所发生的各种费用,包括企业经营期间发生的短期贷款利息净支出、汇兑净损失、调剂外汇手续费、金融机构手续费,以及企业筹集资金发生的其他财务费用。财务费用以各类工程的定额直接费为基数,按表 3-15 的费率计算。

表 3-15 财务费用费率表 单位:%

工程类别	费率	工程类别	费率
土方	0.271	构造物Ⅰ	0.466
石方	0.259	构造物Ⅱ	0.545
运输	0.264	构造物Ⅲ	1.094
路面	0.404	技术复杂大桥	0.637
隧道	0.513	钢材及钢结构	0.653

3.2.5 规费

规费指法律、法规、规章、规程规定施工企业必须缴纳的费用,包括以下各项。

(1) 养老保险费。施工企业按规定标准为职工缴纳的基本养老保险费。
(2) 失业保险费。施工企业按规定标准为职工缴纳的失业保险费。
(3) 医疗保险费。施工企业按规定标准为职工缴纳的医疗保险费(含生育保险费)。
(4) 工伤保险费。施工企业按规定标准为职工缴纳的工伤保险费。
(5) 住房公积金。施工企业按规定标准为职工缴纳的住房公积金。

各项规费以各类工程的人工费之和为基数,按国家或工程所在地法律、法规、规章、规程规定的标准计算。

3.2.6 利润

利润指施工企业完成所承包工程获得的盈利,按定额直接费及措施费、企业管理费之和的7.42%计算。

3.2.7 税金

税金指国家税法规定应计入建筑安装工程造价的增值税销项税额。

$$税金 = (直接费+设备购置费+措施费+企业管理费+规费+利润) \times 10\% \quad (3-3)$$

3.2.8 专项费用

专项费用包括施工场地建设费和安全生产费。

1. 施工场地建设费

(1) 按照工地建设标准化要求进行承包人驻地、工地试验室建设,钢筋集中加工、混合料集中拌制、构件集中预制等所需的办公、生活居住房屋(包括职工家属房屋及探亲房屋)、公用房屋(如广播室、文体活动室、医疗室等)和生产用房屋(如仓库、加工厂、加工棚、发电站、变电站、空压机站、停机棚、值班室等)等费用。

(2) 场区平整(山岭重丘区的土石方工程除外)、场地硬化、排水、绿化、标志、污水处理设施、围墙隔离设施等的费用,不包括钢筋加工的机械设备、混合料拌和设备及安拆、预制构件台座、预应力张拉设备、起重及养护设备,以及概算、预算定额中临时工程的费用。

(3) 以上范围内的各种临时工作便道(包括汽车、人力车道)、人行便道,工地临时用水、用电的水管支线和电线支线,临时构筑物(如水井、水塔等)、其他小型临时设施等的搭设或租赁、维修、拆除、清理的费用;但不包括红线范围内贯通便道、进出场的临时道路、保通便道。

(4) 工地试验室所发生的属于固定资产的试验设备和仪器等折旧、维修或租赁费用。

(5) 施工扬尘污染防治措施费。指裸露的施工场地覆盖防尘网,施工便道和施工场地洒水或喷洒抑尘剂,运输车辆的苫盖和冲洗,环境敏感区设置围挡,防尘标识设置,环境监控与检测等所需要的费用。

(6) 文明施工、职工健康生活的费用。

施工场地建设费以施工场地计费基数，按表3-16的费率，以累进法计算。

施工场地计费基数=定额建筑安装工程费-专项费用。

表3-16 施工场地建设费费率表

施工场地计费基数/万元	费率/%	算例/万元	
		施工场地计费基数	施工场地建设费
500及以下	5.338	500	500×5.338%=26.69
>500~1 000	4.228	1 000	26.69+(1 000-500)×4.228%=47.83
>1 000~5 000	2.665	5 000	47.83+(5 000-1 000)×2.665%=154.43
>5 000~10 000	2.222	10 000	154.43+(10 000-5 000)×2.222%=265.53
>10 000~30 000	1.785	30 000	265.53+(30 000-10 000)×1.785%=622.53
>30 000~50 000	1.694	50 000	622.53+(50 000-30 000)×1.694%=961.33
>50 000~100 000	1.579	100 000	961.33+(100000-50 000)×1.579%=1 750.83
>100 000~150 000	1.498	150 000	1 750.83+(150 000-100 000)×1.498%=2 499.83
>150 000~200 000	1.415	200 000	2 499.83+(200 000-150 000)×1.415%=3 207.33
>200 000~300 000	1.348	300 000	3 207.33+(300 000-200 000)×1.348%=4 555.33
>300 000~400 000	1.289	400 000	4 555.33+(400 000-300 000)×1.289%=5 844.33
>400 000~600 000	1.235	600 000	5 844.33+(600 000-400 000)×1.235%=8 314.33
>600 000~800 000	1.188	800 000	8 314.33+(800 000-600 000)×1.188%=10 690.33
>800 000~1 000 000	1.149	1 000 000	10 690.33+(1 000 000-800 000)×1.149%=12 988.33
>1 000 000以上	1.118	1 200 000	12 988.33+(1 200 000-1 000 000)×1.118%=15 224.33

2. 安全生产费

安全生产费包括完善、改造和维护安全设施设备费用，配备、维护、保养应急救援器材、设备费用，开展重大危险源和事故隐患评估和整改费用，安全生产检查、评价、咨询费用，配备和更新现场作业人员安全防护用品支出，安全生产宣传、教育、培训费用，安全设施及特种设备检测检验费用，施工安全风险评估、应急演练等有关工作及其他与安全生产直接相关的费用。

安全生产费按建筑安装工程费（不含安全生产费）乘安全生产费费率计算，费率按不少于1.5%计取。

3.3 土地使用及拆迁补偿费

土地使用及拆迁补偿费包含永久占地费、临时占地费、拆迁补偿费、水土保持补偿费和其他费用。

1. 永久占地费

永久占地费包括土地补偿费、征用耕地安置补助费、耕地开垦费、森林植被恢复费、失地农民养老保险费，具体见表3-17。

表 3-17　永久占地费的组成和内容

费用名称	费用内容
土地补偿费	征地补偿费、被征用土地上的青苗补偿费，征用城市郊区的菜地等缴纳的菜地开发建设基金，耕地占用税，用地图编制费及勘界费等
征用耕地安置补助费	征用耕地需要安置农业人口的补助费
耕地开垦费	公路建设项目占用耕地的，应由建设项目法人（业主）负责补充耕地所发生的费用；没有条件开垦或者开垦的耕地不符合要求的，按规定缴纳的耕地开垦费
森林植被恢复费	公路建设项目需要占用、征用林地的，经县级以上林业主管部门审核同意或批准，建设项目法人（业主）单位按照省级人民政府有关规定向县级以上林业主管部门预缴的森林植被恢复费
失地农民养老保险费	根据国家规定为保障依法被征地农民养老而交纳的保险费用。失地农民养老保险费按项目所在地省级人民政府的相关规定进行计算

2. 临时占地费

（1）临时征地使用费：为满足施工所需的承包人驻地、预制场、拌和场、仓库、加工厂（棚）、堆料场、取弃土场、进出场便道、便桥等所有的临时用地及其附着物的补偿费用。

（2）复耕费：临时占用的耕地、鱼塘等，在工程交工后将其恢复到原有标准所发生的费用。

3. 拆迁补偿费

拆迁补偿费指被征用或占用土地地上、地下的房屋及附属构筑物，公用设施、文物等的拆除、发掘及迁建补偿费，拆迁管理费等。

4. 水土保持补偿费

根据国家相关法律、法规规定缴纳。

5. 其他费用

其他费用指国务院行政主管部门及省级人民政府规定的与征地拆迁相关的费用。

3.4　工程建设其他费

工程建设其他费包括建设项目管理费、研究试验费、前期工作费、专项评价（估）费、联合试运转费、生产准备费、工程保通管理费、工程保险费、其他相关费用。

3.4.1　建设项目管理费

建设项目管理费包括建设单位（业主）管理费、建设项目信息化费、工程监理费、设计文件审查费、竣（交）工验收试验检测费。

1. 建设单位（业主）管理费

建设单位（业主）管理费指建设单位（业主）为进行建设项目的立项、筹建、建设、竣（交）工验收、总结等工作所发生的费用。

1）费用内容

● 工作人员的工资、工资性津贴、施工现场津贴；

- 社会保险费用（基本养老、基本医疗、失业、工伤保险）、住房公积金、职工福利费、工会经费、劳动保护费；
- 办公费、会议费、差旅交通费、固定资产使用费（包括办公及生活房屋折旧、维修或租赁费，车辆折旧、维修、使用或租赁费，通信设备购置、使用费，测量、试验设备仪器折旧、维修或租赁费，其他设备折旧、维修或租赁费等）、零星固定资产购置费、招募生产工人费；
- 技术图书资料费、职工教育培训经费；
- 招标管理费；
- 合同契约公证费、法律顾问费、咨询费；
- 建设单位的临时设施费、完工清理费、竣（交）工验收费[含其他行业或部门要求的竣工验收费用、建设单位负责的竣（交）工文件编制费]、各种税费（包括房产税、车船使用税、印花税等）；
- 对建设项目前期工作、项目实施及竣工决算等全过程进行审计所发生的审计费用；
- 境内外融资费用（不含建设期贷款利息）、业务招待费及工程质量、安全生产管理费和其他管理性开支。

2) 计量方式

建设单位（业主）管理费以定额建筑安装工程费为基数，按表3-18的费率，以累进方法计算。

表3-18 建设单位（业主）管理费费率

定额建筑安装工程费/万元	费率/%	算例/万元	
		定额建筑安装工程费	建设单位（业主）管理费
500 及以下	4.858	500	500×4.858%=24.29
>500~1 000	3.813	1 000	24.29+(1 000−500)×3.813%=43.355
>1 000~5 000	3.049	5 000	43.355+(5 000−1 000)×3.049%=165.315
>5 000~10 000	2.562	10 000	165.315+(10 000−5 000)×2.562%=293.415
>10 000~30 000	2.125	30 000	293.415+(30 000−10 000)×2.125%=718.415
>30 000~50 000	1.773	50 000	718.415+(50 000−30 000)×1.773%=1 073.015
>50 000~100 000	1.312	100 000	1 073.015+(100 000−50 000)×1.312%=1 729.015
>100 000~150 000	1.057	150 000	1 729.015+(150 000−100 000)×1.057%=2 257.515
>150 000~200 000	0.826	200 000	2 257.515+(200 000−150 000)×0.826%=2 670.515
>200 000~300 000	0.595	300 000	2 670.515+(300 000−200 000)×0.595%=3 265.515
>300 000~400 000	0.498	400 000	3 265.515+(400 000−300 000)×0.498%=3 763.515
>400 000~600 000	0.450	600 000	3 763.515+(600 000−400 000)×0.450%=4 663.515
>600 000~800 000	0.400	800 000	4 663.515+(800 000−600 000)×0.400%=5 463.515
>800 000~1 000 000	0.375	1 000 000	5 463.515+(1 000 000−800 000)×0.375%=6 213.515
1 000 000 以上	0.350	1 200 000	6 213.515+(1 200 000−1 000 000)×0.35%=6 913.515

2. 建设项目信息化费

建设项目信息化费指建设单位（业主）和各参建单位用于建设项目的质量、安全、进度、费用等方面的信息化建设、运维及各种税费等费用,包括建设项目全寿命周期的建筑信息模型(building information modeling,BIM)等相关费用。

建设项目信息化费以定额建筑安装工程费为基数,按表3-19的费率,以累进方法计算。

表3-19 建设项目信息化费费率表

定额建筑安装工程费/万元	费率/%	算例/万元	
		定额建筑安装工程费	建设项目信息化费
500及以下	0.600	500	500×0.600%=3
>500~1 000	0.452	1 000	3+(1 000-500)×0.452%=5.26
>1 000~5 000	0.356	5 000	5.26+(5 000-1 000)×0.356%=19.5
>5 000~10 000	0.285	10 000	19.5+(10 000-5 000)×0.285%=33.75
>10 000~30 000	0.252	30 000	33.75+(30 000-10 000)×0.252%=84.15
>30 000~50 000	0.224	50 000	84.15+(50 000-30 000)×0.224%=128.95
>50 000~100 000	0.202	100 000	128.95+(100 000-50 000)×0.202%=229.95
>100 000~150 000	0.171	150 000	229.95+(150 000-100 000)×0.171%=315.45
>150 000~200 000	0.160	200 000	315.45+(200 000-150 000)×0.16%=395.45
>200 000~300 000	0.142	300 000	395.45+(300 000-200 000)×0.142%=537.45
>300 000~400 000	0.135	400 000	537.45+(400 000-300 000)×0.135%=672.45
>400 000~600 000	0.131	600 000	672.45+(600 000-400 000)×0.131%=934.45
>600 000~800 000	0.127	800 000	934.45+(800 000-600 000)×0.127%=1 188.45
>800 000~1 000 000	0.125	1 000 000	1 188.45+(1 000 000-800 000)×0.125%=1 438.45
1 000 000以上	0.122	1 200 000	1 438.45+(1 200 000-1 000 000)×0.122%=1 682.45

3. 工程监理费

工程监理费指建设单位(业主)委托具有监理资格的单位,按施工监理规范进行全面的监督和管理所发生的费用。

工程监理费以定额建筑安装工程费为基数,按表3-20的费率,以累进方法计算。

表3-20 工程监理费费率表

定额建筑安装工程费/万元	费率/%	算例/万元	
		定额建筑安装工程费	工程监理费
500及以下	3.00	500	500×3%=15
>500~1 000	2.40	1 000	15+(1 000-500)×2.4%=27
>1 000~5 000	2.10	5 000	27+(5 000-1 000)×2.1%=111
>5 000~10 000	1.94	10 000	111+(10 000-5 000)×1.94%=208
>10 000~30 000	1.87	30 000	208+(30 000-10 000)×1.87%=582
>30 000~50 000	1.83	50 000	582+(50 000-30 000)×1.83%=948
>50 000~100 000	1.78	100 000	948+(100 000-50 000)×1.78%=1 838
>100 000~150 000	1.72	150 000	1 838+(150 000-100 000)×1.72%=2 698

续表

定额建筑安装工程费/万元	费率/%	算例/万元	
		定额建筑安装工程费	工程监理费
>150 000~200 000	1.64	200 000	2 698+(200 000-150 000)×1.64%=3 518
>200 000~300 000	1.55	300 000	3 518+(300 000-200 000)×1.55%=5 068
>300 000~400 000	1.49	400 000	5 068+(400 000-300 000)×1.49%=6 558
>400 000~600 000	1.45	600 000	6 558+(600 000-400 000)×1.45%=9 458
>600 000~800 000	1.42	800 000	9 458+(800 000-600 000)×1.42%=12 298
>800 000~1 000 000	1.37	1 000 000	12 298+(1 000 000-800 000)×1.37%=15 038
1 000 000 以上	1.33	1 200 000	15 038+(1 200 000-1 000 000)×1.33%=17 698

4. 设计文件审查费

设计文件审查费指在项目审批前，建设单位（业主）为保证勘察设计工作的质量，组织有关专家或委托有资质的单位，对提交的建设项目可行性研究报告和勘察设计文件进行审查所需要的相关费用。

设计文件审查费以定额建筑安装工程费为基数，按表3-21的费率，以累进方法计算。

表 3-21 设计文件审查费费率表

定额建筑安装工程费/万元	费率/%	算例/万元	
		定额建筑安装工程费	设计文件审查费
5 000 及以下	0.077	5 000	5 000×0.077%=3.85
>5 000~10 000	0.072	10 000	3.85+(10 000-5 000)×0.072%=7.45
>10 000~30 000	0.069	30 000	7.45+(30 000-10 000)×0.069%=21.25
>30 000~50 000	0.066	50 000	21.25+(50 000-30 000)×0.066%=34.45
>50 000~100 000	0.065	100 000	34.45+(100 000-50 000)×0.065%=66.95
>100 000~150 000	0.061	150 000	66.95+(150 000-100 000)×0.061%=97.45
>150 000~200 000	0.059	200 000	97.45+(200 000-150 000)×0.059%=126.95
>200 000~300 000	0.057	300 000	126.95+(300 000-200 000)×0.057%=183.95
>300 000~400 000	0.055	400 000	183.95+(400 000-300 000)×0.055%=238.95
>400 000~600 000	0.053	600 000	238.95+(600 000-400 000)×0.053%=344.95
>600 000~800 000	0.052	800 000	344.95+(800 000-600 000)×0.052%=448.95
>800 000~1 000 000	0.051	1 000 000	448.95+(1 000 000-800 000)×0.051%=550.95
1 000 000 以上	0.050	1 200 000	550.95+(1 200 000-1 000 000)×0.050%=650.95

5. 竣（交）工验收试验检测费

竣（交）工验收试验检测费指在公路建设项目竣（交）工验收前，由建设单位（业主）或工程质量监督机构委托有资质的公路工程质量检测单位按照有关规定对建设项目的工程质量进行检测并出具检测试验意见，以及进行桥梁动（静）载试验或其他特殊检测等所需的费用。

竣（交）工验收试验检测费按表3-22规定的费率计算。

表 3-22 竣(交)工验收试验检测费

检测项目		竣(交)工验收试验检测费	备注
道路工程/(元/km)	高速公路	23 500	包括路基、路面、涵洞、通道、路段安全设施和机电、房建、绿化、环境保护及其他工程
	一级公路	17 000	
	二级公路	11 500	
	三级及三级以下公路	5 750	
桥梁工程	一般桥梁/(元/延米)	40	包括桥梁范围内的所有土建、安全设施和机电、声屏障等环境保护工程及必要的动(静)载试验
	技术复杂桥梁/(元/延米) 钢管拱	750	
	连续刚构	500	
	斜拉桥	600	
	悬索桥	560	
隧道工程/(元/延米)	单洞	80	包括隧道范围内的所有土建、安全设施、机电、消防设施等

其中:

(1) 道路工程按主线路基长度计算，桥梁工程以主线桥梁、分离式立交、匝道桥的长度之和进行计算，隧道按单洞长度计算。

(2) 道路工程，高速公路、一级公路按四车道计算，二级及二级以下公路按两车道计算，每增加 1 个车道，按表 3-22 的费用增加 10%。

(3) 桥梁和隧道按双向四车道计算，每增加 1 个车道费用增加 15%。

(4) 二级及二级以下公路的桥隧工程，按表 3-22 费用的 40% 计算。

3.4.2 研究试验费

研究试验费指按项目特点和有关规定，在建设过程中必须进行的研究和试验所需的费用，以及支付科技成果、专利、先进技术的一次性技术转让费。计算方法按设计提出的研究试验内容和要求进行编制。

研究试验费不包括以下各项。

(1) 应由前期工作费 (为建设项目提供或验证设计数据、资料等专题研究) 开支的项目。

(2) 应由科技三项费用 (新产品试制费、中间试验费和重要科学研究补助费) 开支的项目。

(3) 应由施工辅助费开支的施工企业对建筑材料、构件和建筑物进行一般鉴定、检查所发生的费用及技术革新研究试验费。

3.4.3 建设项目前期工作费

建设项目前期工作费指委托勘察设计单位、咨询单位对建设项目进行可行性研究、工程勘察设计,以及设计、监理、施工招标文件及招标标底或造价控制值文件编制时,按规定应支付的费用。包括以下各项。

(1) 编制项目建议书(或预可行性研究报告)、可行性研究报告、投资估算,以及相应的勘察、设计等所需的费用。

(2) 通过风洞试验、地震动参数、索塔足尺模型试验、桥墩局部冲刷试验、桩基承载力试验等为建设项目提供或验证设计数据所需的专题研究费用。

(3) 初步设计和施工图设计的勘察费、设计费、概(预)算编制及调整概算编制费用等。

(4) 设计、监理、施工招标及招标标底(或造价控制值或清单预算)文件编制费等。

建设项目前期工作费以定额建筑安装工程费为基数,按表 3-23 的费率,以累进方法计算。

表 3-23 建设项目前期工作费费率表

定额建筑安装工程费/万元	费率/%	算例/万元	
		定额建筑安装工程费	建设项目前期工作费
500 及以下	3.00	500	500×3.00% = 15
>500~1 000	2.70	1 000	15+(1 000-500)×2.70% = 28.5
>1 000~5 000	2.55	5 000	28.5+(5 000-1 000)×2.55% = 130.5
>5 000~10 000	2.46	10 000	130.5+(10 000-5 000)×2.46% = 253.5
>10 000~30 000	2.39	30 000	253.5+(30 000-10 000)×2.39% = 731.5
>30 000~50 000	2.34	50 000	731.5+(50 000-30 000)×2.34% = 1 199.5
>50 000~100 000	2.27	100 000	1 199.5+(100 000-50 000)×2.27% = 2 334.5
>100 000~150 000	2.19	150 000	2 334.5+(150 000-100 000)×2.19% = 3 429.5
>150 000~200 000	2.08	200 000	3 429.5+(200 000-150 000)×2.08% = 4 469.5
>200 000~300 000	1.99	300 000	4 469.5+(300 000-200 000)×1.99% = 6 459.5
>300 000~400 000	1.94	400 000	6 459.5+(400 000-300 000)×1.94% = 8 399.5
>400 000~600 000	1.86	600 000	8 399.5+(600 000-400 000)×1.86% = 12 119.5
>600 000~800 000	1.80	800 000	12 119.5+(800 000-600 000)×1.80% = 15 719.5
>800 000~1 000 000	1.76	1 000 000	15 719.5+(1 000 000-800 000)×1.76% = 19 239.5
1 000 000 以上	1.72	1 200 000	19 239.5+(1 200 000-1 000 000)×1.72% = 22 679.5

3.4.4 专项评价(估)费

专项评价(估)费指依据国家法律、法规规定进行评价(评估)、咨询,按规定应支付的费用。包括:环境影响评价费、水土保持评估费、地震安全性评价费、地质灾害危险性评价费、压覆重要矿床评估费、文物勘察费、通航论证费、行洪论证(评估)费、使用林地可行性研究报告编制费、用地预审报告编制费、项目风险评估费、节能评估费和社会风险评估费、放射性影响评估费、规划选址意见书编制费等费用。

专项评价(估)费依据委托合同,或参照类似工程已发生的费用进行计列。

3.4.5 联合试运转费

联合试运转费指建设项目的机电工程，按照有关规定标准，需要进行整套设备带负荷联合试运转所需的全部费用，不包括应由设备安装工程费中开支的调试费用。包括：联合试运转期间所需的材料、燃料和动力的消耗，机械和检测设备使用费，工具用具和低值易耗品费，参加联合试运转的人员工资及其他费用等。

联合试运转费以定额建筑安装工程费为基数，按 0.04% 费率计算。

3.4.6 生产准备费

生产准备费指为保证新建、改扩建项目交付使用后满足正常的运行、管理发生的工器具购置、办公和生活用家具购置、生产人员培训、应急保通设备购置等费用。

1. 工器具购置费

工器具购置费指建设项目交付使用后为满足初期正常运营必须购置的第一套不构成固定资产的设备、仪器、仪表、工卡模具、器具、工作台（框、架、柜）等的费用，不包括构成固定资产的设备、工器具和备品、备件，以及已列入设备费中的专用工具和备品、备件。

工器具购置费由设计单位列出计划购置清单（包括规格、型号、数量），计算方法同设备购置费。

2. 办公和生活用家具购置费

办公和生活用家具购置费指新建、改扩建工程项目，为保证初期正常生产、使用和管理所购置的办公和生活用家具、用具的费用，包括行政、生产部门的办公室、会议室、资料档案室、阅览室、宿舍及生活福利设施等的家具、用具。

办公和生活用家具购置费按表 3-24 的规定计算。

表 3-24 办公和生活用家具购置费标准表

工程所在地	路线/(元/公路公里)				单独管理或单独收费的桥梁、隧道/(元/座)		
	高速公路	一级公路	二级公路	三、四级公路	特大、大桥		特长隧道
					一般桥梁	技术复杂大桥	
内蒙古、黑龙江、青海、新疆、西藏	21 500	15 600	7 800	4 000	24 000	60 000	78 000
其他省、自治区、直辖市	17 500	14 600	5 800	2 900	19 800	49 000	63 700

注：改扩建工程按表列费用的 70% 计。

3. 生产人员培训费

生产人员培训费指为保证生产的正常运行，在工程交工验收交付使用前对运营部门生产人员和管理人员进行培训所需的费用，包括培训人员的工资、工资性津贴、职工福利费、差旅交通费、劳动保护费、培训及教学实习费等。

生产人员培训费按设计定员和 3 000 元/人的标准计算。

4. 应急保通设备购置费

应急保通设备购置费指新建、改扩建工程项目，为满足初期正常营运，购置保障抢修保通、应急处置，且构成固定资产的设备所需的费用。

应急保通设备购置费由设计单位列出计划购置清单，计算方法同设备购置费。

3.4.7 工程保通管理费

工程保通管理费指新建或改扩建工程需边施工边维持通车或通航的建设项目，为保证公（铁）路运营安全、船舶航行安全及施工安全而进行交通（公路、航道、铁路）管制、疏导所需的费用，以及媒体、公告等宣传费用及协管人员经费等。

工程保通管理费应按设计需要进行列支。

3.4.8 工程保险费

工程保险费指在合同执行期内，施工企业按合同条款要求办理保险的费用，包括建筑工程一切险和第三方责任险。

建筑工程一切险是为永久工程、临时工程和设备及已运至施工工地用于永久工程的材料和设备所投的保险。

第三者责任险是对因实施合同工程而造成的财产（本工程除外）损失或损害，或者人员（业主和承包人雇员除外）的死亡或伤残所负责进行的保险。

工程保险费以建筑安装工程费（不含设备费）为基数，按0.4%费率计算。

3.4.9 其他相关费用

其他相关费用指国务院行政主管部门及省级人民政府规定的其他与公路建设相关的费用，按其相关规定计算。

3.5 预备费

预备费由基本预备费和价差预备费两部分组成。

3.5.1 基本预备费

基本预备费指在初步设计和概算、施工图设计和施工图预算中难以预料的工程费用。包括以下各项。

（1）在进行技术设计、施工图设计和施工过程中，在批准的初步设计和概算范围内所增加的工程费用。

（2）在设备订货时，由于规格、型号改变的价差，材料货源变更、运输距离或方式的改变及因规格不同而代换使用等原因发生的价差。

（3）在项目主管部门组织竣（交）工验收时，验收委员会（或小组）为鉴定工程质量必须开挖和修复隐蔽工程的费用。

基本预备费以建筑安装工程费、土地使用及拆迁补偿费、工程建设其他费之和为基数，按下列费率计算：设计概算按5%计列；修正概算按4%计列；施工图预算按3%计列。

3.5.2 价差预备费

价差预备费指设计文件编制年至工程交工年期间，建筑安装工程费用的人工费、材料费、设备费、施工机械使用费、措施费、企业管理费等由于政策、价格变化可能发生上浮而预留的费用，以及外资贷款汇率变动部分的费用。

价差预备费以建筑安装工程费用总额为基数，按设计文件编制年始至建设项目工程交工年终的年数和年工程造价增涨率计算。设计文件编制至工程交工在1年以内的工程，不列此项费用。

$$价差预备费 = P \times [(1+i)^{n-1} - 1] \tag{3-4}$$

式中：P——建筑安装工程费，元；

i——年工程造价增涨率（按有关部门公布的工程投资价格指数计算），%；

n——设计文件编制年至建设项目开工年+建设项目建设期限，年。

3.6 建设期贷款利息

建设期贷款利息指工程项目使用的贷款部分在建设期内应计取的贷款利息，包括各种金融机构贷款、建设债券和外汇贷款等利息。

根据不同的资金来源分年度投资计算所需支付的利息。

$$S = \sum_{n=1}^{N} (F_{n-1} + b_n/2) \times i \tag{3-5}$$

式中：S——建设期贷款利息，万元；

N——项目建设期，年；

n——施工年度；

F_{n-1}——建设期第 $n-1$ 年末需付息贷款本息累计，万元；

b_n——建设期第 n 年度付息贷款额，万元；

i——中国人民银行公布的贷款基准年利率。

3.7 公路工程建设各项费用的计算程序及方式

3.7.1 公路工程建设费用计算程序和方式

公路工程建设各项费用的计算程序及计算方式见表3-25。

表3-25 公路工程建设费用计算程序和方式

序号	项目	说明及计算式
（一）	定额直接费	$\sum$ 人工消耗量×人工基价 + $\sum$（材料消耗量×材料基价 + 机械台班消耗量×机械台班基价）

续表

序号	项目	说明及计算式
（二）	定额设备购置费	∑设备购置数量×设备基价
（三）	直接费	∑人工消耗量×人工单价×∑（材料消耗量×材料预算单价+机械台班消耗量×机械台班预算单价）
（四）	设备购置费	∑设备购置数量×预算单价
（五）	措施费	（一）×施工辅助费费率+定额人工费和定额施工机械使用费之和×其余措施费综合费率
（六）	企业管理费	（一）×企业管理费综合费率
（七）	规费	各类工程人工费（含施工机械人工费）×规费综合费率
（八）	利润	［（一）+（五）+（六）］×利润率
（九）	税金	［（三）+（四）+（五）+（六）+（七）+（八）］×10%
（十）	专项费用	
	施工场地建设费	［（一）+（二×40%）+（五）+（六）+（七）+（八）+（九）］×累进费率
	安全生产费	建筑安装工程费（不含安全生产费本身）×安全生产费费率（≥1.5%）
（十一）	定额建筑安装工程费	（一）+（二×40%）+（五）+（六）+（七）+（八）+（九）+（十）
（十二）	建筑安装工程费	（三）+（四）+（五）+（六）+（七）+（八）+（九）+（十）
（十三）	土地使用及拆迁补偿费	按规定计算
（十四）	工程建设其他费	
	建设项目管理费	
	建设单位（业主）管理费	（十一）×累进费率
	建设项目信息化费	（十一）×累进费率
	工程监理费	（十一）×累进费率
	设计文件审查费	（十一）×累进费率
	竣（交）工验收试验检测费	按规定计算
	研究试验费	按具体要求编制
	建设项目前期工作费	（十一）×累进费率
	专项评价（估）费	按规定计算
	联合试运转费	（十一）×费率
	生产准备费	
	工具器购置费	按规定计算
	办公和生活用家具购置费	按规定计算
	生产人员培训费	按规定计算
	应急保通管理费	按购置清单计算
	工程保通管理费	按规定计算
	工程保险费	［（十二）-（四）］×费率
	其他相关费用	按规定计算

续表

序号	项目	说明及计算式
(十五)	预备费	
	基本预备费	[(十二)+(十三)+(十四)]×费率
	价差预备费	(十二)×费率
(十六)	建设期贷款利息	按实际贷款额度及利率计算
(十七)	公路基本造价	(十二)+(十三)+(十四)+(十五)+(十六)

3.7.2 案例分析

西宁市某施工企业承建了当地的一条一级公路沥青混凝土路面的改建工程。工期为 2020.4.1—2020.10.1，路线长度为 100 km，其中 90 km 在西宁，10 km 在海北祁连县野牛沟。西宁海拔高度为 2 295 m，野牛沟海拔高度为 3 530 m。施工时部分路段采用边运营边施工方式，年平均日交通量为 6 600 辆/天，影响施工里程为 20 km；规费费率为 5.5%，综合里程为 10 km，工地转移距离为 500 km，安全生产费费率为 2%；直接费：人工 300 万元/km；材料 1 000 万元/km；机械 400 万元/km，设备购置费 200 万元；定额直接费：人工 280 万元/km，材料 800 万元/km，机械 320 万元/km，设备购置费 200 万元。

请计算该路面工程的定额建筑安装工程费和建筑安装工程费。

解：

(一)

定额直接费 = 定额人工费 + 定额材料费 + 定额施工机械使用费
= 280+800+320 = 1 400（万元/km）

定额人工费 + 定额施工机械使用费 = 280+320 = 600（万元/km）

(二)

定额设备购置费 = 200 万元

(三)

直接费 = 人工费 + 材料费 + 施工机械使用费 = 300+1 000+400 = 1 700（万元/km）

(四)

设备购置费 = 200 万元

(五)

该工程施工期为 2020.4.1—2020.10.1，共 6 个月，则

1）措施费费率

(1) 冬季施工增加费费率 = （0.9×2.449%+0.1×4.909%）×6/12 = 1.347 5%

西宁（冬三区），野牛沟（冬五区），

(2) 雨季施工增加费费率 = （0.9×0.153%+0.1×0.115%）×6/12 = 0.074 6%

西宁（雨量Ⅰ，雨期 1.5 月），野牛沟（雨量Ⅰ，雨期 1 月），

(3) 高原地区施工增加费费率 = 0.9×14.572%+0.1×45.032% = 17.618%

(4) 行车干扰施工增加费费率 = 5.475%×20/100 = 1.095%

(5) 施工辅助费费率 = 0.818%

（6）工地转移费费率=0.891%

2）措施费=定额直接费×施工辅助费费率+定额人工费和定额施工机械使用费之和×其余措施费综合费费率

$\quad$ = 1 400×(5)+600×((1)+(2)+(3)+(4)+(6))
$\quad$ = 600×0.21+11.452=126.000+11.452
$\quad$ = 137.452（万元/km）

（六）

企业管理费=1 400×3.364%=47.096 万元/km

（1）企业管理费费率=3.364%

（2）基本费用=2.427%

（3）主副食运费补贴=0.13%

（4）职工探亲路费=0.159%

（5）职工取暖补贴=0.9×0.229%+0.1×0.376%=0.244%

（6）财务费用=0.404%

（七）

规费=300×5.5%=16.5 万元/km

（八）

利润=(定额直接费+措施费+企业管理费)×7.42%
$\quad$ =(1 400+137.452+47.096)×7.42%=117.573 万元/km

（九）

税金=(直接费+设备购置费+措施费+企业管理费+利润+规费)×10%
$\quad$ =(1 700+200+137.452+47.096+117.573+16.5)×10%=221.862 万元/km

（十）

定额直接费+定额设备购置费×40%+措施费+企业管理费+规费+利润+税金
$\quad$ =(1 400+200×40%+137.452+47.096+17.5+117.573+221.862)×100
$\quad$ =202 148.3（万元）

查表 3-16，施工场地建设费费率为 1.348%，则

1）施工场地建设费=(20 2148.3-200 000)×1.348%+3 207.33
$\quad\quad\quad\quad\quad\quad$ =3 236.289（万元）

直接费+设备购置费+措施费+企业管理费+规费+利润+税金+施工场地建设费
$\quad$ =(1 700+200+137.452+47.096+17.5+117.573+221.862)×100+3 236.289
$\quad$ =244 148.3+3 236.289
$\quad$ =247 384.589（万元）

2）安全生产费=247 384.589×2%=4 947.692 万元

3）专项费用=施工场地建设费+安全生产费
$\quad\quad\quad\quad$ =3 236.289+4 947.692
$\quad\quad\quad\quad$ =8 183.981（万元）

（十一）

定额建筑安装工程费=定额直接费+定额设备购置费×40%+措施费+企业管理费+利润+

规费+税金+专项费用
= (1 400+200×40%+137.452+47.096+17.5+117.573+221.862) × 100+8 183.981
= 202 148.3+8 183.981
= 210 332.281（万元）

（十二）

建筑安装工程费=直接费+设备购置费+措施费+企业管理费+利润+规费+税金+专项费用
= (1 700 + 200 + 137.452 + 47.096 + 17.5 + 117.573 + 221.862) × 100 + 8 183.981
= 244 148.3+8 183.981
= 252 332.281（万元）

练习思考题

1. 简述公路工程基本建设项目工程类别的划分。
2. 请解释人工费、材料费和施工机械费的概念。
3. 简述措施费的概念及其组成。
4. 简述企业管理费的组成及计量方法。
5. 什么叫利润和税金？并说明其计量方式。
6. 简述设备购置费的概念、组成和计量方式。
7. 简述土地使用及拆迁补偿费的组成内容。
8. 建设期的贷款利息是如何计量的？
9. 简述预备费的概念及组成。
10. 选择题（请根据学习内容，选择正确的答案，包括单选和多选）

（1）下列费用中属于规费的是（　　）。

A. 劳动保险费　　　B. 医疗保险费　　　C. 住房公积金　　　D. 养老保险费

（2）下列费用中，不属于概算预算费用构成的是（　　）。

A. 用于支付项目所需土地而发生的费用
B. 用于建设单位自身进行日常管理所支出的费用
C. 用于购买安装施工机械所支付的费用
D. 用于委托工程勘察设计所支付的费用

（3）根据我国现行《公路工程建设项目概算预算编制办法》中建筑安装工程费用项目组成的规定，直接从事建筑安装工程施工的生产工人的福利费应计入（　　）。

A. 人工费　　　B. 规费　　　C. 企业管理费　　　D. 措施费

（4）不包括在工程造价范围内的费用是（　　）

A. 土地使用费　　　　　　　　　B. 预备费
C. 研究试验费　　　　　　　　　D. 铺底流动资金

(5) 下列应划归人工费之内的是（　　）
A. 生产工人的基本工资
B. 现场管理人员的基本工资
C. 现场管理人员的工资性补贴、工资附加费
D. 建设单位项目管理人员的基本工资

(6) 建设单位工程招标管理费计在（　　）中
A. 措施费　　　　　　　　　　B. 建设单位管理费
C. 工程监理费　　　　　　　　D. 直接费

(7) 下列属于措施费的有（　　）
A. 人工费　　　　　　　　　　B. 冬季施工增加费
C. 沿海地区工程施工增加费　　D. 职工取暖补贴
E. 施工辅助费

(8) 直接费是指施工过程中耗费的构成工程实体和有助于工程形成的各项费用，包括（　　）
A. 人工费　　　　　　　　　　B. 材料费
C. 措施费　　　　　　　　　　D. 施工机械使用费
E. 施工场地建设费

11. 某公路建设项目，建设期2年，建筑安装工程费总额20 000万元，年工程造价增涨率为5%，设计文件编制年到项目开工年为2年，计算该项目的价差预备费。

12. 某公路配套设施，建设期为3年，分年均衡进行贷款，第一年贷款300万元，第二年600万元，第三年400万元，年利率为7%，建设期内只计息不支付，试计算建设期贷款利息。

13. 请举例说明公路工程建设费用的计量过程。

第 4 章 公路工程定额

> 主要内容：
> 1. 公路工程定额的概念、特点、作用和分类；
> 2. 施工定额、预算定额、概算定额、概算指标的概念及其区别和联系；
> 3. 预算定额消耗量和预算基价的确定；
> 4. 《公路工程预算定额》的运用；
> 5. 概算定额和估算定额简介。

4.1 概 述

4.1.1 公路工程定额的基本概念

1. 公路工程定额的含义

"定额"，从字义上说，"定"就是限定、确定、规定；"额"就是额度、标准的意思。简言之，"定额"就是某一种规定的标准，定额工作就是进行定量的一项工作。

定额所确定的标准的高低就是定额水平，即规定完成单位合格产品所需消耗的资源数量的多少。定额水平是一定时期社会生产力水平的反映，影响定额水平的主要因素包括以下各项。

（1）操作人员的技术水平、心理因素、劳动态度。
（2）观察对象的机械化程度。
（3）新材料、新工艺、新技术的发展和应用。
（4）企业的组织管理水平。
（5）劳动生产环境。
（6）产品的质量及操作安全等。

定额水平不是一成不变的，而是随着社会生产力水平的变化而变化的。定额水平高，反映的社会生产力水平高，完成单位合格产品所需要消耗的资源少；反之，则说明社会生产力水平低，完成单位合格产品所需要消耗的资源多。

工程建设定额是工程建设中各类定额的总称。而公路工程是工程建设中的一个专业门类，因此公路工程定额是诸多工程建设定额中的一种，它研究的对象是公路工程产品生产过程当中资源消耗的规律。在社会生产中，为了生产某一合格产品，都要消耗一定数量的人工、材料、机具、机械台班和资金。这种消耗数量，受各种生产条件的影响，是各不相同的。因此公路工程定额的定义可以表述如下：在正常施工条件下，按照技术规程和施工规范，在合理的劳动组织和合理地使用材料及施工机械条件下，完成单位合格建设工程产品所必须消耗的人力、物力和财力的数量标准。

2. 公路工程定额的特点

1）科学性

公路工程定额的科学性是由现代社会化大生产的客观要求决定的。其科学性主要体现在它必须和社会生产力发展水平相适应，能反映工程建设中生产消耗的客观规律；定额数据的确定必须有可靠的科学依据，定额的标定工作是在认真研究和总结广大工人生产实践经验基础上，广泛搜集资料，经过科学地分析与研究而确定的，它能正确地反映单位产品生产所需要消耗的资源量。

2）系统性

公路工程定额的系统性是由工程建设的特点决定的。工程建设本身就是一个庞大的实体系统，公路工程定额是为这个实体系统服务的，因而公路工程建设本身的多种类、多层次就决定了以它为服务对象的公路工程定额的多种类与多层次的系统性特点。

3）权威性和统一性

公路工程定额是由交通运输部或其授权机关编制的，具有权威性。同时，由于国家对经济发展宏观调控的需要，在进行工程项目的决策、设计、成本控制和评价等方面进行比选时，在标准、定额参数等方面需采用同一尺度，因此，公路工程定额又具有统一性。但是，在社会主义市场经济条件下，定额的权威性不应绝对化。随着投资体制的改革和投资主体多元化格局的形成，以及企业经营机制的转换，企业需要根据市场的变化和自身的情况，自主地调节自己的决策行为。

4）稳定性和时效性

公路工程定额中的任何一种定额都是一定时期技术发展和管理水平的反映，因而在一段时期内都表现出稳定的状态。如果某种定额处于经常修改变动之中，那么必然造成执行中的困难和混乱。但是公路工程定额的稳定性是相对的。任何一种工程建设定额，都只能反映一定时期的社会生产力水平，当社会生产力向前发展了，定额就会与已经发展了的社会生产力不相适应。因此，从一段时期来看，定额是稳定的；从长时期来看，定额是要发展的。

3. 公路工程定额的作用

公路工程定额的作用主要体现在提高劳动效率，协调社会生产和促进有利竞争等几个方面。

1）公路工程定额是节约社会劳动，提高劳动生产率的重要手段

公路工程定额为生产者和经营者树立了评价劳动成果与经营效益的标准尺度，劳动者明确了自己在工作中应该达到的具体目标，从而增强责任感和自我完善的意识，自觉地节约社会劳动和消耗，努力提高劳动生产率和经济效益。

2）公路工程定额是组织和协调社会化大生产的工具

随着生产力的发展，分工越来越细，生产社会化程度不断提高，一件产品是许多企业、许多劳动者共同完成的社会产品。公路工程定额可以实现生产要素的合理配置，协调社会生

产，保证社会生产持续、顺利地发展。

3）公路工程定额是宏观调控的依据

基本建设投资需要耗费国家大量人力、物力和财力。同时这些项目往往影响到一个地区、一个产业以致影响到整个国家经济的发展。因此国家需要利用定额为预测、计划、调节和控制经济发展提供技术可靠的计量标准。

4）公路工程定额有利于建筑市场公平竞争

公路工程定额所提供的准确信息为市场需求主体和供给主体之间的竞争，以及供给主体之间的公平竞争，提供了有利的条件。

5）公路工程定额有利于实现分配，兼顾效率与社会公平

公路工程定额作为评价劳动成果和经营效益的尺度，也就成为资源分配和个人消费品分配的依据。

4.1.2 公路工程定额的分类

公路工程定额的分类如图 4-1 所示。

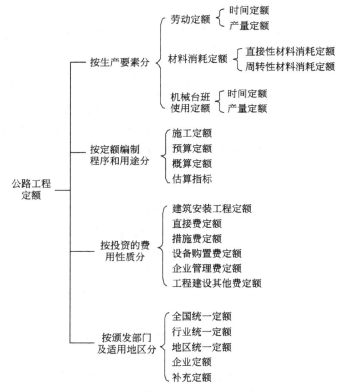

图 4-1 公路工程定额的分类

1. 按生产要素分类

1）劳动定额

劳动定额（人工定额）是指在合理的劳动组织和正常的施工条件下，生产单位质量合格产品所需消耗的工作时间，或者在一定的工作时间内生产的合格产品数量。劳动定额可用

时间定额和产量定额来表示。

（1）时间定额。时间定额是指在一定的生产技术和生产组织条件下，某工种、某种技术等级的工人小组或个人，完成单位合格产品所必需消耗的工作时间。时间定额以工日为单位，其计算方法如下

$$单位产品时间定额 = 1/产量定额（工日） \tag{4-1}$$

$$单位产品时间定额 = 小组成员工日数总和/小组的工作班产量（工日） \tag{4-2}$$

（2）产量定额。产量定额是指在一定的生产技术和生产组织条件下，某工种、某种技术等级的工人小组或个人，在单位时间内（工日）所应完成的合格产品的数量。产量定额以产品数量为单位，其计算方法如下

$$产量定额 = 1/单位产品时间定额（产品数量） \tag{4-3}$$

$$小组的工作班产量 = 小组成员工日数总和/单位产品时间定额（产品数量） \tag{4-4}$$

（3）时间定额与产量定额的关系。时间定额与产量定额互为倒数，即

$$时间定额 = 1/产量定额 \tag{4-5}$$

时间定额和产量定额都表示同一个劳动定额，但各有用处。时间定额用于综合计算劳动量时比较方便；产量定额具有形象化的特点，便于分配任务，容易被工人理解和接受。

2）材料消耗定额

材料消耗定额是指在合理和节约使用材料的条件下，生产单位合格产品所必须消耗的一定品种、规格的原材料、燃料、半成品、配件和水、电、动力等资源（统称为材料）的数量标准。

材料消耗定额可分为直接性材料消耗定额和周转性材料消耗定额。直接性材料是根据工程需要直接构成产品实体的材料，如砖、水泥、沥青、砂等。周转性材料是指在施工过程中多次使用而逐渐消耗的工具性材料，如挖土方工程的挡土板和混凝土构件的模板等。

单位合格产品所必须消耗的材料数量，由该材料的净用量和损耗量组成。净用量是指用于合格产品上的理论数量，损耗量是指材料从现场仓库领出到完成定额产品的过程中，采用规定材料规格、先进操作方法和正确选用材料品种的情况下不可避免的损耗量。

材料消耗量组成表示如下式：

$$材料消耗量 = 净用量 + 损耗量 \tag{4-6}$$

某种产品使用某种材料的损耗量的多少，可用损耗率来表示，即

$$损耗率 = （损耗量/材料消耗量）\times 100\% \tag{4-7}$$

那么：

$$材料消耗量 = 净用量/（1 - 损耗率） \tag{4-8}$$

例如，现浇混凝土构件，由于混凝土在搅拌、运输过程中不可避免地损耗，以及振捣后体积变得密实，1 m³ 混凝土产品需要 1.01~1.015 m³ 的混凝土拌合材料，即材料损耗率为 1%~1.5%。

3）机械台班使用定额

机械台班使用定额是指在合理使用机械和合理的施工组织条件下，完成单位合格产品所必须消耗的机械台班数量的标准，也称为机械台班消耗定额。所谓"台班"，是指一台机械

工作一个工作班（8 h）。如两台机械共同工作一个工作班或一台机械工作两个工作班，则称为两个台班。

机械台班使用定额有两种表示方法。一种是时间定额表示法，计量单位为台班；另一种为产量定额表示法，计算单位为产品数量。机械的时间定额和产量定额互为倒数。

（1）机械时间定额。在正常的施工条件和劳动组织条件下，使用某种规格的机械，完成单位合格产品所必须消耗的机械台班数量，即

$$机械时间定额 = \frac{机械台班数量}{机械台班产量}（台班） \tag{4-9}$$

（2）机械台班产量定额。在正常的施工条件和劳动组织条件下，某种规格的机械在一个台班内所完成的单位合格产品的数量，即

$$机械台班产量定额 = \frac{1}{机械时间定额} \tag{4-10}$$

（3）人工配合机械工作的时间定额。

$$时间定额 = 机械台班内工人的工日数 / 机械台班产量 \tag{4-11}$$

$$产量定额 = 1 / 时间定额 \tag{4-12}$$

劳动定额、材料消耗定额和机械台班使用定额统称为基础定额，是各类定额的基本组成部分。

2. 按定额编制程序和用途分类

1）施工定额

施工定额是施工企业内部使用的一种定额，它是以同一性质的施工过程为标定对象而规定的生产单位合格产品所必需消耗的人工、材料和机械台班等生产要素的数量标准。施工定额是工程定额体系中的基础性定额，是编制预算定额和补充定额的基础，定额水平是社会平均先进生产力水平。

2）预算定额

预算定额是编制施工图预算时，计算消耗在单位工程基本构造要素上的人工、材料和施工机械台班所需实物工程量的标准和货币额度。它是按分项工程或结构构件的施工过程，在施工定额的基础上加以合并和扩大编制的。预算定额是概算定额和估算指标的编制基础，也是在工程招投标中计算标底和确定报价的主要依据。其定额水平是先进合理的，反映的是社会平均生产力水平。

3）概算定额

概算定额是在编制设计概算时，计算为完成完整的结构构件或扩大的结构部分所消耗的人工、材料和机械的数量标准与货币额度。它是在预算定额的基础上以主要工序为准，综合相关分项的扩大定额。公路工程概算定额是建设单位编制、选择设计方案和进行施工方案比较与选择的重要依据，是编制估算指标的基础。其定额水平反映的是社会平均生产力水平，但比预算定额的定额水平要低大约50%。

4）估算指标

估算指标是以各类建设工程的面积、长度或万元造价等为计量单位所整理的造价和主要

材料用量的指标。它是在项目建议书和可行性研究报告阶段编制投资估算，计算投资需要量时使用的一种定额。项目划分相对概略，往往是以独立的单位工程或完整的工程项目为计算对象。

4 种定额比较见表 4-1。

表 4-1　4 种定额比较

定额名称	定额性质	主要特征	主要作用
施工定额	企业生产定额	施工定额的项目划分很细，是工程建设中分项最细、子项最多的一种定额；所反映的定额水平为社会平均先进生产力水平	(1) 是施工企业编制生产计划和施工作业计划的基础和依据。 (2) 是衡量施工企业生产力水平高低的一个标准。 (3) 是施工企业开展劳动竞赛，提高劳动生产率的重要前提。 (4) 是施工企业实行成本核算和实现施工责任制的基础。 (5) 是编制预算定额的基础。 (6) 是衡量个人劳动生产率的主要尺度，也是计算劳动报酬，贯彻按劳分配的手段，推行经济责任制的重要依据
预算定额	计价性定额	在编制施工图预算时，计算工程造价和计算工程中所需人工、材料、机械台班消耗量时使用的一种定额；反映的是社会平均生产力水平，其定额水平比施工定额大约低 10%	(1) 是国家对基本建设投资进行计划管理的重要依据。 (2) 是编制施工图预算，确定工程预算造价，审查设计方案，考核设计水平，进行技术经济分析的依据。 (3) 是编制工程招标标底和投标报价的依据。 (4) 是进行工程拨款和办理工程结算的依据。 (5) 是组织施工、编制施工计划及各种资源需要量计划的依据。 (6) 是编制概算定额的基础
概算定额	计价性定额	在编制设计概算及修正设计概算时，计算和确定工程概算造价所使用的定额；项目划分粗细与初步设计的深度相适应；是在预算定额基础上，对预算定额的综合扩大；反映的是社会平均生产力水平，其定额水平比预算定额大约低 5%	(1) 是初步设计阶段编制建设项目概算和技术设计阶段编制修正设计概算的依据。 (2) 是设计方案比选的依据。 (3) 是编制主要材料需要量的计算基础。 (4) 是编制估算指标的基础。 (5) 在不具备施工图预算的情况下，概算定额还可以作为计算工程标底的依据。 (6) 在实行建设项目投资包干时，其项目包干费通常也可以概算定额为计算依据
估算指标	计价性定额	在项目建议书和可行性研究报告阶段编制投资估算时使用的一种定额；非常概略，往往以独立的单位工程或完整的工程项目为计算对象，它的概略程度应与项目建议书和可行性研究相适应；反映的是社会平均生产力水平，其定额水平比概算定额大约低 5%	(1) 是编制投资估算的依据。 (2) 是为项目决策和投资控制提供依据

4.2 预算定额

4.2.1 预算定额编制概述

1. 预算定额的编制原则

1) 按社会平均水平确定预算定额的原则

预算定额的社会平均生产力水平是指在正常的施工条件下,在合理的施工组织和工艺条件、社会平均劳动熟练程度和劳动强度下,完成单位分项工程基本构造要素所需要的劳动时间。预算定额的水平以大多数施工单位的施工定额水平为基础,但预算定额是在施工定额的工作内容上综合扩大而成的,其定额水平要相对低一些。

2) 简明适用的原则

编制预算定额要贯彻简明适用原则是对执行定额的可操作性而言的。为此,编制预算定额时,对于那些主要的、常用的、价值量大的项目,分项工程划分宜细。对于次要的、不常用的、价值量相对较小的项目则可以放粗一点。

在贯彻简明适用原则时,预算定额要项目齐全,要注意合理确定预算定额的计量单位、简化工程量的计算和规范材料的计量单位。

3) 坚持统一性和差别性相结合的原则

所谓统一性,是指从统一市场规范计价行为出发,由全国统一制定或修订定额,这样有利于通过定额和工程造价的管理实现对建设工程的宏观调控。通过统一编制的定额,公路工程建设定额也有一个统一的计价依据,其考核设计和施工的经济效果也具有一个统一的尺度。

所谓差别性,是指在统一的基础上,各部门和省、自治区、直辖市主管部门可以在自己的管辖范围内,根据本部门和地区的具体情况,制定部门和地区性定额、补充性制度和管理办法,对定额实行日常管理。统一性和差别性要相互结合才能更好地发挥定额的作用。

2. 预算定额的编制依据

(1) 国家及有关部门的规定、通知等。
(2) 现行的技术标准和规范。
(3) 具有代表性的设计施工图纸及有关设计标准图。
(4) 新技术、新结构、新材料和先进的施工方法等。
(5) 有关机械、设备产品目录及其他有关科学试验报告。
(6) 现行的预算定额、材料预算价格及有关文件规定等。

3. 预算定额的编制步骤

(1) 根据上级主管部门关于编制预算定额的批文,组成编制小组,拟订编制方案。
(2) 抽调专业人员进行调查研究,搜集现行预算定额的执行情况及其他预算定额,确定需要调整与补充的项目,制订工作计划。
(3) 对收集的各种现行规范、图纸、资料进行测算。
(4) 确定编制细则、定额项目划分、工程量计算规则、定额水平,编制预算定额初稿。

(5)测算定额水平,并送审、定稿。测算定额水平包括下列工作:① 新旧定额水平的比较;② 预算造价比较;③ 与实际的人工、材料、施工机械台班消耗量的比较。

(6)根据审查意见修改、补充。

(7)预算定额的出版、发行。

(8)预算定额的资料整理、归档。

4. 预算定额的编制内容

(1)确定各项目的名称、工作内容及施工方法。预算定额首先要根据工程类别、施工设计图的工程构件或部位、材料类别、施工措施及对工程造价的影响因素予以划分。还要根据当前和今后一个阶段的实际社会技术状况和管理水平,确定技术先进、经济效益较好的施工方法作为编制依据。

(2)确定预算定额的计量单位。预算定额的计量单位应与相应工程项目内容相适应。预算定额和施工定额计量单位往往不同。施工定额的计量单位一般按工序或工作过程确定;而预算定额的计量单位主要是根据分部、分项工程的形体和结构构件特征及其变化确定。预算定额的计量单位具有综合的性质,所选择的计量单位要根据工程量计算规则并能确切反映定额项目所包含的工作内容。

(3)按典型施工图设计图和资料计算工程量。计算工程量的目的,是通过计算典型施工图设计图所包含的工程量,以便在编制预算定额时,利用施工定额的人工、材料和施工机械台班的消耗量指标确定预算定额分项工程的人工、材料、施工机械台班消耗量。

(4)确定预算定额中各项目的人工、材料和施工机械台班消耗量指标。

(5)编制定额表和有关说明。

4.2.2 预算定额消耗量的确定

在确定预算定额的人工、材料、施工机械台班消耗量指标时,先按施工定额的分项逐项计算出其消耗量指标,然后按照预算定额的项目加以综合。这种综合并不是简单地合并和相加,需要在综合过程中考虑两种定额之间的适当的定额水平差。

1. 人工工日消耗量的确定

1)人工工日消耗量的确定方法

制订劳动定额比较常用的方法包括比较类推法、经验估工法、统计分析法等。

(1)比较类推法。比较类推法又称典型定额法,是以同类或相似类型的产品或工序的典型定额项目的定额水平为标准,经过分析比较,类推出同一级定额中相邻的定额水平的方法。

采用这种方法的一般做法如下:

① 选相同(相似)类型的作为对比项目;

② 分析新项目与定额项目之间的主要差异;

③ 确定新项目与定额项目相比的效率估计值;

④ 确定新项目的定额水平。

比较类推法以相同或相似类型的定额项目为基础,经过比较分析,即可确定新项目的定额水平,因而它具有经验分析和工作测定的特点。其优点是简便易行、工作量小,只要典型的定额项目选择恰当,切合实际,具有代表性,类推出的定额一般比较合理。

这种方法适合于同类型规格多、批量小的施工(生产)过程。但该方法受同类型项目可比性的限制，不能普遍采用。

例题 4-1：已知人工挖运松土（运距 20 m）的时间定额及普通土、硬土和松土耗用工时的比例关系（见表 4-2），试推算普通土和硬土的时间定额。

表 4-2 人工挖运松土时间定额与耗用工时比例表

土的类别	耗用工时比例	人工挖运松土、运距 20 m	
		槽外	槽内
松土	1.00	0.158 工日/m³	0.177 工日/m³
普通土	1.50		
硬土	2.12		

解：按比例系数推算普通土和硬土在相应条件下的时间定额，即

挖运槽外普通土：1.5×0.158=0.237（工日/m³）
挖运槽内普通土：1.5×0.177=0.255（工日/m³）
挖运槽外硬土：2.12×0.158=0.335（工日/m³）
挖运槽内硬土：2.12×0.177=0.375 2（工日/m³）

（2）经验估工法。经验估工法是定额专业人员、工程技术人员和工人，根据施工图纸、技术规范、工艺操作规程，分析所使用的工具、设备、原材料及其施工技术组织条件和操作方法的繁简、难易等情况，凭实践经验估定劳动定额的一种方法。这种方法的特点是简单、速度快，但是容易受参加制订人员的主观因素和局限性的影响，出现定额偏高或偏低的现象；适用于企业内部，作为某些局部项目的补充定额。

运用经验估工法制订定额，应以工序为对象，将工序分为各种操作（或动作），分别作出操作（或动作）的基本工作时间，然后考虑辅助工作时间、准备时间、结束时间和休息时间，经过整理，并对整理结果优化处理，即可得出该项工序（或产品）的时间定额或产量定额。

如对某一单位产品或施工过程进行估算，得出 3 个时间消耗数值：先进的（乐观估计）a，一般的（最大可能）m，保守的（悲观的）b。

$$\text{平均时间消耗值} \bar{t}=\frac{a+4m+b}{6} \tag{4-13}$$

$$\text{均方差} \sigma=\frac{b-a}{6} \tag{4-14}$$

$$\text{期望时间} t=\bar{t}+\lambda\sigma \tag{4-15}$$

式中：λ——参数，见表 4-3。

例题 4-2：已知完成某项任务的先进工时消耗为 4 h，保守的工时消耗为 9 h，一般的工时消耗为 6 h。问①如果要求在 7 h 内完成任务，其完成的可能性有多少？②要使完成任务的可能性 $P(\lambda)=70\%$，则下达的工时定额应是多少？

解：① 已知期望时间 $t=7$ h，求 $P(\lambda)$。

$$\bar{t}=\frac{a+4m+b}{6}=\frac{4+4\times6+9}{6}=6.2 \text{ (h)}$$

$$\sigma=\frac{b-a}{6}=\frac{9-4}{6}=0.8$$

$$\lambda = \frac{t-\bar{t}}{\sigma} = \frac{7-6.2}{0.8} = 1$$

查正态分布表（见表 4-3），得 $P(\lambda) = 0.84$，即当估工定额为 7 h，能完成的可能性为 84%。

表 4-3 正态分布表

λ	$P(\lambda)$	λ	$P(\lambda)$	λ	$P(\lambda)$	λ	$P(\lambda)$	λ	$P(\lambda)$
-2.5	0.01	-1.5	0.07	-0.5	0.31	0.5	0.69	1.5	0.93
-2.4	0.01	-1.4	0.08	-0.4	0.34	0.6	0.73	1.6	0.95
-2.3	0.01	-1.3	0.10	-0.3	0.38	0.7	0.76	1.7	0.96
-2.2	0.01	-1.2	0.12	-0.2	0.42	0.8	0.79	1.8	0.96
-2.1	0.02	-1.1	0.14	-0.1	0.46	0.9	0.82	1.9	0.97
-2.0	0.02	-1.0	0.16	0.0	0.50	1.0	0.84	2.0	0.98
-1.9	0.03	-0.9	0.18	0.1	0.54	1.1	0.86	2.1	0.98
-1.8	0.04	-0.8	0.21	0.2	0.58	1.2	0.88	2.2	0.98
-1.7	0.04	-0.7	0.24	0.3	0.62	1.3	0.90	2.3	0.99
-1.6	0.06	-0.6	0.27	0.4	0.66	1.4	0.92	2.4	0.99

② 已知 $P(\lambda) = 70\%$，求 t。

查表 4-3 并插值得 $\lambda = 0.52$，则

$$t = \bar{t} + \lambda\sigma = 6.2 + 0.52 \times 0.8 = 6.62 \ (h)$$

即概率为 70% 的工时定额为 6.62 h。

(3) 统计分析法。统计分析法是利用过去同类工程项目或生产同类产品的实际工时消耗的资料，经过分析整理，结合当前的施工（生产）技术组织条件的变化因素制订劳动定额的一种方法。

这种方法的优点是以统计资料为依据，有一定说服力，较能反映实际劳动效率，并且不需要专门进行测定即可取得工时消耗数据，因而工作量小，简单易行，能满足定额制订的快和全的要求。其缺点是定额水平一般偏于保守。其次在使用方法上，应有足够多的统计资料，以满足统计分析的要求。

例题 4-3：已知由统计得来的工时消耗数据资料为 40、60、70、70、70、60、50、50、60、60，试用二次平均法计算其工时消耗平均先进值。

解：$\bar{t} = \frac{1}{10}(40+60+70+70+70+60+50+50+60+60) = 59$

那么低于平均工时消耗的工时消耗平均值 $\bar{t}_1$ 为：

$$\bar{t}_1 = \frac{40+50+50}{3} = 46.67$$

则工时消耗二次平均先进值 $\bar{t}_2$ 为：

$$\bar{t}_2 = \frac{\bar{t}+\bar{t}_1}{2} = \frac{59+46.67}{2} = 52.84$$

2）人工工日消耗量的计算

人工工日消耗量是指在正常施工条件下，生产单位合格产品（分部、分项工程或结构构件）所需消耗的人工工日数量。人工工日消耗量由基本用工、其他用工两部分组成，其中其他用工又包括超运距用工和辅助用工。其计算公式如下：

$$人工工日消耗量 = (基本用工 + 辅助用工 + 超运距用工) \times (1 + 人工幅度差系数) \tag{4-16}$$

（1）基本用工。基本用工是指完成单位合格产品所必须消耗的人工工日消耗量。其计算公式如下：

$$基本用工 = \sum (预算定额某工序人工工日消耗量 \times 工程数量) \tag{4-17}$$

式中：$工程数量 = \dfrac{工程量}{定额计量单位}$。

（2）超运距用工。超运距是指劳动定额中已包括的材料、半成品场内水平搬运与预算定额所考虑的现场材料、半成品堆放地点到操作地点的水平运输距离之差。即超运距 = 预算定额规定运距 - 劳动定额规定运距。

因此超运距用工是指完成超运距所消耗的人工工日消耗量。其计算公式如下：

$$超运距用工 = \sum (超运距人工工日消耗量 \times 工程数量) \tag{4-18}$$

（3）辅助用工。辅助用工是指技术工种劳动定额内不包括而在预算定额内又必须考虑的用工所消耗的人工工日消耗量。如机械土方工程配合用工、材料用工、材料加工（筛沙、洗石、淋化石膏）、电焊点火用工等，其计算公式如下：

$$辅助用工 = \sum (加工所需人工工日消耗量 \times 工程数量) \tag{4-19}$$

（4）人工幅度差。人工幅度差是指预算定额与劳动定额之间的差额，主要是指劳动定额中未包括而在正常施工情况下不可避免但又很难准确计量的用工和各种工时损失。其计算公式如下：

$$人工幅度差 = (基本用工 + 辅助用工 + 超运距用工) \times 人工幅度差系数 \tag{4-20}$$

表 4-4 是不同预算定额工程项目的人工幅度差系数表。

表 4-4 人工幅度差系数表

预算定额工程项目	系数
准备工作、土方、石方、安全设施、材料采集加工、材料运输	0.04
路面、临时工程、纵向排水、整修路基、其他零星工程	0.06
砌筑、涵管、木作、支拱架、混凝土及钢筋混凝土、沿线房屋	0.08
隧道、基坑、围堰、打桩、造孔、沉井、安装、预应力钢筋、钢桥	0.10

2. 材料消耗量的确定

材料消耗量是指在正常施工条件下，用合理使用材料的方法，完成单位合格产品所必须消耗的各种材料、成品、半成品的数量标准。材料消耗量由材料的净用量和合理损耗组成，合理损耗包括场内运输损耗和操作损耗，而场外运输损耗和工地仓库保管损耗则纳入材料预

算价格之内。其关系式为

$$材料消耗量=净用量+损耗量 \tag{4-21}$$
$$损耗率=（损耗量/消耗量）\times 100\% \tag{4-22}$$
$$材料消耗量=净用量/（1-损耗率） \tag{4-23}$$

1) 直接性材料消耗定额的制定

制订直接性材料消耗定额的基本方法有观察法、试验法、统计法和计算法。

（1）观察法是在施工现场对生产某一产品的材料消耗量进行实际测算。通过产品数量、材料消耗量和材料净耗量的计算，确定该单位产品的材料消耗量或损耗率。

该方法首先要选择观察对象。观察对象应符合下列要求：

① 工程是典型的；

② 施工符合技术规范要求；

③ 材料品种和质量符合设计要求；

④ 被测定的工人在节约材料和保证产品质量方面有较好的成绩。

其次要做好观察前的准备工作，如准备好标准桶、标准运输工具、称量设备，并采取减少材料损耗的必要措施。观察测定的最终结果，是要取得材料消耗的数量和产品数量。

（2）试验法是在实验室内进行的观察和测定工作。这种方法主要用于研究材料强度与各种材料消耗的数量关系，以获得多种配合比。以此为基础计算出各种材料的消耗量。例如，在以各种原材料为变量因素的条件下，求得不同强度混凝土的配合比，然后计算出 1 m^3 混凝土中的水泥、砂、石、水的消耗量。

试验法的优点是能更深入、更详细地研究各种因素对材料消耗的影响。其缺陷是没有估计到或无法估计到在施工中某些因素对材料消耗的影响。

（3）统计法是以现场累积的分部、分项工程拨付材料数量、完成产品数量、完成工作后材料的剩余数量的统计资料为基础，经过分析，计算出单位产品的材料消耗量的方法。

如设某一分项工程施工时共计领料 N_0，项目完成后，退回材料的数量为 ΔN_0，则用于产品上的材料数量为 $N=N_0-\Delta N_0$。

若所完成的产品数量为 n，则单位产品的材料消耗量为 $m=\dfrac{N}{n}=\dfrac{N_0-\Delta N_0}{n}$。

统计法简单易行，不需要组织专人测定或试验。但是其准确程度受统计资料和实际使用材料的影响，要有准确的领退料统计数字和完成工程量的统计资料，统计对象也应加以认真选择。

（4）计算法是根据设计施工设计图和建筑构造要求，用理论公式计算出块、板类材料的净耗量。例如，计算用标准砖（240 mm×115 mm×53 mm）砌筑 n m^3 1 砖墙的砖的净用量和砂浆的净用量的计算过程包括：

① 计算砖的净用量（1 砖墙）。

$$砖的净用量（块）=\dfrac{n}{（砖宽+灰缝）\times（砖厚+灰缝）}\times\dfrac{1}{砖长}$$

其中：n 为砌体体积（m^3），砖长 = 0.24 m，砖宽 = 0.115 m，砖厚 = 0.053 m，灰缝 = 10 mm。

② 计算砂浆的净用量。砂浆的净用量 = 1-砖的净用量×每块砖的体积

其中，每块砖的体积 = 0.24×0.115×0.053 = 0.001 462 8（m^3）

例题 4-4：某地公路局办公楼的 1 砖墙分项工程，经测定计算，每 10 m³ 墙中梁头、板头体积为 0.28 m³，预留孔洞体积为 0.063 m³，突出墙面砌体为 0.062 9 m³，计算 10 m³ 墙体的砖及砂浆净用量。

解：砖墙的实际体积为：10-0.28-0.063+0.062 9 = 9.72（m³）

$$砖的净用量 = 9.72 / [（砖宽+灰缝）（砖厚+灰缝）×砖长]$$
$$= 9.72 / [（0.115+0.01）×（0.053+0.01）×0.24]$$
$$= 5\ 143（块）$$

$$砂浆的净用量 = 9.72 - 砖的净用量 × 每块砖的体积$$
$$= 9.72 - 5\ 143 × 0.24 × 0.115 × 0.053$$
$$= 2.197（m³）$$

2）周转性材料的消耗量

周转性材料是指在施工中可以重复使用，但在使用过程中会逐渐消耗并且需要不断补充的材料。如脚手架、模板等。

摊销量是指周转性材料每使用一次时在单位产品上的消耗量。

周转性材料一次使用量是指完成产品一次性生产时所需用的材料数量。

损耗率是指周转性材料使用一次后因损坏而不能重复使用的数量占一次使用量的损耗百分数。

周转次数是指新的周转材料从第一次使用起，到材料不能再使用时的使用次数。

周转性材料的摊销量，可按下式计算

$$Q = \frac{A(1+k)}{nV} \qquad (4-24)$$

式中：Q——摊销量，即周转材料的单位定额用量，m³/m³（或 kg/m³）；

A——周转材料的图纸一次使用量，m³/m³（或 kg/m³）；

k——场内运输及操作损耗率，%；

n——周转次数；

V——工程设计实体，m³。

确定某一种周转性材料的周转次数，是制订周转性材料消耗定额的关键，但它不能用计算方法确定，而是采用长期的现场观察和大量的统计资料，用统计分析法确定的。周转性材料的损耗率也同样采用观察法测定。

3. 施工机械台班消耗量的确定

施工机械台班消耗量是指在正常施工条件下，生产单位合格产品（分部、分项工程或结构构件）必须消耗的某种型号施工机械的台班数量。计算公式为

施工机械台班消耗量 = 施工定额机械台班消耗量×(1+机械幅度差系数) (4-25)

对不同的施工机械，其机械幅度差系数是不同的，取值范围在 0.25~2.00。部分机械幅度差系数取值见表 4-5。

表 4-5 机械幅度差系数表

机 械 种 类	系 数
推土机、沥青混合拌料和设备及摊铺机	0.25

续表

机械种类	系数
铲土机、挖掘机、拖拉机、自卸汽车、稳定土厂拌设备	0.33
装载机、压路机	0.43
平地机、回旋钻机、稳定土拌和机	0.54
混凝土搅拌机（预制）	1.00
混凝土搅拌机（现浇）	1.50

4.2.3 预算基价的确定

预算定额基价是以建筑安装工程预算定额或基础定额规定的人工、材料和施工机械台班消耗量为依据，以货币形式表示的每一个定额分项工程的单位产品价格。预算基价是以建筑安装工程预算定额或基础定额规定的人工、材料和施工机械台班消耗量为依据，以货币形式表示的每一个分项工程的单位产品价格。

1. 人工工资单价

人工工资单价是指一个生产工人一个工作日在计价时应计入的全部人工费用。其费用组成主要包括基本工资、工资性补贴、辅助工资、职工福利费和劳动保护费，如图 4-2 所示。其计算公式为

$$人工单价 = 基本工资 + 工资性补贴 + 辅助工资 + 职工福利费 + 劳动保护费 \tag{4-26}$$

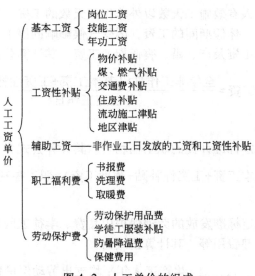

图 4-2 人工单价的组成

1) 基本工资

（1）个人基本工资。个人基本工资是指发放给生产工人的基本工资。其计算公式为

$$基本工资 = \frac{生产工日平均月工资 \times 12}{年法定工作日} \tag{4-27}$$

式中：年法定工作日＝全年日历日－法定假日。

（2）工人小组基本工资。目前，我国预算定额中的人工均是不分工种和技术等级的，而是将工人的工种和技术等级综合在了一个合理组合的工人小组中，以这个小组的平均技术等级来计算定额工资单价，即

$$平均技术等级 = \frac{\sum（某技术等级 \times 该技术等级人数）}{该工人小组总人数} \quad (4-28)$$

平均技术等级一般都为非整数，所以工人小组基本工资可用插入法进行计算，即

$$B = A + (C-A) \times (b-a) \quad (4-29)$$

式中：B——非整数级的工人小组基本工资；

A——与B相邻而较低的一级工资标准；

C——与B相邻而较高的一级工资标准；

a——与A对应的技术等级；

b——与B对应的技术等级，即平均技术等级。

2）工资性补贴

工资性补贴是指按规定标准发放的物价补贴，煤、燃气补贴，交通费补贴，住房补贴，流动施工津贴及地区津贴等。其计算公式为

$$工资性补贴 = \frac{\sum 年发放标准}{年法定工作日} + \frac{\sum 月发放标准 \times 12}{年法定工作日} + 每工日发放标准 \quad (4-30)$$

3）辅助工资

辅助工资是指生产工人有效施工天数以外非作业天数的工资，包括职工学习、培训期间的工资，调动工作、探亲、休假期间的工资，因受气候影响的停工工资，女工哺乳时间的工资，病假在六个月以内的工资及产、婚、丧假期的工资。其计算公式为

$$辅助工资 = \frac{全年非工作日 \times （基本工资 + 工资性补贴）}{年法定工作日} \quad (4-31)$$

4）职工福利费

职工福利费是指按规定标准计提的职工福利费。其计算公式为

$$职工福利费 = （基本工资 + 工资性补贴 + 辅助工资） \times 职工福利费计提比例（\%） \quad (4-32)$$

5）劳动保护费

劳动保护费是指按规定标准发放的劳动保护用品费、学徒工服装补贴、防暑降温费，在有碍身体健康环境中的保健费用等。其计算公式为

$$劳动保护费 = \frac{生产工人年平均支出劳动保护费}{年法定工作日} \quad (4-33)$$

例题 4-5：某建设单位每月法定工作日为 23.33 天/月，全年非工作日为 85 天。岗位工资为 648 元/（人·月），技能工资为 1 600 元/（人·月），年功工资为 300 元/（人·月）；工资性补贴：物价补贴为 230 元/（人·月），煤、燃气补贴为 20 元/（人·月），交通费补贴为 50 元/（人·月），流动施工津贴为 35 元/工日，住房补贴取定为基本工资的 10%；职工福利

费计提比例按国家标准 14% 计算；劳动保护费：劳动保护用品费为 1 980 元/(人·年)；学徒工服装补贴为 624 元/(人·年)、物价上涨系数为 1.65，学徒工占生产工人的比例为 10%；防暑降温费为 4 元/(人·日)，每年按 90 天计算，物价上涨系数为 1.75；保健费用为 2.9 元/(人·日)，按 30% 的人员享受计，物价上涨系数为 2。试计算该单位工人的人工单价。

解：
（1）基本工资 = 岗位工资 + 技能工资 + 年功工资
岗位工资 = 648/23.33 = 27.8 ［元/(人·日)］
技能工资 = 1 600/23.33 = 68.6 ［元/(人·日)］
年功工资 = 300/23.33 = 12.9 ［元/(人·日)］
基本工资 = 27.8 + 68.6 + 12.9 = 109.3 ［元/(人·日)］
（2）工资性补贴 = 物价补贴 + 煤、燃气补贴 + 交通费补贴 + 流动施工津贴 + 住房补贴
= (230 + 20 + 50)/23.33 + 35 + 109.3 × 10% = 58.8 ［元/(人·日)］
（3）辅助工资 = 全年非工作日 × (基本工资 + 工资性津贴)/法定工作日 = 85 × (109.3 + 58.8)/280 = 51.03 ［元/(人·日)］
（4）职工福利费 = (基本工资 + 工资性津贴 + 辅助工资) × 福利费费率
= (109.3 + 58.8 + 51.03) × 14% = 30.68 ［元/(人·日)］
（5）劳动保护费 = 劳动保护用品费 + 学徒工服装补贴 + 防暑降温费 + 保健费用
= (1 980 + 624 × 1.65 × 10% + 4 × 90 × 1.75)/280 + 2.9 × 30% × 2 = 11.43 ［元/(人·日)］
（6）人工工资单价 = 109.3 + 58.8 + 51.03 + 30.68 + 11.43 = 261.24 ［元/(人·日)］

2. 材料预算价格的确定

材料预算价格是指材料（包括构件、成品及半成品等）从其来源地（或交货地点、供应者仓库提货地点）到达施工工地仓库（施工地点内存放材料的地点）后出库的平均价格。材料预算价格一般由材料原价（或供应价格）、材料运杂费、场外运输损耗费、采购及保管费组成。其计算公式为

$$材料预算价格 = (材料原价 + 材料运杂费) \times (1 + 场外运输损耗率) \times$$
$$(1 + 采购及保管费率) - 包装品回收价值 \quad (4-34)$$

1）材料原价

材料原价指材料的出厂价格、进口材料抵岸价或销售部门的批发价和市场采购价格（或信息价）。

（1）外购材料：外购材料价格参照相应行政区域内交通运输主管部门发布的价格和按调查的市场价格进行综合取定。

（2）自采材料：自采的砂、石、黏土等材料，按定额中开采单价加辅助生产间接费和矿产资源税（如有）计算。

在确定原价时，当同一种材料的来源地、交货地、供货单位、生产厂家不同时，可采用加权平均的方法进行确定。其计算公式为

$$材料原价 = \frac{K_1 C_1 + K_2 C_2 + \cdots + K_n C_n}{K_1 + K_2 + \cdots + K_n} \quad (4-35)$$

式中：K_1，K_2，…，K_n——各不同供应点的供应量；
C_1，C_2，…，C_n——各不同供应地点的原价。

2）材料运杂费

材料运杂费指材料自来源地运至工地仓库或指定堆放地点所发生的全部费用。包括调车和驳船费、装卸费、运输费及附加工作费等。一般运输流程如图4-3所示。

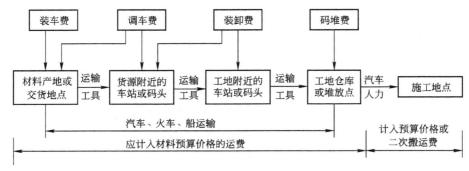

图4-3 材料运输流程图

当同一种材料有若干个来源地时，应采取加权平均的方法计算材料运杂费。其计算公式为

$$材料运杂费 = \frac{K_1 T_1 + K_2 T_2 + \cdots + K_n T_n}{K_1 + K_2 + \cdots + K_n} \quad (4-36)$$

式中：K_1，K_2，…，K_n——各不同供应点的供应量；
T_1，T_2，…，T_n——各不同供应点的运费。

3）场外运输损耗费

场外运输损耗费是指材料在运输装卸过程中不可避免的损耗。其计算公式为

$$场外运输损耗费 =（材料原价+材料运杂费）\times 场外运输损耗率 \quad (4-37)$$

场外运输损耗率见表4-6。

表4-6 材料场外运输损耗率表　　　　　　　　　　　　　　单位：%

材料名称		场外运输（包括一次装卸）	每增加一次装卸
块状沥青		0.5	0.2
石屑、碎砾石、砂砾、煤渣、工业废渣、煤		1.0	0.4
砖、瓦、桶装沥青、石灰、黏土		3.0	1.0
草皮		7.0	3.0
水泥（袋装、散装）		1.0	0.4
砂	一般地区	2.5	1.0
	风沙地区	5.0	2.0

注：汽车运水泥，当运距超过500 km时，袋装水泥损耗率增加0.5个百分点。

4）包装费及包装品回收价值

包装费是指为了便于运输材料和保护材料而进行包装所需的一切费用。凡由生产厂家负责包装的材料其包装费已计入材料原价内的，不再另行计算包装费。当由采购单位自备包装

品的，应按原包装品的出厂价格根据使用次数分摊计算包装费。其计算公式为

$$包装费 = \frac{包装品原价}{周转使用次数 \times 包装器材标准容量} \quad (4-38)$$

包装品回收价值计算公式为

$$包装品回收价值 = \frac{包装品原价（或包装费）\times 回收率 \times 回收折价率}{包装器材标准容量} \quad (4-39)$$

5) 采购及保管费

采购及保管费指材料供应部门在组织采购、供应和保管材料过程中，所需的各项费用及工地仓库的材料存储损耗费。包含采购费、仓储费、工地管理费和仓储损耗费。其计算公式为

$$采购及保管费 = （材料原价 + 运杂费 + 运输损耗费 + 包装费） \times$$
$$采购及保管费率 \quad (4-40)$$

当包装费已计入材料原价时，则无包装费一项。

钢材的采购及保管费费率为 0.75%。燃料、爆破材料为 3.26%，其余材料为 2.06%。商品水泥混凝土、沥青混合料和各类稳定土混合料、外购的构件、成品及半成品的材料预算价格按上述方法计算。商品水泥混凝土、沥青混合料和各类稳定土混合料不计采购及保管费，外购的构件、成品及半成品的采购及保管费费率为 0.42%。

例题 4-6：编制某省会城市所用 42.5 级袋装水泥的材料预算价格。其中采购保管费率为 2%；各地供应的水泥其中有 1 200 t 由供销部门供应，供销部门手续费率为 5%。水泥原袋包装，每 50 kg 为一袋，纸袋原价为每个 1.5 元，回收率为 60%，回收折价率为 50%。求水泥的材料预算价格。

供应地	甲地	乙地	丙地	供应地	甲地	乙地	丙地
供应量/t	800	600	600	短途运输方式	汽车	汽车	汽车
原价/(元/t)	420	400	450	平均运距/km	8	20	40
长途运输方式	铁路	水路	公路	运价	1.1	1.0	0.9
全程运价/(元/t)	50	40		装卸费/(元/t)	8	8	8
装卸费/(元/t)	16	20					

解：（1）水泥原价。

水泥总供应量为：800+600+600=2 000（t）

各地供应水泥的比重：甲地：800/2 000=0.4，乙地：600/2 000=0.3，丙地：600/2 000=0.3

水泥平均价格=420×0.4+400×0.3+450×0.3=423（元/t）

供销部门手续费=423×1200×5%/2000=12.69（元/t）

水泥原价=423+12.69=435.69（元/t）

（2）运输费。

甲地=长途费+短途费=(50+16)+(8×1.1+8)=82.8（元/t）

乙地=长途费+短途费=(40+20)+(20×1.0+8)=88（元/t）

丙地=短途费=90×0.9+8=89（元/t）

平均运输费 = 82.8×0.4+88×0.3+89×0.3 = 86.22（元/t）

（3）场外运输损耗率。

水泥场外运输损耗率查表 4-6，甲地、乙地的损耗率为（1.0+0.4）%，丙地的损耗率为 1.0%，则

场外运输损耗率 = 1.4%×0.4+1.4%×0.3+1.0%×0.3 = 1.28%

(435.69+86.22)×1.28% = 6.68（元/t）

（4）包装品回收价值。

1.5×60%×50%×1 000/50 = 9（元/t）

（5）采购保管费。

(435.69+86.22+6.68)×2% = 10.57（元/t）

（6）水泥预算价格。

435.69+86.22+6.68+10.57-9.0 = 530.16（元/t）

3．施工机械台班单价的确定

施工机械台班单价是指一台施工机械，在正常运转条件下一个工作班中所发生的全部费用，每台班按八小时工作制计算。施工机械台班单价由不变费用和可变费用组成。不变费用包括折旧费、检修费、维护费、安拆辅助费等；可变费用包括人工费、动力燃料费、车船税。施工机械台班单价即为以上7种费用之和。

1）折旧费

折旧费是指施工机械在规定的耐用总台班内，陆续收回其原值（含智能信息化管理设备费）的费用。计算公式如下：

$$台班折旧费 = [机械预算价格 \times (1-残值率)] / 耐用总台班 \qquad (4-41)$$

式中，机械预算价格：由机械出厂（或到岸完税）价格和从生产厂（销售单位交货地点或口岸）运至使用单位机械管理部门验收入库的全部费用组成。

残值率：指当施工机械报废时，其回收残余值占机械原值的比率，一般为 2%~5%。

耐用总台班：施工机械从开始投入使用至报废前使用的总台班数，应按施工机械的技术指标及寿命期等相关参数确定。

2）检修费

检修费是指施工机械在规定的耐用总台班内，按规定的检修间隔进行必要的检修，以恢复其正常功能所需的费用。其计算公式为

$$台班检修费 = (一次检修费 \times 寿命周期内检修次数) / 耐用总台班 \qquad (4-42)$$

一次检修费是指机械设备按规定的检修范围和工作内容所需更换零、配件，消耗材料及机械人工费，送修运杂费等。

$$寿命周期内检修次数 = 耐用总台班 / 检修间隔台班 - 1 \qquad (4-43)$$

3）维护费

维护费是指施工机械在规定的耐用总台班内，按规定的维护间隔进行各级维护和临时故障排除所需的费用。包括为保障机械正常运转所需替换设备与随机配备工具附具的摊销费用、机械运转及日常维护所需润滑与擦拭的材料费用及机械停滞期间的维护费用等。

$$台班维护费 = \frac{\sum(各级维护一次费用 \times 保养次数) + 临时故障排除费用}{检修间隔台班} +$$

$$\frac{[替换设备及工具附具费用\times(1-残值率)]+替换设备及工具附具维护费用}{替换设备及工具附具耐用台班}+$$

$$\sum 例保辅料费 \tag{4-44}$$

式中，替换设备及工具附具费用包括轮胎、电缆、蓄电池、运输皮带、钢丝绳、胶皮管、履带板等消耗性设备和按规定随机配备的全套工具附具的台班摊销费用。

例保辅料费是指机械日常保养所需润滑擦拭材料的费用。

4）安拆辅助费

安拆辅助费是指施工机械在现场进行安装与拆卸所需的人工、材料、机械和试运转费用及机械辅助设施的折旧、搭设、拆除等费用。其计算公式如下：

$$台班安拆辅助费=(一次安拆费\times 年平均安拆次数)/年工作台班 \tag{4-45}$$

5）人工费

人工费是指随机操作人员的工作日工资（包括工资、各类津贴、补贴、辅助工资、劳动保护费等）。按下列公式计算：

$$台班人工费=机上操作人员工日数\times 人工工日工资标准 \tag{4-46}$$

6）动力燃料费

动力燃料费是指机械在运转施工作业中所耗用的电力、固体燃料（煤、木柴）、液体燃料（汽油、柴油、重油）和水的费用。其计算公式为

$$台班动力燃料费=台班动力燃料消耗量\times 相应单价 \tag{4-47}$$

7）车船税

车船税是指施工机械按照国家、省（自治区、直辖市）规定应缴纳的车船税。车船税属于地方税，在遵照《中华人民共和国车船税法》等规定的基础上，车船税征收标准还应根据各地税务局制定的具体管理办法予以确定。表4-7为《中华人民共和国车船税法》规定的车船税税目税额。

表4-7 车船税税目税额（车辆部分）

税目		计税单位	年基准税额/元	备注
乘用车 [按发动机汽缸容量（排气量）分档]	1.0 L（含）以下的	每辆	60~360	核定载客人数≤9人
	1.0 L以上至1.6 L（含）的		300~540	
	1.6 L以上至2.0 L（含）的		360~660	
	2.0 L以上至2.5 L（含）的		660~1 200	
	2.5 L以上至3.0 L（含）的		1 200~2 400	
	3.0 L以上至4.0 L（含）的		2 400~3 600	
	4.0 L以上的		3 600~5 400	
商用车	客车	每辆	480~1 440	核定载客人数>9人，包括电车
	货车	整备质量每吨	16~120	包括半挂牵引车、三轮汽车和低速载货汽车等
挂车		整备质量每吨	按照货车税额的50%计算	

续表

税目		计税单位	年基准税额/元	备注
其他车辆	专用作业车	整备质量每吨	16~120	不包括拖拉机
	轮式专用机械车		16~120	
摩托车		每辆	36~180	

表 4-8 为施工机械台班费用组成。

表 4-8 施工机械台班费用组成

序号	代号	机械名称			规格型号	不变费用/元					可变费用									定额基价
						折旧费	检修费	维护费	安拆辅助费	小计	人工 工日	汽油 kg	柴油 kg	重油 t	煤	电 kW·h	水 m³	木柴 kg	其他费用	小计 元	
	8001	一、土、石方工程机械																			
1	8001001	推土机	履带式	功率/kW	60 以内 T80	55.21	32.45	85.76		173.42	2		40.86							516.56	689.98
2	8001002				75 以内 TY100	83.62	49.15	129.90		262.67	2		54.97							621.54	884.21
3	8001003				90 以内 T120A	110.75	65.10	172.04		347.89	2		65.37							698.91	1 046.80
4	8001004				105 以内 T140-1 带松土器	126.72	74.48	196.84		398.04	2		76.52							781.87	1 179.91
5	8001005				120 以内	153.08	89.97	237.76		480.81	2		89.14							875.76	1 356.57
6	8001006				135 以内 T180 带松土器	209.63	123.21	325.62		658.46	2		98.06							942.13	1 600.59
7	8001007				165 以内 T220 带松土器	250.56	147.26	389.18		787.00	2		120.35							1 107.96	1 894.96
8	8001008				240 以内 SH320 带松土器	302.64	177.87	363.40		843.91	2		174.57							1 511.36	2 355.27
9	8001009				320 以内 带松土器	472.42	277.66	522.11		1272.19	2		234.75							1 959.10	3 231.29
10	8001010		湿地		105 以内 TS140	141.06	70.62	176.59		388.27											
11	8001011				135 以内 TS180	228.17	114.24	285.66		628.07											
12	8001012				165 以内 TS220	264.13	132.24	330.65		727.02											
13	8001013		轮胎式		135 以内 TL180A	168.57	84.40	211.04		464.01											
14	8001014				160 以内 TL210A	205.08	102.68	256.73		564.49											
15	8001015	铲运机	自行式	斗容量/m³	4 以内	157.46	61.70	168.06		387.22											
16	8001016				8 以内 C1-6	176.06	68.99	187.92		432.97											
17	8001017				10 以内 CL7	218.62	85.66	233.35		537.63											
18	8001018				12 以内 621B,CL9	265.20	103.91	283.06		652.17											

续表

可变费用										定额基价
人工	汽油	柴油	重油	煤	电	水	木柴	其他费用	小计	
工日	kg	kg		t	kW·h	m³	kg		元	
2		76.52							781.87	1 170.14
2		98.06							942.13	1 570.20
2		120.35							1 107.96	1 834.98
2		98.06							942.13	1 406.14
2		114.40							1 063.70	1 628.19
2		47.20							563.73	950.95
2		70.40							736.34	1 169.31
2		92.00							897.04	1 434.67
2		129.60							1 176.78	1 828.95

4. 预算基价的确定

预算基价由人工费、材料费、机械费组成，而人工费、材料费、机械费（简称"三价"）又是以人工工日数、材料消耗量和台班消耗量为基础编制的。其计算公式为

$$预算基价 = 人工费 + 材料费 + 机械费 \tag{4-48}$$

式中：

$$人工费 = 定额人工工日数 \times 当地人工工资单价 \tag{4-49}$$

$$材料费 = \sum (定额材料消耗量 \times 相应的材料预算价格) \tag{4-50}$$

$$机械费 = \sum (定额机械台班消耗量 \times 相应的施工机械台班预算价格) \tag{4-51}$$

4.2.4 预算定额的应用

1. 现行《公路工程预算定额》简介

《公路工程预算定额》（JTG/T 3832—2018）是全国公路专业定额，是编制施工图预算的依据，也是编制工程概算定额（指标）的基础，适用于公路基本建设新建、扩改建工程，不适用于独立核算执行产品出厂价格的构件厂的构配件。对于公路养护的大、中修工程，可参考使用。《公路工程预算定额》主要包括说明部分（总说明、章说明、节说明）、定额表及附录。

1）说明部分

（1）总说明是针对全套定额而言的说明，一般包括：定额的适用范围、主要方法、结构形式、计算方法、编制顺序及主要内容，定额水平的确定标准及定额所依据的规范、规程、标准等，贯穿全套定额的工作内容的说明、各种配合比的使用规定，定额使用及换算规定和其他有关问题的说明及规定。

（2）章说明是针对该章的规定及说明，一般包括定额子目的划分依据、有关本章的工作内容的共同规定、定额的使用规定及工程量计算规则等。

（3）节说明一般在本节定额表的左上端，是针对本节的工作内容、主要施工方法、工艺、工具的简要说明。

2）定额表

《公路工程预算定额》（JTG/T 3832—2018）包括路基工程、路面工程、隧道工程、桥

涵工程、交通工程及沿线设施、绿化及环境保护工程、临时工程、材料采集及加工、材料运输共九章。定额表的构成和主要栏目见表 4-9 [引用《公路工程预算定额》（JTG/T 3832—2018）中的表 4-5-4 浆砌料石进行说明]。

(1) 表号及定额表名称，如"表 4-5-4 浆砌料石"表明第四章（桥涵工程）第五节（砌筑工程）之四（浆砌料石）。

(2) 工程内容：主要说明本定额表所包括的操作内容。在查定额时，必须将实际发生的项目操作内容与工程内容进行比较，若不一致时，应进行抽换或采取其他措施。

(3) 工程项目计量单位，如工日、m^3、kg 等。

(4) 顺序号：表征人工、材料、机械及基价的顺序号，起简化说明的作用。

(5) 项目：即本定额表的工程所需人工、材料、机械、基价的名称、规格。

① 材料部分：主要材料以实际使用量或周转使用量的消耗数量表示，材料消耗量包括施工过程中的场内运输及操作损耗；次要材料及消耗量很少的材料以其他材料费的形式表示，不以材料数量表示。

② 机械部分：主要机械以实际使用台班数量表示，定额的机械台班消耗量包括由施工定额综合为预算定额项目的机械幅度差；次要机械消耗量及消耗量很少的机械以小型机具使用费的形式表示。

(6) 代号：当采用电算方法来编制公路工程概预算时，可引用表中代号作为对人工、材料、机械名称的识别符号。

(7) 工程细目：表征本定额表所包括的工程项目，如预算定额表 4-5-4 中的"粗料石帽石、缘石""细料石栏杆"等。

(8) 栏号：指工程细目编号，如表中"粗料石帽石、缘石"栏号为 5。

(9) 定额值：即定额表中各种资源的消耗量数值。其中括号内的数值，一般是指所需半成品的数量（定额值）。

(10) 基价：亦称定额基价。它是指该工程细目的工程价格。它的主要作用是用作计算措施费等的基数。

3) 附录

附录部分主要包括以下 4 方面的内容。

(1) 路面材料计算基础数据表。主要用于计算定额中路面材料消耗的数量和编制补充定额。例如，表 4-10 为各种路面压实混合料的干密度。

(2) 基本定额。用于进行定额的抽换和分析分项工程（工作）或半成品所需人工、材料、机械等消耗量。例如，表 4-11 为水泥砂浆配合比表。

(3) 材料的周转及摊销。用于规定对达不到周转次数的材料的材料定额进行抽换。例如，表 4-12 为现浇混凝土的模板、支架、拱盔及隧道支撑。

(4) 定额人工、材料、设备单价表，见表 4-13。

2.《公路工程预算定额》的运用

1) 运用定额的步骤

(1) 将公路工程施工任务分解至分项工程，对每一个分项工程确定欲查定额的项目名称，再据以在定额目录中找到其所在页，并找到所需定额表。

第4章 公路工程定额

表4-9 《公路工程预算定额》定额表

表4-5-4 浆砌料石

工程内容：(1) 选、修、洗石料；(2) 搭、拆脚手架、踏步或井字架；(3) 配、拌、运砂浆；(4) 砌筑；(5) 勾缝；(6) 养护。

单位：10 m³

顺序号	项目	单位	代号	墩、台、墙粗料石砌面	轻型墩台，拱上横墙，墩上横墙	粗料石拱圈 跨径/m		粗料石帽石、缘石	粗料石栏杆	细料石栏杆	细料石索塔立柱
						20以内	50以内				
				1	2	3	4	5	6	7	8
1	人工	工日	1001001	9	9.7	10.9	12.3	11.6	12.8	15.7	16.2
2	M7.5水泥砂浆	m³	1501002	(2)	(2)	(2)	(2)	(2)	(2)	(1.3)	—
3	M10水泥砂浆	m³	1501003	(0.09)	(0.07)	(0.07)	(0.05)	(0.13)	(0.12)	(0.12)	—
4	M12.5水泥砂浆	m³	1501004	—	—	—	—	—	—	—	(1.30)
5	M15水泥砂浆	m³	1501005	—	—	—	—	—	—	—	(0.13)
6	8~12号铁丝	kg	2001021	1.8	2.2	1.5	2.4	—	—	—	24.9
7	钢管	t	2003008	0.011	0.006	—	—	—	—	—	—
8	铁钉	kg	2009030	0.3	0.2	0.1	0.1	—	—	—	0.5
9	水	m³	3005004	11	10	15	15	15	15	15	11
10	原木	m³	4003001	0.01	0.02	0.01	0.03	—	—	—	0.3
11	锯材	m³	4003002	0.05	0.04	0.02	0.02	—	—	—	0.09
12	中（粗）砂	m³	5503005	2.28	2.25	2.26	2.23	2.32	2.31	1.55	1.53
13	粗料石	m³	5505029	9	9	9	9	9	9	—	—
14	细料石	m³	5505030	—	—	—	—	—	—	9.2	9.2
15	32.5级水泥	t	5509001	0.56	0.554	0.554	0.548	0.572	0.569	0.383	0.5
16	其他材料费	元	7801001	5.4	4.1	4.4	4.4	10.9	10.9	10.9	1.9
17	1.0 m³以内轮胎式装载机	台班	8001045	0.1	0.1	0.1	0.1	0.1	0.1	0.1	0.1
18	400 L以内灰浆搅拌机	台班	8005010	0.09	0.09	0.09	0.09	0.09	0.09	0.06	0.06
19	基价	元	9999001	3 293	3 337	3 408	3 582	3 449	3 575	4 005	4 704

表 4-10 各种路面压实混合料干密度

单位：t/m³

路面名称	磨耗层		沥青碎石			沥青稳定碎石（ATB）	沥青混凝土			改性沥青混凝土			橡胶沥青混凝土			沥青玛蹄脂（SMA）	橡胶沥青玛蹄脂
	砂土	级配砂砾	煤渣	特粗式	粗粒式	中粒式	细粒式		粗粒式	中粒式	细粒式	砂粒式	中粒式	细粒式	粗粒式	中粒式	细粒式		
干密度	1.920	2.220	1.620	2.294	2.294	2.280	2.263	2.294	2.377	2.370	2.363	2.362	2.374	2.366	2.377	2.370	2.363	2.365	2.365

表 4-11 水泥砂浆配合比表

单位：1 m³ 砂浆及水泥浆

序号	项目	单位	水泥砂浆 砂浆强度等级											混合砂浆			石灰砂浆	水泥浆	
			M5	M7.5	M10	M12.5	M15	M20	M25	M30	M35	M40	M50	M2.5	M5	M7.5	M10	M1	32.5	42.5
			1	2	3	4	5	6	7	8	9	10	11	12	13	14	15	16	17	18	19	20	21	22
1	32.5 级水泥	kg	218	266	311	345	393	448	527	612	693	760	—	780	553	472	403	165	210	253	290	20	1348	—
2	42.5 级水泥	kg	—	—	—	—	—	—	—	—	—	—	1 000	—	—	—	—	—	—	—	—	—	—	1498
3	熟石灰	kg	—	—	—	—	—	—	—	—	—	—	—	—	—	—	—	127	94	61	29	207	—	—
4	中（粗）砂	m³	1.12	1.09	1.07	1.07	1.07	1.06	1.02	0.99	0.98	0.95	0.927	0.67	0.95	1.01	1.04	1.04	1.04	1.04	1.04	1.1	—	—

注：表列用量已包括场内运输及操作损耗。

表 4-12　现浇混凝土的模板、支架、拱盔及隧道支撑

序号	材料名称	单位	工料机代号	空心墩及索塔钢模板	悬浇箱形梁钢模	悬浇箱形梁、T形梁、T形刚构、连续梁木模板	其他混凝土的木模板及支架、拱盔、隧道开挖衬砌用木支撑等	水泥混凝土路面
				1	2	3	4	5
1	木料	次数	—	—	—	8	5	20
2	螺栓、拉杆	次数	—	12	12	12	8	20
3	铁件	次数	2009028	10	10	10	5	20
4	铁钉	次数	2009030	4	4	4	4	4
5	8~12号铁丝	次数	2001021	1	1	1	1	1
6	钢模	次数	2003025	100	80	—	—	—

注：模板钉有铁皮者，木料周转次数应提高50%。打入混凝土中不抽出的拉杆及预埋螺栓周转次数按1次计。

表 4-13　部分定额人工、材料单价表

序号	名称	代号	规格	单位	单位质量/kg	场内运输及操作损耗	单价/元
（一）人工		10					
1	人工	1001					
2	人工	1001001		工日			106.28
3	机械工	1051					
4	机械工	1051001		工日			106.28
（二）部分材料单价							
691	熟石灰	5503003		t	1 000	10	276.7
692	砂	5503004	路面用堆方	m³	1 500	4	77.67
693	中（粗）砂	5503005	混凝土、砂浆用堆方	m³	1 500	4	87.38
694	路面用机制砂	5503006		m³			87.38
695	砂砾	5503007	堆方	m³	1 700	2	46.6
696	天然砂砾	5503008		m³	1 700	2	18.45
697	天然级配	5503009	堆方	m³	1 700	2	60.19
698	煤渣	5503010	过筛净渣堆方	m³	800	2	59.22
699	矿渣	5503011	堆方	m³	1 050	2	67.96
700	石渣	5503012	堆方	m³	1 500	2	38.83
701	矿粉	5503013	粒径<0.075 mm，质量比>70%	t	1 000	3	155.34
702	石屑	5503014	粒径≤0.8 cm 堆方	m³	1 500	2	73.79

续表

序号	名称	代号	规格	单位	单位质量/kg	场内运输及操作损耗	单价/元
741	水泥	5509					
742	32.5级水泥	5509001		t	1 000	2	307.69
743	42.5级水泥	5509002		t	1 000	2	367.52
744	52.5级水泥	5509003		t	1 000	2	444.44
745	62.5级水泥	5509004		t	1 000	2	529.91
746	白水泥	5509005		t	1 000	2	555.56

（2）检查定额表上的"工作内容"与设计要求、施工组织要求是否相符，并在表中找到相应细目和子目，检查定额表的计量单位与工程项目取定的计量单位是否一致，是否符合章、节说明规定的工程量计算规则，并根据设计图纸和施工组织设计检查子目中有无需要抽换的定额，若需抽换则进行具体抽换计算。

（3）当已知工程量，并且确定了定额表值后，首先计算工程数量。"工程量"和"工程数量"是不同的概念。"工程量"是用某种计量单位表示工程的数量，"工程数量"是"工程量"折合为定额计量单位的数量。其计算公式为

$$工程数量 = \frac{工程量}{定额计量单位} \quad (4-52)$$

然后根据工程数量和定额表值，按下式计算定额所包含的各种资源的数量和基价，即

$$某种资源的消耗量 = 定额中某种资源数量 \times 工程数量 \quad (4-53)$$

$$预算定额基价 = 定额中的基价 \times 工程数量 \quad (4-54)$$

2）定额应用举例

例题 4-7：(1) 跨径 20 m 以内的粗料石拱圈，若用 M7.5 水泥砂浆砌筑，M10 水泥砂浆勾缝，试根据预算定额（参见表 4-9）计算其人工、材料、机械台班消耗量和基价。已知根据图纸计算的拱圈工程数量为 200 m³。(2) 若用 M10 水泥砂浆砌筑，M12.5 水泥砂浆勾缝，试计算其 32.5 级水泥及中（粗）砂的消耗量及基价。

解：(1) 根据定额单位为 10 m³，工程数量 = 200/10 = 20 个定额单位。

M7.5 浆砌粗料石拱圈的人工、材料、机械台班消耗量为：

人工：10.9×20 = 218（工日）

8~12 号铁丝：1.5×20 = 30.0（kg）

铁钉：0.1×20 = 2.0（kg）

水：15×20 = 300.0（m³）

原木：0.01×20 = 0.2（m³）

锯材：0.02×20 = 0.4（m³）

中（粗）砂：2.26×20 = 45.2（m³）

粗料石：9.0×20=180.0（m³）

32.5 级水泥：0.554×20=11.08（t）

其他材料费：4.4×20=88.0（元）

1.0 m³ 以内轮胎式装载机：0.1×20=2.0（台班）

400 L 以内灰浆搅拌机：0.09×20=1.8（台班）

基价：3 408×20=68 160.0（元）

（2）预算定额表 4-9 中的定额采用的是"M7.5 水泥砂浆砌筑，M10 水泥砂浆勾缝"，当采用"M10 水泥砂浆砌筑，M12.5 水泥砂浆勾缝"时，需要进行定额替换。

查定额表，得到 10 m³ 粗料石拱圈砌筑用 M7.5 水泥砂浆 2 m³，勾缝用 M10 水泥砂浆 0.07 m³，基价 3 408 元。替换的原则是砌筑与勾缝用水泥砂浆用量不变，用实际用砂浆配合比替换定额用配合比。

查《公路工程预算定额》附录二水泥砂浆配合比表（参见表 4-11）：1 m³ M10 水泥砂浆材料用量：32.5 级水泥 0.311 t，中（粗）砂 1.07 m³；1 m³ M12.5 水泥砂浆材料用量：32.5 级水泥 0.345 t，中（粗）砂 1.07 m³。

查《公路工程预算定额》附录四定额人工、材料、设备单价表（参见表 4-13）得到材料基价：32.5 水泥 307.69 元，中（粗）砂 87.38 元。

根据替换原则：

32.5 级水泥用量=0.311×2+0.345×0.07=0.646（t）

中（粗）砂用量=1.07×2+1.07×0.07=2.215（m³）

查定额表可知，10 m³ 粗料石拱圈 32.5 级水泥用量为 0.554 t，中（粗）砂用量为 2.26 m³。

10 m³ 粗料石拱圈调整后的基价为

3 408+(0.646-0.554)×307.69+(2.215-2.26)×87.38=3 432.38（元）

200 m³ 粗料石拱圈的基价为

20×3 432.38=68 647.6（元）

例题 4-8： 某人工挖运土方工程，土质坚硬，采用手推车运送，运距为 78 m，开挖点高程为 432.64 m，卸除点高程为 412.64 m，定额表见表 4-14。试确定其人工工日消耗量和预算定额基价。

表 4-14 人工挖运土方、装运石方

工程内容：人工挖运土方：(1) 挖松；(2) 装土；(3) 运送；(4) 卸除；(5) 空回。

人工装运石方：(1) 装石方；(2) 运送；(3) 卸除；(4) 空回。

单位：1 000 m³ 天然密实方

顺序号	项目	单位	代号	挖运土方				装运石方			
				第一个 20 m			手推车运土每增运 10 m	第一个 20 m			手堆车运石每增运 10 m
				松土	普通土	硬土		软石	次坚石	坚石	
				1	2	3	4	5	6	7	8
1	人工	工日	1001001	113.7	145.5	174.6	5.9	167.6	192.8	221.7	7.7

续表

顺序号	项目	单位	代号	挖运土方				装运石方			
				第一个 20 m			手推车运土每增运 10 m	第一个 20 m			手堆车运石每增运 10 m
				松土	普通土	硬土		软石	次坚石	坚石	
				1	2	3	4	5	6	7	8
2	基价	元	9999001	12 084	15 464	18 556	627	17 813	20 491	23 562	818

注：1. 当采用人工挖、装土方，机动翻斗车运输时，其挖、装所需的人工按第一个 20 m 挖运定额减去 30.0 工日计算；当采用人工装石方，机动翻斗车运输时，其装石所需的人工按第一个 20 m 装运定额减去 52.0 工日计算。

2. 当采用人工挖、装、卸土方，手扶拖拉机运输时，其挖、装、卸所需的人工按第一个 20 m 挖运定额减去 18.0 工日计算；当采用人工装、卸石方，手扶拖拉机运输时，其装、卸所需的人工按第一个 20 m 装运定额减去 32.0 工日计算。

3. 石方开炸按相应定额计算，本章定额只考虑爆破后的人工装运。

4. 当遇升降坡时，除按水平距离计算运距外，并按下表增加运距：

项目	升降坡度	高度差	
		每升高 1 m	每降低 1 m
手推车运输	0%~5%	不增加	不增加
	6%~10%	15 m	5 m
	10%以上	25 m	8 m

解： 由题意可知，该人工挖运土方的手推车运送坡度为 $(432.64-412.64)/78=26\%$。查定额表得到"每降低 1 m，运距增加 8 m""每增运 10 m，增加 5.9 工日"。则

超运距数量 $=(78-20)+20\times 8=218$（m）

超运距增加的人工工日消耗量 $=21.8\times 5.9=128.62$（工日）

人工工日消耗量 $=174.6+128.62=303.22$（工日）

预算定额基价 $=18\ 556+21.8\times 627=32\ 224.6$（元）

4.3 概算定额简介

《公路工程概算定额》（JTG/T 3831—2018）是以交通运输部颁布的现行标准设计图及合理的施工组织和一般正常的施工条件为依据编制的。定额所使用的施工方法和工程质量标准根据国家现行的公路工程施工技术及验收规范、质量评定标准及安全操作规程取定。《公路工程概算定额》是编制初步设计概算的依据，也是编制建设项目投资估算指标的基础，适用于公路基本建设新建、改建工程。

4.3.1 概算定额编制概述

1. 概算定额编制原则

概算定额是编制初步设计概算和技术设计修正概算的依据，初步设计概算或技术设计修正概算经批准后是控制建设项目投资的依据。因此，概算定额要按以下原则编制。

（1）与设计深度相适应的原则。公路工程初步设计和技术设计的深度是根据交通运输部

颁发的《公路工程建设项目设计文件编制办法》确定的，包括设计提供的工程量深度和为建设项目计划提供的人工、材料和机械台班数量规定。初步设计或技术设计提供的工程设计深度，决定了概算定额的项目划分和定额单位的确定。

(2) 满足概算能控制工程造价的原则。要使初步设计概算或技术设计修正概算能起到控制建设项目工程造价的作用，作为计价依据的概算定额，定额项目上应能覆盖建设项目的全部工程，并且设计概算或修正概算要能起到控制施工图预算的作用。因此，概算定额的编制要注意取定的图纸、资料有一定代表性，所综合的工程项目不漏项、工程数量准确、合理，在平衡、分析、确定定额水平时，留有余地。

(3) 简明适用的原则。定额的项目名称要与初步设计或技术设计所能提供的工程量名称相一致，定额项目的工程内容界定明确、清楚，方便适用。方便适用还包括尽量不留缺口，即定额不要留有许多不完备的内容。如注明遇到某种情况时另计，如没有说明如何计算，会给使用者带来不便。

(4) 贯彻国家政策、法规的原则。概算定额的编制，在定额方面必须严格贯彻国家有关政策、法规，在工程造价控制方面，国家有关指导精神如"打足投资，不留缺口""改进概算管理办法，解决超概算问题""工程造价实行动态管理"等措施要求也应贯彻到概算定额编制中去。

(5) 贯彻社会平均生产力水平的原则。

2. 概算定额编制依据

(1) 国家有关方针、政策及规定。
(2) 现行的工程施工技术及验收规范、质量评定标准及安全操作规程。
(3) 现行标准设计图或有代表性的设计图或施工详细图。
(4) 现行预算定额。
(5) 编制期的人工工资标准、材料预算价格、机械台班单价。
(6) 施工工艺、方式、机械等的选择。

3. 概算定额编制的办法

1) 概算定额的项目划分

概算定额的项目主要根据初步设计或技术设计所能提供的工程量深度加以划分。由于初步设计或技术设计的深度与施工图设计的深度不同，所以概算定额的项目划分与预算定额的项目划分有很大不同。概算定额只编列了初步设计或技术设计所能提供的主要工程项目，在主要工程项目中综合了初步设计或技术设计中难以提供的次要工程项目和施工现场设施，以避免漏项。但考虑到概算要控制投资的要求，对某些定额项目适当加深，以提高计算的准确性。对这些在初步设计阶段或技术设计阶段一般难以提供工程量的项目，在定额中尽可能在章、节说明或附注中按常用量列出，供编制概算时参考。现将概算定额各章、节中部分的项目划分和综合情况加以说明。

(1) 路基工程。路基工程包括路基土石方工程、特殊路基处理工程、排水工程、防护工程。

定额已对机械无法进行施工作业而必须由人工完成的部分进行了综合。同时对路基的零星工程，包括整修路拱、整修路基边坡、挖土质台阶、挖土质截（排）水沟（不进行加固）、填前压实及其他零星回填土方等工程进行了综合。

(2)路面工程。在路面工程中主要按照路面结构类别和施工方法划分子目,分为路面基层及垫层、路面面层和路面附属工程3个项目。

在沥青混合料路面项目中,拌和设备与运输机械的种类很多,压实厚度档次较多。定额中混合料的拌和与摊铺的计价工程量,按设计路面基层或底基层的顶面面积进行计算,而混合料运输定额的计价工程量按设计路面基层或底基层混合料的压实体积进行计算。

(3)隧道工程。定额按照一般凿岩机钻爆法施工的开挖方法进行编制,分为洞身工程、洞门工程、辅助坑道和瓦斯隧道4个项目。

定额中人工、机械开挖轻轨斗车运输、机械开挖自卸汽车运输都综合了洞内、洞外的弃渣运输工程。隧道洞内管沟及盖板等的消耗综合在洞身模筑混凝土衬砌定额中。

(4)桥涵工程。桥涵工程按常用结构划分子项。分为涵洞工程,基础工程,下部构造,上部构造,钢筋及预应力钢筋、钢丝束、钢绞线,杂项工程6个项目。

涵洞工程在交通运输部颁发的设计文件编制办法中,初步设计阶段只要求列出涵洞类型、道数和涵长,但由于地区、地形、地质及公路等级的不同,使涵洞的涵台高度、基础类型,特别是进出口的辅筑长度等的工程量差别很大。为了合理确定造价的要求,将定额计量单位采用以构成涵洞的圬工数量为计量单位,加深了对设计工程量的要求。对这种要求,涵洞主要工程可通过查阅涵洞标准图取得,次要工程量要在外业测量时注意调查和收集资料予以补充。

桥梁工程中单列了钢筋及预应力钢筋、钢丝束、钢绞线项目,是考虑到目前在桥梁设计多样化的情况下,钢筋含量差别较大,综合在混凝土中经常需要调整,很不方便,在招标工程中钢筋都要单列项目,单列较为妥当。对在初步设计或技术设计时不能提供钢筋数量的,在定额说明中列出了各种结构的钢筋含量供参考。

(5)交通工程及沿线设施。本章定额包括交通安全设施、监控收费系统、通信系统及通信管道、通风及消防设施、供电照明系统、电缆敷设、配管配线及铁构件制作安装等项目。在定额中只列工程所需的主要材料用量,对次要、零星材料和小型施工机具均未一一列出,分别列入"其他材料费"和"小型机具使用费"内,以元表示。

(6)绿化及环境保护工程。本章定额包括绿化工程、环境保护工程共2个项目。

(7)临时工程。本章定额包括汽车便道、临时便桥、临时码头轨道铺设、架设输电线路、人工夯打小圆木桩共6个项目。

2)子目划分综合误差控制的规定

(1)在一个建设项目中工程量较大,对工程造价影响较大的定额项目,如路基土石方、路面、隧道、涵洞、桥梁等工程,子目之间的基价综合误差控制在10%以内。

(2)在一个建设项目中工程量不大,对工程造价影响较小的定额项目,子目之间的基价综合误差控制在15%~20%。

(3)考虑到材料、机械台班的价格变动较大,因此在子目划分时除了按基价综合误差控制外,还考虑了主要材料和主要机械台班消耗量的误差。

4.3.2 概算定额消耗量和基价的确定

1. 概算定额幅度差

(1)概算定额是在预算的基础上扩大、综合而成的,它反映了更大范围的内容,因而在工程量取值、工程标准和施工方法等进行综合取定时，概、预算定额间将产生一定的幅度差。由预算定额综合为概算定额的幅度差主要考虑以下因素。

① 由于概算定额是以主要工程结构部位的工程量与次要结构部位的工程量按一定的比例关系综合编制的，在工程标准、工程量、施工方法等进行综合取定时，必然有一定误差，为留有余地，需要考虑一定增加量。

② 还有一些零星工程项目也难以一一计算，也需要适当增加一定幅度的差额。

(2) 人工幅度差。在公路工程概算定额中，人工幅度差系数见表4-15。

表4-15 概算定额人工幅度差系数表

概算定额工程项目	系数	概算定额工程项目	系数
路基工程	1.02	涵洞工程	1.06
路面、其他工程及沿线设施、临时工程	1.04	隧道、桥梁工程	1.10

(3) 机械幅度差系数一律为1.05。

(4) 材料幅度差系数：桥梁、隧道按1.02计算。

2. 人工、材料、机械台班消耗量的计算

明确每一个项目的工程内容、所综合的预算定额项目名称和每一个子目的工程量后，各子目的工、料、机消耗量和定额基价可通过所包含的各预算定额项目工、料、机消耗量按照工程量综合后，再考虑幅度差系数计算得出。

假设某概算定额项目包括 n 个预算定额的项目内容，该概算定额项目每一个子目的 n 个子项工程量已确定，通过查阅预算定额，可以得到各子项的人工、材料、机械台班消耗量，具体如下。

(1) 人工。

$$概算定额子目人工消耗量 = \left[\sum_{i=1}^{n}(预算定额人工消耗量 \times 工程数量)\right] \times 人工幅度差系数$$

(2) 材料。

$$概算定额子目材料消耗量 = \left[\sum_{i=1}^{n}(预算定额材料消耗量 \times 工程数量)\right] \times 材料幅度差系数$$

(3) 机械。

$$概算定额子目机械台班消耗量 = \left[\sum_{i=1}^{n}(预算定额机械台班消耗量 \times 工程数量)\right] \times 机械幅度差系数$$

3. 概算定额基价的确定

概算定额基价与预算定额基价类似，是完成定额计量单位工程量，按人工、材料、机械台班基价及定额工、料、机消耗计算出的人工费、材料费和机械使用费之和。其中人工、材料、机械台班基价与预算定额相同，可参见《公路工程预算定额》和《公路工程机械台班费用定额》。

4.3.3 概算定额的应用

与《公路工程预算定额》类似，《公路工程概算定额》的运用方法也可分为定额的直接

套用、定额抽换、定额补充3种。因为《公路工程概算定额》是在《公路工程预算定额》的基础上编制的，因此，两者在表现形式和应用方法上有许多相同之处。《公路工程概算定额》又是《公路工程预算定额》的综合扩大，因此，在使用时又有所不同。

例题 4-9：某路基工程需 135 kW 推土机清土表 5 000 m³，1.0 m³ 以内履带式液压单斗挖掘机挖竹根 60 m³，试确定其概算定额消耗量和基价。

解：（1）根据题意查找相应章节定额表，参见表 4-16 中清除表土和挖竹根。

（2）135 kW 推土机消除表土的消耗量为

人工：0.4×5 000/100 = 20（工日）

135 kW 以内履带式推土机：0.12×5 000/100 = 6（台班）

基价：235×5 000/100 = 11 750（元）

（3）挖竹根定额为

人工：0.3×60/10 = 1.8（工日）

1.0 m³ 以内履带式液压单斗挖掘机：0.05×60/10 = 0.3（台班）

基价：92×60/10 = 552（元）

表 4-16 伐树、挖根、除草、清除表土（《公路工程概算定额》表 1-1-1）

工程内容：伐树：（1）锯（砍）倒；（2）断枝；（3）截断；（4）运出路基外；（5）场地清理。

挖根：（1）起土挖根；（2）场地清理；（3）运出路基外。

除草：（1）割草；（2）挖根（连根挖）；（3）场地清理。

清除表土：推土机推表土，推出路基外。

单位：表列单位

顺序号	项目	单位	代号	伐树及挖根（直径10 cm以上）	除草		清除表土		砍挖灌木林（直径10 cm以下）	挖竹根
					推土机功率		推土机功率			
					90 kW以内	135 kW以内	90 kW以内	135 kW以内		
				10 棵	1 000 m²		100 m³		1 000 m²	10 m³
				1	2	3	4	5	6	7
1	人工	工日	1001001	1.7	1.6	1.6	0.4	0.4	8.1	0.3
2	90 kW 以内履带式推土机	台班	8001003	—	0.24	—	0.21	—	—	—
3	135 kW 以内履带式推土机	台班	8001006	—	—	0.15	—	0.12	—	—
4	1.0 m³ 以内履带式液压单斗挖掘机	台班	8001027	0.03	—	—	—	—	—	0.05
5	2.0 m³ 以内履带式液压单斗挖掘机	台班	8001030	0.02	—	—	—	—	—	—
6	小型机具使用费	元	8099001	17.9	—	—	—	—	—	—
7	基价	元	9999001	264	421	410	262	235	861	92

注：1. 挖芦根按挖竹根乘以系数 0.73。

2. 清除表土和除草定额不可同时套用。清除的表土如需远运，按土方运输定额另行计算。

例题 4-10：某市修建一条二级公路，该工程中有一段路基工程，全部是借土填方，共计普通土（天然）1 000 000 m³，在指定取土范围内取土，使用 165 kW 以内履带式推土机集土 40 m，3.0 m³ 以内轮胎式装载机装载土，求概算定额的人工、材料、机械台班消耗量。

解：（1）根据题意查找相应章节定额表，参见表 4-17 与表 4-18。

（2）165 kW 以内履带式推土机消耗，根据表 4-18 备注说明 1 可知：装载机装土方如需推土机配合推松、集土时，其人工、推土机台班数量按"推土机推运土方"第一个 40 m 定额乘系数 0.8 计算，故可由概算定额表 4-17 查得。

人工：（1 000 000/1 000）×10.3×0.8 = 8 240（工日）

165 kW 以内履带式推土机：（1 000 000/1 000）×1.55×0.8 = 1 240（台班）

（3）3.0 m³ 以内轮胎式装载机消耗。

3.0 m³ 以内轮胎式装载机：（1 000 000/1 000）×1.09 = 1 090（台班）

表 4-17　推土机推运土方（《公路工程概算定额》表 1-1-11）

工程内容：(1) 推土；(2) 空回；(3) 整理卸土。

单位：1 000 m³ 天然密实方

顺序号	项目	单位	代号	推土机功率/kW							
				105 以内				135 以内			
				第一个 40 m			每增运 10 m	第一个 40 m			每增运 10 m
				松土	普通土	硬土		松土	普通土	硬土	
				1	2	3	4	5	6	7	8
1	人工	工日	1001001	8.6	10.3	12.1	0.3	8.6	10.3	12.1	0.3
2	105 kW 以内履带式推土机	台班	8001004	2.84	3.02	3.22	0.61	—	—	—	—
3	135 kW 以内履带式推土机	台班	8001006	—	—	—	—	1.81	1.93	2.05	0.38
4	基价	元	9999001	4 265	4 658	5 085	752	3 811	4 184	4 567	640

顺序号	项目	单位	代号	推土机功率/kW							
				165 以内				240 以内			
				第一个 40 m			每增运 10 m	第一个 40 m			每增运 10 m
				松土	普通土	硬土		松土	普通土	硬土	
				9	10	11	12	13	14	15	16
1	人工	工日	1001001	8.6	10.3	12.1	0.3	8.6	10.3	14.1	0.6
2	165 kW 以内履带式推土机	台班	8001007	1.46	1.55	1.65	0.31	—	—	—	—
3	240 kW 以内履带式推土机	台班	8001008	—	—	—	—	1.04	1.08	1.16	0.21
4	基价	元	9999001	3 681	4 032	4 413	619	3 363	3 638	4 231	558

表 4-18 装载机装土、石方（《公路工程概预算定额》表 1-1-9）

工程内容：(1) 铲装土方或爆破后石方；(2) 装车；(3) 调位；(4) 清理工作面。

单位：1 000 m³ 天然密实方

顺序号	项目	单位	代号	土方			软石			次坚石、坚石		
				\multicolumn{9}{c}{装载机斗容量/m³}							
				1以内	2以内	3以内	1以内	2以内	3以内	1以内	2以内	3以内
				1	2	3	4	5	6	7	8	9
1	1.0 m³ 以内轮胎式装载机	台班	8001045	2.52	—	—	3.83	—	—	5.07	—	—
2	2.0 m³ 以内轮胎式装载机	台班	8001047	—	1.42	—	—	2.15	—	—	2.84	—
3	3.0 m³ 以内轮胎式装载机	台班	8001049	—	—	1.09	—	—	1.61	—	—	2.12
4	基价	元	9999001	1 475	1 399	1 362	2 241	2 119	2 012	2 967	2 799	2 650

注：1. 装载机装土方如需推土机配合推松、集土时，其人工、推土机台班数量按"推土机推运土方"第一个 40 m 定额乘以系数 0.8 计算。

2. 装载机与自卸汽车可按下表配备：

装载机斗容量/m³	1以内		2以内		3以内		
汽车装载质量/t	6以内	8以内	10以内	12以内	15以内	20以内	30以内

4.4 估算指标简介

估算指标是以某项目或其单位工程或单项工程为对象，综合项目全过程投资和建设成本的技术性经济指标，是编制估算文件的依据。估算指标主要用于公路基本建设项目可行性研究中的投资估算工作，为经济效益评价提供建设项目造价成本的计算依据。

现行《公路工程估算指标》（JTG/T 3821—2018）以公路工程行业标准、规范的规定及近年来公路建设项目的设计和竣工资料为依据而制定的，适用于公路基本建设新建、改建工程。

《公路工程估算指标》（JTG/T 3821—2018）是以人工、材料、机械台班消耗量为表现指标。在编制估算时，其人工费、材料费、机械使用费应按《公路工程建设项目投资估算编制办法》（JTG 3820—2018）的规定计算。《公路工程估算指标》是编制项目建议书和可行性研究报告投资估算的依据，也可作为技术方案比较的参考。

《公路工程估算指标》（JTG/T 3821—2018）由路基工程、路面工程、隧道工程、桥涵工程、交叉工程、交通工程、临时工程共七章及附录组成。

路基工程包括：挖装土方、填土路基、借土方挖装、自卸汽车运土石方、开炸石方、填石路基、路基零星工程、排水工程、防护工程、特殊路基处理。

路面工程包括：路面垫层、稳定土基层、其他路面基层、沥青冷再生基层、沥青路面面层、水泥混凝土路面、其他路面面层、路面零星工程。

隧道工程包括：洞身、明洞、洞门、斜井、竖井、管棚。

桥涵工程包括：盖板涵、钢筋混凝土圆管涵、拱涵、箱涵、波纹管涵、标准跨径小于16 m的桥梁、预应力混凝土空心板桥、钢筋混凝土T形梁桥、预制安装预应力混凝土T形梁、预制安装预应力混凝土小箱梁、现浇预应力混凝土连续梁、拱桥、钢索吊桥、技术复杂大桥基础工程、技术复杂大桥下部结构、技术复杂大桥上部结构。

交叉工程包括：互通式立体交叉、分离式立体交叉、立体交叉被交道、平面交叉、通道、人行天桥及渡槽。

交通工程包括：安全设施、监控系统、通信系统、收费系统、隧道工程机电设施、独立大桥工程机电设施、房屋设施。

临时工程包括：临时便道、临时便桥、临时码头、其他临时工程。

表 4-19 和表 4-20 分别是路基工程中的自卸汽车运土石方和交叉工程中的平面交叉项目表。

表 4-19 自卸汽车运土/石方定额表（《公路工程估算指标》表 1-4）

工程内容：等待、装卸、远运、空回。

单位：1 000 m³（天然密实方）

顺序号	项目	单位	代号	土方					
				10 t 以内自卸汽车运土		20 t 以内自卸汽车运土		30 t 以内自卸汽车运土	
				第一个 1 km	每增运 0.5 km	第一个 1 km	每增运 0.5 km	第一个 1 km	每增运 0.5 km
				1	2	3	4	5	6
1	6 t 以内自卸汽车	台班	8007013	3.56	0.46	—	—	—	—

续表

顺序号	项目	单位	代号	土方 10 t 以内自卸汽车运土 第一个 1 km	土方 10 t 以内自卸汽车运土 每增运 0.5 km	土方 20 t 以内自卸汽车运土 第一个 1 km	土方 20 t 以内自卸汽车运土 每增运 0.5 km	土方 30 t 以内自卸汽车运土 第一个 1 km	土方 30 t 以内自卸汽车运土 每增运 0.5 km
				1	2	3	4	5	6
2	8 t 以内自卸汽车	台班	8007014	2.63	0.37	—	—	—	—
3	10 t 以内自卸汽车	台班	8007015	2.89	0.35	—	—	—	—
4	12 t 以内自卸汽车	台班	8007016	—	—	1.9	0.23	—	—
5	15 t 以内自卸汽车	台班	8007017	—	—	1.59	0.19	—	—
6	20 t 以内自卸汽车	台班	8007019	—	—	1.63	0.18	—	—
7	30 t 以内自卸汽车	台班	8007020	—	—	—	—	3.05	0.34
8	基价	元	9999001	6 033	782	4 899	571	4 136	461

顺序号	项目	单位	代号	石方 10 t 以内自卸汽车运石 第一个 1 km	石方 10 t 以内自卸汽车运石 每增运 0.5 km	石方 20 t 以内自卸汽车运石 第一个 1 km	石方 20 t 以内自卸汽车运石 每增运 0.5 km	石方 30 t 以内自卸汽车运石 第一个 1 km	石方 30 t 以内自卸汽车运石 每增运 0.5 km
				7	8	9	10	11	12
1	6 t 以内自卸汽车	台班	8007013	4.41	0.54	—	—	—	—
2	8 t 以内自卸汽车	台班	8007014	3.41	0.44	—	—	—	—
3	10 t 以内自卸汽车	台班	8007015	3.59	0.48	—	—	—	—
4	12 t 以内自卸汽车	台班	8007016	—	—	2.32	0.31	—	—
5	15 t 以内自卸汽车	台班	8007017	—	—	1.97	0.24	—	—
6	20 t 以内自卸汽车	台班	8007019	—	—	2.02	0.24	—	—
7	30 t 以内自卸汽车	台班	8007020	—	—	—	—	3.78	0.45
8	基价	元	9999001	7 584	975	6 041	752	5 126	610

表 4-20　平面交叉定额表（《公路工程估算指标》表 5-4）

工程内容：路基土石方，排水与防护，软基处理，路面，涵洞等工程的全部工作。

单位：1 处

顺序号	项目	单位	代号	被交道等级 一级	被交道等级 二级	被交道等级 三级	被交道等级 四级	被交道等级 等外
				1	2	3	4	5
1	人工	工日	1001001	256.9	182.4	82.9	36.8	10.1
2	HPB300 钢筋	t	2001001	0.037	0.02	0.008	0.004	0.001
3	HRB400 钢筋	t	2001002	1.776	0.934	0.404	0.205	0.053
4	20~22 号铁丝	kg	2001022	9	4.73	2.05	1.04	0.27
5	型钢	t	2003004	0.055	0.033	0.013	0.006	0.001

续表

顺序号	项目	单位	代号	被交道等级				
				一级	二级	三级	四级	等外
				1	2	3	4	5
6	石油沥青	t	3001001	20.795	18.032	7.793	3.92	1.01
7	改性沥青	t	3001002	26.291	—	—	—	—
8	乳化沥青	t	3001005	2.509	1.469	1.555	0.268	0.069
9	煤	t	3005001	0.02	0.012	0.005	0.002	—
10	水	m³	3005004	246.71	132.03	61.42	23.05	3.09
11	锯材	m³	4003002	0.05	0.034	0.015	0.007	0.002
12	碎石土	m³	5501005	—	—	—	—	7.7
13	中（粗）砂	m³	5503005	92.8	56.63	22.54	10.29	2.52
14	砂砾	m³	5503007	—	305.79	250.29	112.58	37.37
15	矿粉	t	5503013	44.094	16.083	6.953	3.645	0.939
16	路面用石屑	m³	5503015	167.51	62.55	29.86	13.63	3.51
17	碎石（4 cm）	m³	5505013	167.48	102.2	40.67	18.57	4.56
18	碎石	m³	5505016	2619.86	1042.95	355.97	166.82	37.39
19	路面用碎石（1.5 cm）	m³	5505017	271.07	116.4	50.32	23.52	6.06
20	路面用碎石（2.5 cm）	m³	5505018	190.68	56.78	24.55	14.63	3.77
21	路面用碎石（3.5 cm）	m³	5505019	14.33	—	—	—	—
22	32.5级水泥	t	5509001	264.225	143.399	62.924	28.747	8.061
23	其他材料费	元	7801001	2321.8	3890.6	1602.6	340.2	105.5
24	设备摊销费	元	7901001	986.3	386.5	186.8	94	24.2
25	2.0 m³以内履带式液压单斗挖掘机	台班	8001030	5.19	3.55	2.04	1.43	0.37
26	2.0 m³以内轮胎式装载机	台班	8001047	2.24	1.03	0.5	0.26	0.07
27	3.0 m³以内轮胎式装载机	台班	8001049	4.77	2.44	1.11	0.38	0.04
28	120 kW以内自行式平地机	台班	8001058	5.28	3.6	4.46	0.87	0.29
29	12~15 t光轮压路机	台班	8001081	0.73	1.14	0.47	0.15	0.09
30	18~21 t光轮压路机	台班	8001083	0.35	0.24	0.1	0.25	0.25
31	0.6 t以内手扶式振动碾	台班	8001085	0.32	0.32	0.32	0.32	0.08
32	10 t以内振动压路机（单钢轮）	台班	8001088	—	3.97	5.36	0.93	0.24
33	15 t以内振动压路机（单钢轮）	台班	8001089	8.54	0.98	—	—	—
34	20 t以内振动压路机	台班	8001090	2.6	4.6	1.88	0.32	0.04

续表

顺序号	项目	单位	代号	被交道等级				
				一级	二级	三级	四级	等外
				1	2	3	4	5
35	235 kW 以内稳定土拌和机	台班	8003005	—	—	—	0.05	0.05
36	300 t/h 以内稳定土厂拌设备	台班	8003011	2.04	1.07	0.51	0.18	0.02
37	7.5 m 以内稳定土摊铺机	台班	8003015	—	2.18	1.31	0.25	0.03
38	9.5 m 以内稳定土摊铺机	台班	8003016	0.78	0.51	0.21	—	—
39	12.5 m 以内稳定土摊铺机	台班	8003017	0.53	0.52	—	—	—
40	8 000 L 以内沥青洒布车	台班	8003040	0.13	0.08	0.09	0.02	
41	120 t/h 以内沥青混合料拌和设备	台班	8003050	—	—	0.24	0.12	0.03
42	160 t/h 以内沥青混合料拌和设备	台班	8003051	—	0.38			
43	240 t/h 以内沥青混合料拌和设备	台班	8003052	0.7	—			
44	6.0 m 以内沥青混合料摊铺机	台班	8003058	—	—	0.28	0.14	0.04
45	9.0 m 以内沥青混合料摊铺机	台班	8003059	—	0.46			
46	12.5 m 以内沥青混合料摊铺机	台班	8003060	0.83	—			
47	10 t 以内振动压路机（双钢轮）	台班	8003063	—	1.72	0.79	0.4	0.1
48	15 t 以内振动压路机（双钢轮）	台班	8003065	2.31	—			
49	9~16 t 轮胎式压路机	台班	8003066	0.24	0.16	0.21	0.04	0.01
50	16~20 t 轮胎式压路机	台班	8003067	2.76	3.22	1.55	0.39	0.07
51	20~25 t 轮胎式压路机	台班	8003068	1.11	0.53	0.16	0.08	0.02
52	混凝土电动真空吸水机组	台班	8003079	1.78	1.22	0.53	0.26	0.07
53	混凝土电动切缝机	台班	8003085	1.79	1.22	0.53	0.27	0.07
54	250 L 以内强制式混凝土搅拌机	台班	8005002	5.3	3.24	1.29	0.59	0.15
55	6 m³ 以内混凝土搅拌运输车	台班	8005031	3.27	1.69	0.67	0.31	—
56	5 t 以内自卸汽车	台班	8007012	0.72	0.42	0.27	0.14	0.04

续表

顺序号	项目	单位	代号	被交道等级				
				一级	二级	三级	四级	等外
				1	2	3	4	5
57	8 t 以内自卸汽车	台班	8007014	—	—	0.7	0.36	0.09
58	10 t 以内自卸汽车	台班	8007015	—	—	—	1.99	0.28
59	12 t 以内自卸汽车	台班	8007016	—	6.62	2.7	—	—
60	15 t 以内自卸汽车	台班	8007017	23.24	—	—	—	—
61	10 000 L 以内洒水汽车	台班	8007043	2.25	2.72	1.13	0.34	0.11
62	小型机具使用费	元	8099001	270.6	163.7	65.5	30.1	7.4
63	基价	元	9999001	771 079	354 763	163 030	71 683	18 725

练习思考题

1. 简述定额、工程建设定额、公路工程定额的含义及其关系。
2. 简述公路工程定额的特点。
3. 简述公路工程定额按生产要素和定额用途的分类。
4. 简述劳动定额、材料消耗定额和机械台班使用定额的含义及组成。
5. 简述施工定额、预算定额、概算定额、概算指标的区别和联系。
6. 什么叫人工工日消耗量？预算定额中是如何计算人工工日消耗量的？
7. 简述人工单价的含义及组成。
8. 简述材料预算价格的含义、组成及确定过程。
9. 简述施工机械台班单价的含义及组成。
10. 简述预算基价的含义及组成。
11. 选择题（请根据学习内容，选择正确的答案，包括单选和多选）

(1) 概算定额水平与预算定额水平之间的幅度差一般在（　　）%以内。
A. 3　　　　B. 5　　　　C. 10　　　　D. 15

(2) 公路工程定额的特点包括（　　）。
A. 科学性　　　　　　　　B. 系统性
C. 统一性和权威性　　　　D. 稳定性

(3) 下面所列公路工程定额中，属于按定额编制程序和用途分类的是（　　）。
A. 机械台班消耗定额　　　B. 行业定额
C. 估算指标　　　　　　　D. 补充定额

(4) 定额消耗量是指在施工企业科学组织施工生产和资源要素合理配置的条件下，规定消耗在单位合格产品上的（　　）标准。
A. 劳动、材料和机械台班的数量　　　B. 人工、材料和机械台班的数量

C. 劳动、材料和机械的数量　　　　D. 人工、材料和机械的数量

（5）劳动定额的主要表现形式是时间定额和产量定额，时间定额与产量定额的关系是（　　）。

A. 互为倒数　　　B. 独立关系　　　C. 正比关系　　　D. 相关关系

（6）概算定额与预算定额的不同之处在于（　　）的差异，同时概算定额主要用于设计概算的编制。

A. 项目划分和计算规则上　　　　B. 项目划分和综合扩大程度上
C. 项目划分和总说明上　　　　　D. 项目划分和工作内容上

（7）公路工程定额科学性的表现之一是（　　）。

A. 由多种定额结合而成的有机整体
B. 定额和生产力发展水平应存在适当的差异
C. 定额由原法令性作用转变成指导性的作用
D. 定额制定和贯彻的一体化

（8）人工挖普通土的产量定额是 2 m³/工日，则其时间定额为（　　）。

A. 0.5 工日　　　　　　　　　　B. 0.5 工日/m³
C. 0.5 m³　　　　　　　　　　　D. 0.5 m³/工日

（9）以下属于非周转材料的是（　　）。

A. 脚手架　　　B. 模板　　　C. 手推车　　　D. 砂浆

（10）材料预算价格计算公式是（　　）。

A. （材料原价+进货费）×(1+供销部门经营费率)
B. （市场供应价+运杂费）×(1+采包费率)
C. （市场供应价+进货费）×(1+供销部门经营费率)×(1+采包费率)
D. （材料原价+运杂费）×(1+场外运输损耗率)×(1+采包费率)−包装品回收价值

（11）按照反映的实物消耗内容，可将公路工程定额分为（　　）。

A. 建筑工程定额　　　　　　　　B. 安装工程定额
C. 劳动定额　　　　　　　　　　D. 材料消耗定额
E. 机械台班使用定额

（12）在公路工程概预算的施工机械使用费中，属于可变费用的有（　　）。

A. 折旧费　　　　　　　　　　　B. 大修理费
C. 动力燃料费　　　　　　　　　D. 养路费
E. 人工费

（13）按照定额的编制程序和用途分类，可以把公路工程定额分为（　　）等。

A. 施工定额　　　　　　　　　　B. 估算指标
C. 劳动消耗定额　　　　　　　　D. 预算定额
E. 概算定额

12. 在预算定额人工工日消耗量计算时，已知完成单位合格产品的基本用工为 22 工日，超运距用工为 4 工日，辅助用工为 2 工日，人工幅度差系数是 12%。请计算预算定额中的人工工日消耗量。

13. 某工地水泥从两个地方采购，其采购量及有关费用见下表。请计算该工地水泥的材

料预算价格。

采购处	采购量	供应价格	运杂费	运输损耗率	采购及保管费费率
来源一	300 t	240 元/t	20 元/t	0.5%	3%
来源二	200 t	250 元/t	15 元/t	0.4%	

14. 某浆砌块石拱圈工程，跨径 25 m，设计采用 M7.5 水泥砂浆砌筑，由施工图计算的拱圈工程量为 3 425.77 m³。请根据给定的浆砌块石预算定额表（见下表，单位：10 m³），试确定拱圈的人工、材料、机械台班消耗量和预算基价。

顺序号	项目	单位	拱圈 跨径/m	
			20 以内	50 以内
1	人工	工日	28.0	25
2	M7.5 水泥砂浆	m³	(2.70)	(2.60)
3	M10 水泥砂浆	m³	(0.15)	(0.13)
4	原木	m³	0.014	0.012
5	铁钉	kg	0.1	0.08
6	32.5 级水泥	t	0.829	0.817
7	水	m³	15	14
8	中（粗）砂	m³	3.071	3.053
9	块石	m³	10.50	10.50
10	其他材料	元	8.4	8.2
11	材料总重量	t	24.9	23.5
12	基价	元	1 391	1 363

第 5 章 投资估算和财务评价

> 主要内容：
> 1. 投资估算的概念、作用，决策阶段影响工程造价的因素；
> 2. 投资估算的费用组成及其编制方法；
> 3. 公路工程总投资费用识别、公路项目财务基本报表的编制；
> 4. 建设项目财务评价的概念及财务评价指标的计算。

5.1 概 述

1. 投资估算的概念

投资估算是指在编制项目建议书和可行性研究阶段，建设单位向国家主管部门申请投资时，为确定建设项目的投资总额而编制的经济文件。公路工程投资估算分为项目建议书投资估算和可行性研究报告投资估算。

项目建议书投资估算是项目建议书的重要组成部分，是对项目进行经济评价和投资决策的重要依据之一，对可行性研究及可行性研究投资估算的编制起指导作用。遵照公路基本建设程序的规定和要求编制的公路项目建议书，就其工作深度而言，其投资估算的编制，不是依靠详细的分析计算，而是依靠粗略的估计来进行的。如工程估算指标就是以不同地形（如平原、微丘、山岭重丘）公路长度公里为计量单位，所以影响投资估算因素的可塑性比较大。同时，它又是公路工程造价多次性计价过程中的第一阶段，认真做好项目建议书的投资估算工作，具有十分重要的意义。

可行性研究报告是基本建设程序中决策程序的前期工作阶段，是建设项目是否可行的重要论证依据。可行性研究报告经批准后，是进行初步设计或施工图设计的依据。可行性研究报告投资估算是可行性研究报告的重要组成部分，是建设项目进行经济评价及投资决策的依据，是编制初步设计概算或施工图预算的限制条件，也是进行资金筹措的依据之一。

2. 投资估算的作用

投资估算是建设项目在决策时的一项主要参考性经济指标，其作用主要体现在以下几方面。

（1）投资估算是项目投资决策的依据，是确立投资计划的重要依据，是决策性质的经济文件。公路建设项目的经济评价，是通过效益费用比、净现值、内部收益率、投资回收期等评价指标作为评价的定量标准，其支出费用就是在投资估算的基础上，按照经济评价的有关规定和方法进行调整后取定的。公路工程建设项目经济评价是公路建设前期工作的重要组成部分，是建设项目立项和决策的重要依据。公路工程建设项目经济评价包括国民经济评价、财务评价及不确定分析。若没有投资估算的资料，就无法取得费用的资料，也就无法进行评价，建设项目的投资决策就失去了依据。

（2）投资估算是编制设计概算的重要依据，对设计概算起控制作用。按照国家规定，初步设计概算与投资估算的误差不能超过±10%。若误差超过上述范围，应对初步设计方案进行优化，以控制在误差范围内；若优化后的设计概算仍然超过误差范围，则应返回到可行性研究阶段重新研究。

（3）投资估算是作为项目资金筹措及指定贷款计划的依据。世界银行等很多国际金融机构，都把可行性研究报告作为能否给予建设项目贷款的先决条件，国内银行贷款也是通过对可行性研究报告的审查评估，确定该项目的经济效益、有无偿还贷款的能力后，进而确定是否给予贷款；同时，银行机构在确定贷款额度时，也是按投资估算额的一定比例作为贷款的主要依据。

（4）投资估算是编制年度建设投资计划的重要依据。年度建设投资计划，是国家控制投资规模，综合平衡投资计划，实行宏观调控的重要手段。凡没有列入年度建设投资计划的建设项目，按公路基本建设程序的规定，就不得组织招标或施工。因此做好投资估算的编制工作尤为重要。

综上所述，投资估算在公路建设前期工作中具有极为重要的作用。因此严格按照国家有关规定编制投资估算，对建设项目的前期准备工作和建设项目的实施，都有着重要的影响。

3. 决策阶段影响工程造价的因素

项目决策是对拟建项目的必要性和可行性进行技术经济论证，对不同建设方案进行比较并作出选择的过程。项目决策正确与否，不仅关系到项目建设的成败，也关系到将来工程造价的高低，正确的决策是合理确定与控制工程造价的前提。决策阶段影响工程造价的因素主要有项目建设规模、项目建设标准、项目建设地点、工程技术方案等4个方面。

（1）项目建设规模。项目建设规模是指拟建项目想要建多大。如建一条公路，是建100 km还是建200 km。从投资总量上看，建设规模越大投资越多，如建200 km长的公路投资一般大于100 km长的公路投资。但从投资效果上讲，需要比较单位投资额，一般来说，单位投资额随着建设规模的增大而逐渐减少。

（2）项目建设标准。项目建设标准是指项目在建设中想达到的规格程度。如建设一条什么等级的公路，是高速还是一级；路面采用什么等级等。不同的项目建设标准，其工程造价大不相同。项目建设标准的水平定得过高，会脱离我国的实际情况与财力的承受能力，增加投资回收的压力；项目建设标准的水平定得过低，将会妨碍技术进步，影响国民经济的发展和人民生活的改善。因此，项目建设标准的水平应从我国目前的经济发展水平出发，区别不同地区、规模、等级、功能，合理确定。我国的大多数交通项目目前采用中等适用标准，坚持经济、适用、安全的原则。

（3）项目建设地点。项目建设地点是指将项目建在哪里。如建设北京—天津、西安—宝鸡高速公路，由于公路所覆盖地区的经济发展水平、气候、地质条件等方面的差异，在单位建设投资上会有很大的差距。项目建设地点的选择从项目建设投资费用、项目建成后的维护费用和回收效益等几个方面影响造价，选择项目建设地点应综合考虑这几方面因素。

（4）工程技术方案。工程技术方案包括生产工艺方案的确定与主要设备的选择两部分。生产工艺是生产产品所采用的工艺流程和制作方法。工艺流程指投入物（原材料或半成品）经过有次序的生产加工，成为产出物（产品或加工品）的过程。先进的工艺会带来产品质量与生产成本上的优势，但需要高额的前期投资。我国目前评价拟采用的工艺是否可行主要采取两项指标：先进适用、经济合理。主要设备的投资在项目总投资中往往占比极大，在主要设备的选择中主要应处理好以下几个问题。

① 尽量选用国产设备；
② 注意进口设备之间及国内外设备之间的衔接配套；
③ 注意进口设备与原有国产设备、厂房之间的配套；
④ 注意进口设备与原材料、备品备件及维修能力之间的配套。

4. 投资估算的资料调查与收集

投资估算的资料调查是指收集编制投资估算所需的原始基础资料，它是编制投资估算的基础工作。基础资料的全面可靠与否，是关系到投资估算质量的关键因素。

资料调查与收集的工作内容如下。

（1）根据批准的项目建议书的筹资方式、贷款额度、年度贷款计划，向建设项目的主管部门或建设单位进一步了解落实，是否有变动或有新的方案，以便确定建设期的贷款利息。

（2）有关建设安排和实施方案的调查研究，主要是向建设项目的主管部门或建设单位进一步了解对项目建议书中的总体实施规划有无需要进行调整和补充。同时，建设项目的建设条件和特点制约整个建设工程的工期、质量、造价。在设计和实施阶段，对可能采用的标段划分和合理可靠的施工方案作必要的调查，收集涉及投资估算的有关资料。

（3）调查掌握公路沿线的水文地质、地形地貌情况，以便正确采取工程数量套用分项指标。

（4）了解掌握作为编制项目建议书投资估算的工资标准和材料供应价格情况，同时了解当地公路工程定额站是否发布了新的价格信息。如果有的话，一则应以此作为编制可行性研究报告投资估算的依据，二则可与项目建议书投资估算所采用的价格水平相比较，以了解其价格的变化情况，从而掌握对可行性研究报告投资估算可能产生的影响程度。

（5）调查落实建设项目所在地的各种外购材料的供应地点、供应渠道，并据以核查原项目建议书投资估算所取定的运输方式、平均运距和运费标准。如有变化，除应以调查落实的资料作为计算材料运费的依据外，还应对存在的差异作必要的分析，掌握其变化规律，达到不断提高投资估算编制水平的目的。

（6）调查落实公路沿线砂石材料的产供情况和市场销售价格，施工单位自行开采的可能性与开采条件，以及在今后实施阶段可能产生的变化，作为计算材料预算价格的原始依据。

（7）调查建设项目占用土地和应拆迁的建（构）筑物的种类和数量、人均占有耕地等资料，以及当地人民政府颁布的征用土地赔偿标准、耕地占用税等有关规定。并制定拆迁及土地占用数量表，作为计算土地、青苗等补偿费和安置补助费的依据。

(8) 调查选定大型混凝土构件预制场和路面混合料拌和站的设置地点和规模大小，计算需要占用土地的面积和需要恢复耕种土地等的各项费用。

(9) 调查建设项目可利用电网供电的情况，如电压等级、使用期限等资料，以便计算用电贴费。

(10) 凡列入可行性研究报告投资估算内的设备、工具、器具购置费和大型专用机械设备购置费，除应以批准的项目建议书投资估算文件内的购置计划清单为依据外，还要调查了解市场新的行情，以市场供应价格作为计算依据。

(11) 收集当地工程造价历史资料，供编制投资估算参考。

(12) 调查收集与可行性研究报告投资估算有关的其他资料。

5. 投资估算的编制依据

(1)《公路工程估算指标》中的"分项指标"、《公路工程建设项目投资估算编制办法》、《公路工程预算定额》、《公路工程概算定额》和《公路工程建设项目概算预算编制办法》。

(2) 可行性研究报告提供的工程规模、公路等级、主要工程项目的工程量等资料；

(3) 国家、各部委或地方政府的有关文件、方针、政策和取费标准；

(4) 建设项目中的有关资金筹措的方式、实施计划、水电供应、配套工程的落实情况。

(5) 工程所在地的交通、能源及主要建筑材料供应等；

(6) 工程所在地的人工工资标准、材料供应价格、运输条件、运费标准及地方性材料储备量等基础资料；

(7) 当地政府有关征地、拆迁、安置、补偿标准等文件或通知；

(8) 业主对建设工期、工程监理安排的意见；

(9) 编制可行性研究报告的委托书、合同或协议。

5.2 投资估算的编制

5.2.1 投资估算费用组成

建设项目投资估算由固定资产投资估算和流动资金投资估算组成，具体内容如图 5-1 所示。其中固定资产投资估算由静态部分和动态部分组成。工程建设其他费用可分别形成固定资产、无形资产和其他资产。

5.2.2 固定资产投资估算的编制

1. 静态部分投资估算

静态部分投资估算要按某一确定的时间来进行，一般以开工的前一年为基准年，以这一年的价格为依据估算。估算固定资产静态部分投资的主要方法有：生产能力指数法、设备系数估算法、指标估算法、资金周转率法、单位生产能力估算法等。

1) 生产能力指数法

生产能力指数法是根据已建成的、性质类似的建设项目的投资额和生产能力及拟建项目

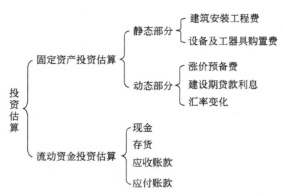

图 5-1 建设项目投资估算的组成

的生产能力估算拟建项目的投资额。计算公式为

$$C_2 = C_1\left(\frac{Q_2}{Q_1}\right)^n f \tag{5-1}$$

式中：C_1——已建类似项目的投资额，万元；

C_2——拟建项目的投资额，万元；

Q_1——已建类似项目的生产能力；

Q_2——拟建项目的生产能力；

n——生产能力指数；

f——不同时期、不同地点的定额、单价、费用变更等的综合调整系数。

2）设备系数估算法

设备系数估算法是以拟建项目的设备费为基数，根据已建成的同类项目的建筑安装工程费和其他工程费占设备费的百分比，求出拟建项目建筑安装工程费和其他工程费，进而求出建设项目的投资额。计算公式为

$$C = E(f + f_1 P_1 + f_2 P_2 + f_3 P_3) + I \tag{5-2}$$

式中：C——拟建项目的投资额，万元；

E——根据拟建项目的设备清单按已建项目当时、当地的价格计算的设备费，万元；

P_1, P_2, P_3——已建项目中建筑工程费、安装工程费及其他工程费占设备费的百分比；

f, f_1, f_2, f_3——因时间因素引起的设备费、建筑工程费、安装工程费及其他工程费价格变化的综合调整系数；

I——拟建项目的其他费用，万元。

2. 动态部分投资估算

建设项目的动态投资包括价格变动可能增加的投资额、建设期贷款利息等，如果是涉外项目，还应计算汇率的影响。在实际估算时，主要考虑涨价预备费、建设期贷款利息、汇率变化 3 个方面。

1）涨价预备费

涨价预备费指建设项目在建设期间内由于价格等变化引起工程造价变化的预留费用。包括人工、设备、材料、施工机械的价差费，建筑安装工程费及工程建设其他费用调整，利

率、汇率调整等增加的费用。

涨价预备费的计算，一般根据国家规定的投资综合价格指数，按估算年份价格水平的投资额为基数，采用复利方法计算。计算公式为

$$PF = \sum_{t=1}^{n} I_t [(1+f)^t - 1] \quad (5-3)$$

式中：PF——涨价预备费，万元；
n——建设期年份数，年；
I_t——建设期中第 t 年的投资计划额，万元；
f——年均投资价格上涨率。

例题 5-1：某三级公路建设项目，建设期为 3 年，各年投资计划额如下：第一年投资 7 200 万元，第二年投资 10 800 万元，第三年投资 3 600 万元，年均价格上涨率为 6%，求项目建设期间涨价预备费。

解：第一年涨价预备费为：$PF_1 = I_1[(1+f)-1] = 7\ 200 \times 0.06 = 432$（万元）
第二年涨价预备费为：$PF_2 = I_2[(1+f)^2-1] = 10\ 800 \times (1.06^2-1) = 1\ 334.88$（万元）
第三年涨价预备费为：$PF_3 = I_3[(1+f)^3-1] = 3\ 600 \times (1.06^3-1) = 687.657\ 6$（万元）
建设期的涨价预备费为：$PF = 432 + 1\ 334.88 + 687.657\ 6 = 2\ 454.537\ 6$（万元）

2）建设期贷款利息

建设期贷款利息指项目在建设期间向国内银行和其他非银行金融机构贷款、出口信贷、外国政府贷款、国际商业银行贷款，以及在境内外发行的债券等所产生的利息。当总贷款是分年均衡发放时，建设期利息的计算可按当年借款在年中支用考虑，即当年贷款按半年计息，上年贷款按全年计息。计算公式为

$$q_j = \left(P_{j-1} + \frac{1}{2}A_j\right) \times i \quad (5-4)$$

式中：q_j——建设期第 j 年应计利息，万元；
P_{j-1}——建设期第 $(j-1)$ 年年末贷款累计金额与利息累计金额之和，万元；
A_j——建设期第 j 年的贷款金额，万元；
i——中国人民银行公布的贷款基准年利率。

例题 5-2：某高速公路配套设施，建设期为 3 年，分年均衡进行贷款，第一年贷款 300 万元，第二年贷款 600 万元，第三年贷款 400 万元，年利率为 12%，建设期内只计息不支付，试计算建设期贷款利息。

解：在建设期内，各年利息计算如下：

$q_1 = \frac{1}{2}A_1 \times i = \frac{1}{2} \times 300 \times 12\% = 18$（万元）

$q_2 = \left(P_1 + \frac{1}{2}A_2\right) \times i = \left(300 + 18 + \frac{1}{2} \times 600\right) \times 12\% = 74.16$（万元）

$q_3 = \left(P_2 + \frac{1}{2}A_3\right) \times i = \left(300 + 18 + 600 + 74.16 + \frac{1}{2} \times 400\right) \times 12\% = 143.059\ 2$（万元）

建设期贷款利息 $= q_1 + q_2 + q_3 = 18 + 74.16 + 143.059\ 2 = 235.219\ 2$（万元）

5.2.3 流动资金投资估算

流动资金是指公路工程建成开通后,为进行正常生产运营,需用于购买原材料、燃料,支付工资及其他经营费用等所用的周转资金。在项目决策阶段,为了保证项目投产后能正常生产经营,往往需要有一笔最基本的周转资金,这笔最基本的周转资金被称为铺底流动资金。铺底流动资金一般为流动资金总额的30%,在项目正式建设前应该落实。

流动资金投资估算可采用分项详细估算法。分项详细估算法是指对构成流动资金的各项流动资产与流动负债分别进行估算。在可行性研究中,为简化计算,仅对现金、应收账款、存货、应付账款4项进行估算。其计算公式为

$$流动资金 = 流动资产 - 流动负债 \tag{5-5}$$

$$流动资产 = 现金 + 应收账款 + 存货 \tag{5-6}$$

$$流动负债 = 应付账款 \tag{5-7}$$

1) 现金

现金是指货币资金,即企业生产运营活动中停留于货币形态的那部分资金,包括企业库存现金和银行存款。

$$现金 = \frac{年工资及福利费 + 年其他费用}{现金周转次数} \tag{5-8}$$

式中:

年其他费用 = 制造费用 + 管理费用 + 财务费用 - (以上三项费用中所含的
工资及福利费、折旧费、维检费、摊销费、修理费)

$$现金周转次数 = \frac{360 \text{ 天}}{最低周转天数} \tag{5-9}$$

2) 应收账款

应收账款是指企业对外赊销商品、劳务而占用的资金。应收账款的周转额应为全年赊销销售收入。在进行可行性研究时,用运营收入代替赊销收入。

$$应收账款 = \frac{年运营收入}{应收账款周转次数} \tag{5-10}$$

3) 存货

存货是指企业为销售或生产而储备的各种物资,主要有原材料、辅助材料、燃料、低值易耗品、维修备件、包装物、在产品、自制半成品和产成品等。为简化计算,仅考虑外购原材料、外购燃料、在产品和产成品,并分项进行计算。

$$存货 = 外购原材料 + 外购燃料 + 在产品 + 产成品 \tag{5-11}$$

$$外购原材料 = \frac{年外购原材料总成本}{原材料周转次数} \tag{5-12}$$

$$外购燃料 = \frac{年外购燃料成本}{按种类分项周转次数} \tag{5-13}$$

$$在产品 = \frac{年外购原材料 + 年外购燃料 + 年工资及福利费 + 年修理费 + 年其他制造费}{在产品周转次数}$$

$$\tag{5-14}$$

$$产成品 = \frac{年经营成本}{产成品周转次数} \tag{5-15}$$

4)流动负债

流动负债是指在一年或超过一年的一个营业周期内,需要偿还的各种债务。在可行性研究中,流动负债估算仅考虑应付账款一项。

$$应付账款 = \frac{年外购原材料 + 年外购燃料}{应付账款周转次数} \tag{5-16}$$

流动资金投资估算应注意以下问题:

(1)在采用分项详细估算法时,应根据项目实际情况分别确定现金、应收账款、存货、应付账款的最低周转天数,并考虑一定的保险系数。对于存货中的外购原材料、燃料要根据不同品种和来源,考虑运输方式和运输距离等因素确定。

(2)不同生产负荷下的流动资金是按相应负荷时的各项费用金额和给定的公式计算出来的,不能按100%负荷下的流动资金乘以负荷百分数求得。

(3)流动资金属于长期性(永久性)资金,流动资金的筹措可通过长期负债和资本金(权益融资)的方式解决。流动资金借款部分的利息应计入财务费用,项目计算期末收回全部流动资金。

5.3 项目财务评价

5.3.1 财务评价的概念、程序与内容

1. 财务评价的概念

财务评价是指根据国家现行财税制度和价格体系,分析、计算项目直接发生的财务效益和费用,编制财务报表,计算评价指标,考察项目盈利能力、清偿能力及外汇平衡等财务状况,据以判别项目的财务可行性。

财务评价是建设项目经济评价中的微观层次,它主要从投资主体的角度分析项目可以给投资主体带来的效益及投资风险。作为市场经济微观主体的企业在进行投资时,一般都要进行项目财务评价。建设项目经济评价中的另一个层次是国民经济评价,它是一种宏观层次的评价,一般只对某些在国民经济中有重要作用和影响的大中型重点建设项目、特殊行业和交通运输、水利等基础性或公益性建设项目开展国民经济评价。

2. 财务评价程序

财务评价是在项目市场研究、生产条件及技术研究的基础上进行的,它主要通过有关的基础数据,编制财务报表,计算分析相关经济评价指标,作出评价结论。其程序大致包括以下几个步骤。

(1)估算现金流量。

(2)编制基本财务报表。

(3)计算财务评价指标。

(4)盈利能力、偿债能力等的分析。

(5) 进行不确定性分析。
(6) 进行风险分析。
(7) 得出评价结论。

3. 财务评价的内容

为判别项目在财务上的可行性，财务评价应包括财务效益和费用的识别、财务效益与费用的计算、财务报表的编制、财务评价指标的计算等4个方面。具体所涉及的内容有项目的盈利能力分析、偿债能力分析、外汇平衡分析、不确定性分析及风险分析。上述的各项分析主要通过基本财务报表与财务评价指标来反映，项目财务评价内容与基本财务报表和财务评价指标的相互关系见表5-1。

表5-1 财务评价内容、基本财务报表与评价指标

评价内容	基本财务报表	财务评价指标	
		静态指标	动态指标
盈利能力分析	全部投资现金流量表	全部投资回收期	财务内部收益率 财务净现值
	自有资金现金流量表		财务内部收益率 财务净现值
	损益表	投资利润率 投资利税率 资本金利润率	
偿债能力分析	资金来源与资金运用表	借款偿还期	
	资产负债表	资产负债率 流动比率 速动比率	
外汇平衡分析	财务外汇平衡表		
不确定性分析	盈亏平衡分析	盈亏平衡产量 盈亏平衡生产能力利用率	
	敏感性分析	灵敏度 不确定因素的临界值	
风险分析	概率分析	NPV≥0 的累计概率	
	定性分析		

5.3.2 基本财务报表

1. 现金流量表

建设项目的现金流量系统将项目计算期内各年的现金流入与流出按照各自发生的时间顺序排列，表述成具有确定时间概念的现金流量系统。现金流量表就是对建设项目现金流量系统的表格式反映，用以计算各项静态和动态评价指标，进行项目财务盈利分析。按投资计算基础的不同，现金流量表可分为全部投资现金流量表和自有现金流量表。

1) 全部投资现金流量表

全部投资现金流量表不分投资来源，是从全部投资的角度对项目现金流量系统的表格式

反映。表中数字按照"年末习惯法"填写，即表中的所有数据为所对应年的年末值。报表格式见表 5-2。

（1）计算期和生产负荷。计算期包括建设期和公路开通后的运营期，建设期根据项目要求和甲乙双方签订的合同确定；运营期根据公路等级，按设计年限确定。生产负荷根据预测得到的运营期各年度折合小客车交通量除以该条公路设计通行能力计算获得。

表 5-2 财务现金流量表（全部投资）　　　　　　　　单位：万元

序号	项目	计算期						
		1	2	3	4	5	6	...	n
	生产负荷								
1	现金流入								
1.1	销售收入								
1.2	回收固定资产余值								
1.3	回收流动资金								
1.4	其他收入								
2	现金流出								
2.1	固定资产投资								
2.2	流动资金								
2.3	经营成本								
2.4	销售税金及附加								
2.5	所得税								
3	净现金流量（1-2）								
4	累计净现金流量								
5	所得税前净现金流量（3+2.5）								
6	所得税前累计净现金流量								

计算指标：所得税前　　　　　　　　　　　　　　所得税后
　　　　　财务内部收益率 FIRR＝　　　　　　　财务内部收益率 FIRR＝
　　　　　财务净现值 FNPV＝　　　　　　　　　财务净现值 FNPV＝
　　　　　投资回收期 P_t＝　　　　　　　　　　投资回收期 P_t＝

（2）销售收入。高速公路项目的销售收入一般以车辆通行费收入为主，另外还包括服务区、休息区和加油站等附属设施的营运收入、广告收入、停车收入和其他服务收入等。服务区、休息区和加油站等作为配套的附属设施，其营业收入相对于公路通行费收入较少，在项目财务评价中可以忽略不计。例如，表 5-3 为山东省高速公路收费标准表，式（5-17）为车辆收费收入计算公式。

表 5-3 山东省高速公路收费标准表　　　　　　　　单位：元/(车·km)

类别	车型及规格		收费系数	收费费率
	客车	货车		
第 1 类	≤7 座	≤2 t	1	0.4
第 2 类	8~19 座	2~5 t（含 5 t）	1.25 1.8	0.5 0.72
第 3 类	20~39 座	——	1.5	0.6

续表

类别	车型及规格		收费系数	收费费率
	客车	货车		
第4类	≥40 座		1.875	0.75
		5~10 t（含 10 t）	2.5	1
		10~15 t（含 15 t）、20 m 集装箱车	3	1.2
第5类	——	>15 t、40 m 集装箱车	3.5	1.4

$$F = \sum_{i=1}^{n} Q_i f_i L \times 365/10\,000 \tag{5-17}$$

式中：F——车辆收费收入，万元/年；

Q_i——分车型交通量，辆/日；

f_i——分车型收费标准，元/（车·km）；

n——车型数；

L——路段长度，km。

（3）回收固定资产余值和回收流动资金。回收固定资产余值一般采用直线折旧法计提，按项目形成的固定资产平均年限计算，残值率取工程投资费用的5%～10%；回收流动资金为项目正常生产年份流动资金的占用额，回收期一般为计算期最后一年。

（4）固定资产投资和流动资金是由投资估算获得，是指项目在建设过程中的各种财务支出，包括建筑安装工程费、设备购置费及工程建设其他费用和预备费。对收费公路而言，还应包括收费系统和各种收费设施的建设费。固定资产投资和流动资金一般形成项目的总投资，在项目建成后分别形成固定资产、无形资产、其他资产和流动资产。

（5）经营成本。经营成本是指公路营运中所应开支的公路维修费、人员工资及福利费、交通管理费、收费系统、收费设施维护费及税费等开支费用。

公路维修费包括公路养护费、中修和大修费用。例如，山东省公路养护费高速公路按20.3万元/km 计，一级公路按17.5万元/km，隧道按30万元/km 计；中修一般5年一次，大修10年一次，其计费标准按照公路所在省份相关规定进行计算。

人员工资及福利费以人员定额、年人均工资和福利费系数等为依据估算。

交通管理费、收费系统与收费设施维护费及税费等开支费用以市场价格为基础估算，估算方法可采用类比方法。

（6）销售税金及附加。提供交通运输、邮政、基础电信、建筑、不动产租赁服务，销售不动产，转让土地使用权，税率为11%。

（7）所得税。所得税为中央与地方共享税种，从利润总额中扣除，所得税率为利润总额的25%。

2）自有资金现金流量表

自有资金现金流量表是站在项目投资主体角度考察项目的现金流入、流出情况，报表格式见表5-4。从项目投资主体角度看，借款是现金流入，但同时又将借款用于投资，则构成同一时点、相同数额的现金流出，二者相抵，对净现金流量的计算无影响。因此表中投资只计自有资金。另外，现金流入又是因项目全部投资所获得，故应将借款本金的偿还及利息支付计入现金流量。

表 5-4　财务现金流量表（自有资金）　　　　　　　　　　　单位：万元

序号	项目	计算期							
		1	2	3	4	5	6	…	n
	生产负荷								
1	现金流入								
1.1	销售收入								
1.2	回收固定资产余值								
1.3	回收流动资金								
1.4	其他收入								
2	现金流出								
2.1	自有资金								
2.2	借款本金偿还								
2.3	借款利息支出								
2.4	经营成本								
2.5	销售税金及附加								
2.6	所得税								
3	净现金流量（1-2）								

计算指标：财务内部收益率 FIRR =　　　　　　　　财务净现值 FNPV =

3）还本付息表的编制

借款本金偿还和利息支出的方式一般包括等额还本付息和等额还本利息照付两种方式，两种计量方式见表 5-5，其还本付息计算表见表 5-6。

表 5-5　等额还本付息、等额还本利息照付计量方式

等额还本付息	等额还本利息照付
1. 计算建设期末的借款本金与利息的累计之和 B	1. 计算建设期末的借款本金与利息的累计之和 B
2. 计算每年等值还本付息额度 $A = \dfrac{B \times i(1+i)^n}{(1+i)^n - 1}$	2. 每年应偿还本金 $A = B/n$
3. 当年应付利息 = 年初借款余额 × 借款年利率	3. 当年应付利息 = 年初借款余额 × 借款年利率
4. 当年应还本金 = A − 当年应付利息	4. 当年还本付息总额 = A + 当年应付年利息
5. 年初借款余额 = B − 本年之前各年应还本金累计	5. 年初借款余额 = B − 本年之前各年应还本金累计

注：表中 i：借款年利率，%；n：借款年限，年。

表 5-6　等额还本付息、等额还本利息照付计算表　　　　　　　单位：万元

年份	1	2	3	4	5	…	n
年初借款累计							
本年还本付息							
还本							
付息							
年末借款累计							

2. 损益表

损益表反映项目计算期内各年的利润总额、所得税及税后利润的分配情况。损益表的编

制以利润总额的计算过程为基础。报表格式见表 5-7。

表 5-7 损益表　　　　　　　　　　　　　　　　　　　　单位：万元

序号	项　　目	计算期					
		3	4	5	6	…	n
	生产负荷/%						
1	销售收入						
2	销售税金及附加						
3	总成本费用						
4	利润总额（1-2-3）						
5	所得税（4×25%）						
6	税后利润（4-5）						
7	弥补损失						
8	法定盈余公积金（6-7）×10%						
9	公益金						
10	应付利润						
11	未分配利润（6-7-8-9-10）						
12	累计未分配利润						

1）总成本费用

总成本费用包括公路经营成本、固定资产折旧费、摊销费和利息支出等。其中：固定资产折旧费=（固定资产原值-固定资产余值）/折旧年限，一般按直线法折旧分摊到各年中；利息包括长期借款、短期借款的利息支出，由还本付息表获得。

摊销费指对除固定资产之外，其他可以长期使用的经营性资产按照其使用年限每年分摊购置的成本。常见的摊销资产如土地使用权、商誉、大型软件等无形资产和递延资产，它们可以在较长时间内为公路营业收入作出贡献，所以其购置成本也要分摊到各年才合理。摊销期限一般不超过 10 年，与折旧一样，可以选择直线法来摊销无形资产。

2）利润及利润分配

利润总额通常称为税前利润，税后利润指扣除所得税后的利润。税后利润除国家另有规定者外，一般按照以下顺序分配。

（1）弥补损失是指被没收的财务损失、支付各项税收的滞纳金和罚款，企业以前年度亏损。

（2）法定盈余公积金为税后利润减去弥补损失金额后的 10%，如果盈余公积金已达注册资金 50% 时可以不再提取。

（3）公益金是指用于企业的职工集体福利设施支出。

（4）应付利润是指向投资者分配的利润。

（5）未分配利润是指向投资者分配完利润后剩余的利润，可用于偿还固定资产投资借款及弥补以前年度亏损。

为了尽快偿还贷款，在公路建设贷款还清之前，企业可根据实际情况不提取法定盈余公积金、公益金，不支付应付利润等。

3. 资金来源与资金运用表

资金来源与资金运用表能全面反映项目资金活动的全貌。反映项目计算期内各年的资金盈余或短缺情况，用于选择资金筹措方案，制订适宜的借款及偿还计划，并为编制资产负债表提供依据。报表格式见表 5-8。

表 5-8　资金来源与资金运用表　　　　　　　　　　　单位：万元

序号	项目	计算期							
		1	2	3	4	5	6	…	n
	生产负荷/%								
1	资金来源								
1.1	利润总额								
1.2	折旧费								
1.3	摊销费								
1.4	长期借款								
1.5	流动资金借款								
1.6	短期借款								
1.7	自有资金								
1.8	其他资金								
1.9	回收固定资产余值								
1.10	回收流动资金								
2	资金运用								
2.1	固定资产投资								
2.2	建设期贷款利息								
2.3	流动资金								
2.4	所得税								
2.5	应付利润								
2.6	长期借款还款								
2.7	流动资金借款还款								
2.8	其他短期借款还款								
3	盈余资金（1-2）								
4	累计盈余资金								

4. 资产负债表

资产负债表用以考察项目资产、负债、所有者权益的结构是否合理，进行清偿能力分析。报表格式见表 5-9。表中的"资产=负债+所有者权益"。

表 5-9　资产负债表　　　　　　　　　　　　　　　　单位：万元

序号	项目	计算期							
		1	2	3	4	5	6	…	n
1	资产								
1.1	流动资产								
1.1.1	应收账款								
1.1.2	存货								
1.1.3	现金								
1.1.4	累计盈余资金								
1.1.5	其他流动资产								

续表

序号	项 目	计算期							
		1	2	3	4	5	6	...	n
1.2	在建工程								
1.3	固定资产								
1.3.1	原值								
1.3.2	累计折旧								
1.3.3	净值								
1.4	无形及递延资产净值								
2	负债及所有者权益								
2.1	流动负债总额								
2.1.1	应付账款								
2.1.2	流动资金借款								
2.1.3	其他流动负债								
2.2	中长期借款								
	负债小计								
2.3	所有者权益								
2.3.1	资本金								
2.3.2	资本公积金								
2.3.3	累计盈余公积金								
2.3.4	累计未分配利润								

清偿能力分析：1. 资产负债率
　　　　　　　2. 流动比率
　　　　　　　3. 速动比率

5. 财务外汇平衡表

财务外汇平衡表主要用于有外汇收支的项目，用以反映项目计算内各年外汇余缺程度，进行外汇平衡分析。报表格式见表 5-10。

表 5-10　财务外汇平衡表　　　　　　　　　　单位：万元

序号	项 目	计算期							
		1	2	3	4	5	6	...	n
	生产负荷/%								
1	外汇来源								
1.1	产品销售外汇收入								
1.2	外汇借款								
1.3	其他外汇收入								
2	外汇运用								
2.1	固定资产投资中外汇支出								
2.2	进口原材料								
2.3	进口零部件								
2.4	技术转让费								
2.5	偿还外汇借款本息								
2.6	其他外汇支出								
2.7	外汇余缺								

5.3.3 财务评价指标计算及评价

1. 财务盈利能力评价

财务盈利能力评价主要考察项目投资的盈利水平。通过编制全部投资现金流量表、自有资金现金流量表和损益表计算财务净现值、财务内部收益率、投资回收期、投资收益率等指标。

1）财务净现值（FNPV）

财务净现值是指把项目计算期内各年的财务净现金流量，按照一个给定的标准折现率（基准收益率）折算到建设期初（项目计算期第一年年初）的现值之和。

财务净现值是考察项目在计算期内盈利能力的主要动态评价指标。其表达式为

$$FNPV = \sum_{t=1}^{n}(CI-CO)_t(1+i_c)^{-t} \tag{5-18}$$

式中：FNPV——财务净现值，万元；
　　　CI——现金流入，万元；
　　　CO——现金流出，万元；
　　　$(CI-CO)_t$——第 t 年的净现金流量，万元；
　　　n——计算期；
　　　i_c——标准折现率。

财务净现值表示建设项目的收益水平超过基准收益的额外收益。该指标在用于投资方案的经济评价时，财务净现值若大于等于零，则项目可行。

例题 5-3：某建设项目总投资 1 000 万元，建设期 3 年，各年投资比例为 20%、50%、30%。从第四年开始项目有收益，各年净收益为 200 万元，项目寿命期为 10 年，第 10 年年末回收固定资产余值及流动资金 100 万元，基准折现率为 10%，试计算该项目的财务净现值。

解：

$$FNPV = -\frac{200}{1.1^1} - \frac{500}{1.1^2} - \frac{300}{1.1^3} + \sum_{i=4}^{10}\frac{200}{1.1^i} + \frac{100}{1.1^{10}}$$

$$= -200 \times 0.909 - 500 \times 0.826 - 300 \times 0.751 + 200 \times 4.868 \times 0.751 + 100 \times 0.386$$

$$= -50.326\ 4(万元)$$

2）财务内部收益率（FIRR）

财务内部收益率是指项目在整个计算期内各年财务净现金流量的现值之和等于零时的折现率，也就是使项目的财务净现值等于零时的折现率，其表达式为

$$\sum_{t=1}^{n}(CI-CO)_t(1+FIRR)^{-t} = 0 \tag{5-19}$$

式中：FIRR——财务内部收益率。

财务内部收益率是反映项目实际收益率的一个动态指标，该指标越大越好。一般情况下，财务内部收益率大于或等于基准收益率时，项目可行。财务内部收益率的计算过程是解一元 n 次方程的过程，只有常规现金流量才能保证方程式有唯一解。公路工程建设项目现金流量为一般常规现金流量，故财务内部收益率的计算过程如下。

(1) 首先根据经验确定一个初始折现率 i_0。
(2) 根据投资方案的现金流量计算财务净现值 FNPV(i_0)。
(3) 若 FNPV(i_0) = 0，则 FIRR = i_0；
若 FNPV(i_0) > 0，则继续增大 i_0；
若 FNPV(i_0) < 0，则继续减少 i_0。
(4) 重复步骤 (3)，直到找到这样两个折现率 i_1 和 i_2，满足 FNPV(i_1) > 0，FNPV(i_2) < 0，其中 $i_2 \sim i_1$ 一般不超过 2%~5%。
(5) 利用线性插值公式近似计算财务内部收益率 FIRR。计算公式为

$$\frac{\text{FIRR} - i_1}{i_2 - i_1} = \frac{\text{FNPV}_1}{\text{FNPV}_1 - \text{FNPV}_2} \tag{5-20}$$

3）投资回收期

投资回收期按照是否考虑资金时间价值可以分为静态投资回收期和动态投资回收期。

(1) 静态投资回收期。静态投资回收期是指以项目每年的净收益回收项目全部投资所需要的时间，是考察项目财务上投资回收能力的重要指标。静态投资回收期的表达式为

$$\sum_{t=1}^{P_t} (\text{CI} - \text{CO})_t = 0 \tag{5-21}$$

式中：P_t——静态投资回收期，年。

如果项目建成投产后各年的净收益率不相同，则静态投资回收期可根据累计净现金流量求得。其计算公式为

$$P_t = 累计净现金流量开始出现正值的年份 - 1 + \frac{上年累计净现金流量绝对值}{当年净现金流量} \tag{5-22}$$

当静态投资回收期小于或等于基准投资回收期时，项目可行。

(2) 动态投资回收期。动态投资回收期是指在考虑了资金时间价值的情况下，以项目每年的净收益回收项目全部投资所需要的时间。动态投资回收期的表达式为

$$\sum_{t=0}^{P'_t} (\text{CI} - \text{CO})_t (1 + i_c)^{-t} = 0 \tag{5-23}$$

式中：P'_t——动态投资回收期，年。

在实际应用中可根据项目的现金流量表，用下面近似公式计算。

$$P'_t = 累计净现金流量现值开始出现正值年份 - 1 + \frac{上年累计现金流量现值绝对值}{当年净现金流量现值} \tag{5-24}$$

当动态投资回收期不大于项目寿命期时，项目可行。

4）投资收益率

投资收益率又称投资效果系数，是指在项目达到设计能力后，其每年的净收益与项目全部投资的比率，是考察项目单位投资盈利能力的静态指标。其表达式为

$$投资收益率 = \frac{年净收益}{项目全部投资} \times 100\% \tag{5-25}$$

当投资收益率不小于行业平均的投资收益率时，项目可行。基于不同的计算口径，投资收益率分为投资利润率、投资利税率、资本金利润率等指标。

$$投资利润率 = \frac{利润总额}{投资总额} \tag{5-26}$$

$$投资利税率 = \frac{利润总额 + 销售税金及附加}{投资总额} \tag{5-27}$$

$$资本金利润率 = \frac{税后利润}{资本金} \tag{5-28}$$

2. 偿债能力分析

投资项目的资金过程可分为借入资金和自有资金。自有资金可长期使用，而借入资金必须按期偿还。项目的投资者自然要关心项目偿还能力，借入资金的所有者——债权人也非常关心贷出资金能否按期收回本息。因此，偿债能力分析是财务分析中的一项重要内容。

1）贷款偿还期分析

项目偿债能力分析可在编制贷款偿还表的基础上进行。为了表明项目的偿债能力，可按尽早还款的方法计算。

在计算中，贷款利息一般作如下假设：长期借款，当年贷款按半年计息，当年还款按全年计息。假设在建设期借入资金，生产期逐期归还，则

$$建设期年利息 = (年初借款累计 + 本年借款/2) \times 年利率 \tag{5-29}$$

$$生产期年利息 = 年初借款累计 \times 年利率 \tag{5-30}$$

流动资金借款及其他短期借款按全年计息。

贷款偿还期的计算公式与投资回收期公式相似，公式为

$$贷款偿还期 = 清偿债务年份数 - 1 + \frac{清偿债务当年应付的利息}{当年可用于偿债的资金总额} \tag{5-31}$$

贷款偿还期小于等于借款合同规定的期限时，项目可行。

2）资产负债率

$$资产负债率 = \frac{负债总额}{资产总额} \tag{5-32}$$

资产负债率反映项目总体偿债能力。这一比率越低，则偿债能力越强。但是资产负债率的高低还反映了项目利用负债资金的程度，因此该指标水平应选择适当。

3）流动比率

$$流动比率 = \frac{流动资产总额}{流动负债总额} \tag{5-33}$$

该指标反映企业偿还短期债务的能力。该比率越高，单位流动负债将有更多的流动资产保证，短期偿还能力就越强。但是可能导致流动资产利用率低下，影响项目效益。因此，流动比率一般为 2∶1 较好。

4）速动比率

$$速动比率 = \frac{速动资产总额}{流动负债总额} \tag{5-34}$$

式中：速动资产总额＝流动资产总额－存货。

该指标反映企业在很短时间内偿还短期债务的能力。速动资产是流动资产中变现最快的部分，速动比率越高，短期偿债能力越强。同样，速动比率过高也会影响资产利用效率，进而影响企业经济效益。因此，速动比率一般为 1 左右较好。

5.3.4 财务评价案例

某公路工程附属设施建设期为 2 年，生产期为 8 年，项目建设投资（不含建设期贷款利息）4 000 万元，并全部形成固定资产。固定资产折旧年限为 8 年，按平均年限折旧法折旧，固定资产残值率为 5%，在计算期末回收残值。建设期贷款在生产期按每年等额本金法偿还，并偿还当年发生的利息。预计生产期正常年份每年的销售收入为 5 600 万元，每年的经营成本为 2 700 万元，产品的销售税金及附加税率为 11%，所得税率为 25%，行业基准收益率 $i_c = 10\%$，行业基准投资回收期 $P_c = 8$ 年。投产第 1 年的生产能力为正常年份的 75%，第 2 年的生产能力为正常年份的 90%，第 3 年以后为正常年份。为简化计算，第 1 年与第 2 年的销售收入、经营成本等也均按正常年份的 75% 与 90% 估算。建设期每年投入建设资金各 50%，其中每年投入的建设资金中 60% 为银行贷款，贷款年利率为 8%，且建设期只计息不还款，另外 40% 为自有资金。生产期第一年投入流动资金 400 万元，全部为自有资金，流动资金在计算期末全部回收。

问题：
（1）计算项目计算期第 3 年年初的累计借款；
（2）编制项目还本付息表；
（3）计算每年的总成本费用；
（4）编制自有现金流量表；
（5）计算项目的静态、动态投资回收期，财务净现值，并评价项目的可行性。

解：
（1）计算项目计算期第 3 年年初的累计借款。
第 3 年年初的累计借款计算如下。
第 1 年应计利息 = (0+4 000×50%×60%/2)×8% = 48(万元)
第 2 年应计利息 = (4 000×50%×60%+48+4 000×50%×60%/2)×8% = 147.84(万元)
建设期贷款利息总额 = 48+147.84 = 195.84(万元)
第 3 年年初的借款累计 = 4 000×60%+195.84 = 2 595.84(万元)
（2）编制项目还本付息表。
生产期内每年等额偿还本金额 = 2 595.84/8 ≈ 324.5(万元)
编制还本付息表，见表 5-11。

表 5-11 还本付息表　　　　　　　　　　　　　　　　　　　　单位：万元

序号	项目	1	2	3	4	5	6	7	8	9	10
1	年初累计借款		1 248	2 596	2 271	1 947	1 622	1 298	973.4	649	324.5
2	本年新增借款	1 200	1 200								
3	本年应计利息	48	147.8	207.7	181.7	155.8	129.8	103.8	77.88	51.92	25.96
4	本年应还本金			324.5	324.5	324.5	324.5	324.5	324.5	324.5	324.5
5	本年应还利息			207.7	181.7	155.8	129.8	103.8	77.88	51.92	25.96

（3）计算每年的总成本费用。
每年总成本费用的计算如下。

固定资产残值：(4 000+195.84)×5%=209.79(万元)
年折旧费=(4 000+195.84)×(1-5%)/8=498.26(万元)
生产期间各年总成本费用为
第3年总成本费用=2 700×75%+498.26+207.67=2 730.93(万元)
第4年总成本费用=2 700×90%+498.26+181.71=3 109.97(万元)
第5年总成本费用=2 700+498.26+155.75=3 354.01(万元)
第6年总成本费用=2 700+498.26+129.79=3 328.05(万元)
第7年总成本费用=2 700+498.26+103.83=3 302.09(万元)
第8年总成本费用=2 700+498.26+77.88=3 276.14(万元)
第9年总成本费用=2 700+498.26+51.92=3 250.18(万元)
第10年总成本费用=2 700+498.26+25.965=3 224.22(万元)

(4) 编制自有现金流量表（万元），见表5-12。

表5-12 自有现金流量表

序号	项目	1	2	3	4	5	6	7	8	9	10
1	现金流入			4 200	5 040	5 600	5 600	5 600	5 600	5 600	6 210
1.1	销售收入			4 200	5 040	5 600	5 600	5 600	5 600	5 600	5 600
1.2	回收固定资产残值										210
1.3	回收流动资金										400
2	现金流出	800	800	3 671	3 834	4 203	4 184	4 164	4 145	4 125	4 106
2.1	自有资金	800	800	400							
2.2	经营成本			2025	2430	2 700	2 700	2 700	2 700	2 700	2 700
2.3	偿还借款			532	506	480	454	428	402	376	350
2.3.1	长期借款本金偿还			324	324	324	324	324	324	324	324
2.3.2	长期借款利息偿还			208	182	156	130	104	78	52	26
2.4	销售税金及附加			462	554	616	616	616	616	616	616
2.5	所得税			252	344	407	414	420	427	433	440
3	净现金流量	-800	-800	529	1 206	1 397	1 416	1 436	1 455	1 475	2 104
4	累计净现金流量	-800	-1 600	-1 071	135	1 532	2 948	4 384	5 839	7 314	9 418
5	折现系数10%	0.91	0.826	0.751	0.68	0.62	0.56	0.51	0.47	0.42	0.39
6	折现净现金流量	-728	-661	397	820	866	793	732	684	620	820
7	累计折现净现金流量	-728	-1 322	-925	-105	761	1 554	2 286	2 970	3 590	4 410

(5) 计算项目的静态、动态投资回收期，财务净现值，并评价项目的可行性。
静态投资回收期 $P=(4-1)+1\,071/1\,206=3.89$(年)
动态投资回收期 $P=(5-1)+105/866=4.12$(年)
财务净现值 $FNPV=4\,410$(万元)

因为项目的静态投资回收期 $P=3.89$ 年，小于基准投资回收期 $P=8$ 年，项目动态投资回收期 $P=4.12$ 年，也小于基准投资回收期 $P=8$ 年，且项目的财务净现值 FNPV = 4 410 万元>0，所以该项目可行。

练习思考题

1. 简述投资估算的概念和作用。投资决策阶段影响工程造价的因素有哪些？
2. 简述投资估算费用的组成，固定资产投资费用的编制方法有哪些？
3. 简述建设项目财务评价的概念、程序和主要评价内容。
4. 简述反映建设项目盈利能力的静态和动态指标。
5. 简述建设项目财务评价的基本报表有哪些？
6. 选择题（请根据学习内容，选择正确的答案，包括单选和多选）

（1）在下列投资方案评价指标中，不考虑资金时间价值的指标是（　　）。
A. 静态投资回收期　　B. 利息备付率　　C. 净现值　　D. 内部收益率

（2）下列关于净现值的讨论中，正确的是（　　）。
A. 净现值是反映投资方案在建设期内获利能力的动态评价指标
B. 净现值的计算只与投资方案本身的现金流量有关
C. 当方案的 FNPV≥0 时，说明该方案能满足基准收益率要求的盈利水平
D. 当用 FNPV 进行多方案比选时，无须考虑方案的计算期

（3）下列关于基准收益率的说明，正确的是（　　）。
A. 基准收益率是单位资金成本和单位投资机会成本之和
B. 基准收益率是投资者以动态的观点所确定的，可接受的投资方案平均水平的收益水平
C. 风险越大，要求的基准收益率应越高
D. 基准收益率由国家有关部门统一测定

（4）在某建设项目投资构成中，设备购置费为 1 000 万元，工具、器具及生产家具购置费为 200 万元，建筑工程费为 800 万元，安装工程费为 500 万元，工程建设其他费用为 400 万元，基本预备费为 150 万元，涨价预备费为 350 万元，建设期贷款为 2 000 万元，应计利息为 120 万元，流动资金为 400 万元，则该建设项目的工程造价为（　　）万元。
A. 3 520　　B. 3 920　　C. 5 520　　D. 5 920

（5）已知流动负债为 80 万元，存货为 120 万元，应收账款为 60 万元，无形资产净值为 35 万元，则流动比率是（　　）。
A. 2.69　　B. 2.25　　C. 1.50　　D. 1.19

（6）某企业于年初向银行借款 1 500 万元，其年有效利率为 10%，若按月复利计息，则该年第 3 季度末借款本利和为（　　）万元。
A. 1 611.1　　B. 1 612.5　　C. 1 616.3　　D. 1 237.5

（7）企业在税后利润中提留的盈余公积金属于（　　）。

A. 流动负债　　　　B. 长期负债　　　　C. 所有者权益　　D. 资本金
(8) 在下列投资项目评价指标中，属于动态评价指标的有（　　）。
A. 财务净现值　　　B. 借款偿还期　　　C. 投资利润率
D. 内部收益率　　　E. 资产负债率
(9) 根据我国现行财税制度，可用于还本付息的资金主要包括（　　）。
A. 未分配利润　　　B. 固定资产折旧　　C. 无形资产摊销费
D. 销售收入　　　　E. 流动资金
(10) 财务评价盈利能力分析基本报表是（　　）。
A. 资金来源与运用表　　　　　　　B. 全部投资现金流量表
C. 损益表　　　　　　　　　　　　D. 自有资金现金流量表
E. 资产负债表

7. 某项目建设期为 2 年，建设期内每年年初投资 1 000 万元，运营期为 8 年，运营期每年年末净收益 600 万元，基准收益率为 10%，计算该项目的静态投资回收期和净现值。

8. 某建设项目，建设期贷款本金总额为 1 000 万元，建设期贷款利息总额为 200 万元。按照贷款协议，采用等额还本利息照付的方式分 5 年还清。若年利率为 8%，计算该项目投产后的第 3 年应还本金和第 3 年应付利息。

9. 某企业相关各年的利润总额如下表所示，若企业所得税率为 25%，根据现行企业财务制度，计算该企业在第 5 年年初、第 7 年年初应缴纳所得税。

年序	1	2	3	4	5	6	7
利润总额/万元	-1 000	200	500	200	300	-100	400
累计利润/万元	-1 000	-800	-300	-100	200	100	500

10. 案例分析题

某项目建设期为 3 年，生产期为 10 年。项目建设总投资（含工程费、其他费用、预备费用）5 000 万元，预计全部形成固定资产。固定资产折旧年限为 10 年，按平均年限法计算折旧，残值率为 5%，在生产期末回收固定资产残值。

建设期第 1 年投入建设资金的 40%，第 2 年投入 30%，第 3 年投入 30%，其中每年投资的 50% 为自有资金，50% 由银行贷款，贷款年利率为 6%，建设期只计息不还款。生产期第 1 年投入流动资金 1 000 万元，全部为自有资金。流动资金在计算期末全部回收。

建设单位与银行约定：从生产期开始的 6 年间，按照每年等额本金偿还法进行偿还，同时偿还当年发生的利息。

预计生产期各年的经营成本均为 3 000 万元，销售收入在计算期第 4 年为 4 000 万元，第 5 年为 4 300 万元，其余每年均为 4 500 万元。假定销售税金及附加的税率为 11%，所得税率为 25%，行业基准投资回收期为 9 年，行业基准收益率为 10%。请分析计算下列问题。

(1) 编制项目还本付息表。
(2) 计算固定资产残值及各年固定资产折旧额。
(3) 编制项目资本金现金流量表。
(4) 计算静态投资回收期，并评价本项目是否可行。

第6章 施工图预算

> 主要内容：
> 1. 施工图预算的概念、作用、编制依据；
> 2. 公路工程工程量的计算；
> 3. 土石方调配方法；
> 4. 施工图预算的编制程序和案例。

6.1 概 述

施工图预算是指在施工图设计完成后，工程开工前，施工方案（或施工组织设计）已经确定的前提下，根据国家或地区现行的统一预算定额、预算基价、施工图纸和设计说明等有关规定，进行逐项计算和汇总的单位工程及单项工程造价的技术经济文件。

1. 施工图预算的作用

1）施工图预算作为承包施工任务依据时的作用

（1）施工图预算是施工单位组织施工的依据。编制施工图预算的主要目的是指导建设项目的施工。施工单位在组织施工时，应根据施工图预算计算出来的各项工程的工程量编制计划组织施工，预算中提供的材料、半成品、各种构件的用量、品种、规格及质量标准，是施工单位组织采购、加工、供应的依据。预算中提供的人工、机械台班用量也是安排施工计划的依据。

（2）施工图预算是施工单位统计完成工程量的依据。施工单位在掌握工程进度时，除了要有工程量和形象进度外，还要有以货币表现的工作量，它是根据施工期内实际完成的各种工程量乘以相应的预算单价来计算的，是考核工程进度和完成计划的一个综合指标。

（3）施工图预算是施工企业进行经济核算的依据。施工图预算计算出来的单项、单位工程技术经济指标，是建筑安装工程产品的计划价格，施工企业为了取得较好的经济效益，必须在预算提供的产品价格范围内，通过加强经济核算，努力提高劳动生产效率，降低人力、物力、财力的消耗，以达到降低成本的目的，为企业提供更多的盈利。

（4）施工图预算是施工单位和建设单位进行工程结算的依据。经过审定的施工图预算是建设单位与施工单位进行工程结算的依据。单位工程竣工后或根据施工进度安排完成部分工程量后，应以施工图预算中所确定的价格进行结算。

(5)施工图预算是进行工程拨款的依据。建筑安装工程的拨款,是以施工图预算和建设单位与施工单位结算的工程量为依据的,并通过施工图预算对合同甲、乙双方实施财政监督,促使建设单位合理地使用建设资金。

(6)施工图预算是工程决算的依据。工程竣工后应根据所完成的工程量和施工图预算所确定的价格进行决算,最后形成总的新增固定资产价值。

(7)施工图预算是审计工作的依据。当建设项目需要由审计单位进行审计时,施工图预算是审计工作的依据。

2)当建设项目实行施工招标时,审定的施工图预算可作为编制工程标底的依据

建设项目如果是在审定后的施工图预算的基础上组织招标,施工图预算提供的工程量、人工、材料、机械台班用量则是编制工程标底的依据。施工招标的标底价格,不但要反映价值,还要反映供求关系,它是建筑工程的商品价格和市场价格,它可以根据建筑企业市场上的供求关系进行浮动,所以它不完全是按照施工图预算的编制模式一统到底的,与施工图预算是有区别的。但工程标底的制定是以预算为依据,按照编制施工图预算的原则与方法结合市场行情和招标工程的实际情况来编制的。

3)施工图预算是衡量设计方案是否经济合理的依据

将施工图预算提供的总预算造价指标和各分项工程造价指标与以往的技术经济指标进行比较,进一步论证初步设计或技术设计所确定的设计方案是否经济合理。同时还应和初步设计概算或技术设计修正概算中的各项技术指标进行对比,以检查概算编制的质量和水平,这对于不断总结经验,提高设计的技术水平非常重要。

2. 施工组织设计对施工图预算的影响

施工组织设计和施工图预算是相互依存、相互影响的。确切地说,施工图预算的编制过程也是施工组织设计的过程,施工组织设计决定施工图预算,反过来,施工图预算又制约施工组织设计,两者是辩证统一的关系,是相辅相成的。

预算费用中与施工组织设计关系最大的是建筑安装工程费,而建筑安装工程费又是由直接费、间接费、利润和税金组成的。就费用的计算过程来看,直接费的高低基本决定了建筑安装工程费的高低,只要降低了建筑安装工程的直接费,就能降低整个工程费用。

施工组织设计对预算的影响是多方面的,但主要是对直接费的影响,应对影响较大的主要因素进行分析。

1)施工现场平面布置

施工现场平面布置是施工组织设计在空间上的综合描述,是施工组织设计的重要组成部分之一。它是在基础资料调查的基础上,结合建设工程实际情况,按照一定的布置原则和方法,对建设工程在施工过程中的材料供应和运输路线、供电、供水、临时工程、工地仓库、生活设施、机械设施、服务区、加油站、道班房、预制场、拌和站及大型机械设备工作面的布置和安排。平面布置的确定,也就决定了预算中相应的直接费,如场内运输的价格、临时工程的费用及租用土地费、平整场地费等。在施工组织设计中,应考虑技术上的可行性和经济上的合理性,规划平面布置一般应遵循以下原则。

(1)凡永久性占用土地或临时性租用土地的工程,应结合地形、地貌,在满足施工的前提下,尽可能选择利用荒山、荒地及场地平整工程量小的地点,并尽量少占农田。

(2)合理确定工地仓库和自采材料堆放地点。预制场、拌和站的选择,应避免材料的二

次搬运和缩短材料的场内运距。

(3) 施工平面布置应与施工进度、方法等相适应，同时应重视保护生态环境和安全生产。

(4) 材料在公路工程建设中占的比重很大，因此合理选择材料、确定经济运距和运输方案是控制预算造价的重要手段。

2) 施工工期

在质量一定的条件下，费用与工期有一定的关系（见图6-1）。合理的生产周期对控制预算起着非常重要的作用。因此，合理地确定施工工期，在施工组织设计中按合理的工期进行劳动力安排、材料供应和机械设备配置，对工程质量和预算造价都将发挥极大的作用。

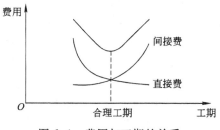

图 6-1　费用与工期的关系

3) 施工方法的选择

在公路工程设计和施工中，施工方法的选择至关重要，必须依据工程条件和经济合理的原则进行多方面的比较。随着施工工艺、施工技术的不断发展和更新，完成一个项目的施工方法是多种多样的，而每种施工方法又有其自身的特点和不足，这就要求设计人员根据实际工程条件，选择最经济又适用的施工方法。

(1) 路基施工方法的选择。在路基工程中，土石方施工的工程量是施工组织设计中控制预算造价的主要因素，施工方法的选择，对土石方施工中的人工工日消耗、机械台班消耗有很大的影响。目前在公路路基工程施工中，为了满足施工质量，高等级公路一般都采用机械化施工，低等级公路一般采用人工、机械组合进行施工。如采用机械化施工，其施工方法的选择其实就是施工机械的选择，应根据施工的作业种类及运输距离合理选择机械。如当土石方的运距小于 100 m 时，选择推土机完成运输作业就比较经济；当土石方的运距大于 500 m 时，再选择推土机完成运输作业就很不经济。这是在编制施工组织设计和预算时应注意的。

(2) 路面施工方法的选择。路面的施工方法主要分路拌法和厂拌法，面层施工主要有热拌、冷拌、贯入等方法。各种施工方法的工程成本消耗各不相同，应结合公路等级要求、路面工程规模和工期要求进行综合分析确定施工方法。

(3) 构造物施工方法的选择。在公路建设工程中，通常将除路基土石方和路面工程以外的桥梁、涵洞、防护等各项工程，统称为构造物。由于其种类多，结构各异，又各有不同的技术经济特征和施工工艺要求，所以其施工方法也各不相同。从某种意义上来讲，构造物施工方法的选择既简单又复杂。说它简单，主要是施工方法的选择余地小，如石砌圬工是以人工施工为主，混凝土工程不是采用木模就是钢模，没有更多的施工方法可供优选；而所谓复杂，是因为有些构造物有其特殊专业的施工方法，这在工程设计时就已确定了，如 T 形梁的安装，一般都采用导梁作为安装工具，箱形拱桥则要采用缆索来进行吊装，悬臂拼装就要配用悬臂吊机等,这是从长期建设实践经验中积累完善起来的施工方法,有定型配套的安装工具。但是,在建设项目中的桥涵工程,数量比较多,在进行桥型结构设计时,要尽可能采用标准设计,避免结构形式上的多样化,这不仅有利于施工,而且还可减少辅助工程费用。

当进行施工组织设计时,则应尽可能按流水作业的原则安排施工进度计划,如某建设项目中有3座同跨径的石拱桥,砌筑拱圈的工作,应在总的控制工期内实行流水作业,这样,就可提高拱盔支架的周转次数,达到降低工程造价的目的。另外,在混凝土构件的预制与安装工作中,也存在类似这种情况。所以,在编制施工组织设计时,要充分重视这些因素,这是有效控制工程造价的一个关键环节。

4) 运输组织计划

运输组织计划是施工组织设计中的一个重要内容,它不仅直接影响施工进度,而且在很大程度上影响了工程造价,为了确保施工进度计划的执行,并力求最大限度降低工程造价,一般要求运输组织计划应达到下列要求。

(1) 运距最短,运输量最小。
(2) 减少运转次数,力求直达工地。
(3) 装卸迅捷,运转方便。
(4) 尽量利用原有交通条件,减少临时运输设施的投资。
(5) 充分发挥运输工具的载运条件。

6.2 公路工程工程量计量

1. 路基土石方数量

路基土石方是公路工程的一项主要工程量,在公路设计和路线方案比较中,路基土石方数量的多少是评价公路测设质量的主要技术经济指标之一。在编制公路施工组织计划和工程概预算时,还需要确定分段和全线路基土石方数量。

由于公路是带状的空间三维体,地面形状很复杂,填、挖方不是简单的几何体,所以其计算只能是近似的,计算的精确度取决于中桩间距、测绘横断面时采点的密度和计算公式与实际情况的接近程度等。在计算时一般应按工程的要求,在保证使用精度的前提下力求简化。

1) 横断面面积计算

路基的填挖横断面面积,是指横断面图中原地面线与路基设计线所包围的面积,高于地面线者为填,低于地面线者为挖,两者应分别计算。通常采用积距法和坐标法。

(1) 积距法:图6-2所示为将横断面按单位横宽划分为若干个梯形和三角形,每个小条块的面积近似按每个小条块中心高度与单位宽度的乘积计算,则横断面面积为

$$A = b \sum_{i=1}^{n} h_i \tag{6-1}$$

式中:
b——土条宽度,m。

由于b越小,横断面面积的计算精度越大,因此对于地面线起伏较大的横断面,b应该尽量取小些;

h_i——第 i 个土条的高度，m。

当 $b=1$ m 时，则 A 在数值上等于各小条块平均高度之和 $\sum_{i=1}^{n} h_i$。

（2）坐标法：图 6-3 所示为已知横断面图上各转折点坐标（x_i，y_i），则横断面面积为

$$A = \left[\sum (x_i y_{i+1} - x_{i+1} y_i) \right] / 2 \tag{6-2}$$

坐标法的计算精度较高，适宜用计算机计算。

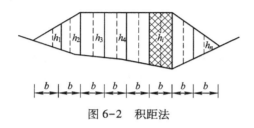
图 6-2 积距法

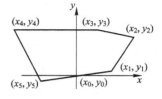
图 6-3 坐标法

2）土石方数量计算

路基土石方计算工作量较大，加之路基填挖变化的不规则性，要精确计算土石方体积是十分困难的。在工程上通常采用近似计算。即假定相邻断面间为一棱柱体（见图 6-4），则其体积为

$$V = (A_1 + A_2) L / 2 \tag{6-3}$$

式中：V——体积，即土石方数量，m³；

A_1，A_2——相邻两横断面的面积，m²；

L——相邻横断面之间的距离，m，即为相邻横断面里程桩号差。当相邻横断面形状变化较大时，为了提高计算精度，应该在两横断面之间补测一横断面。

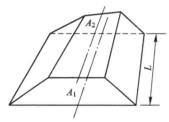
图 6-4 路基土石方的计算

此种方法称为平均断面法，用平均断面法计算土石方体积简便、实用，是公路上常采用的方法。但其精度较差，只有当 A_1、A_2 相差不大时才较准确。当 A_1、A_2 相差较大时，则按棱台体公式计算更为接近，其公式为

$$V = \frac{L}{3}(A_1 + A_2 + \sqrt{A_1 A_2}) \tag{6-4}$$

棱台体法精度较高，适用计算机计算，应尽量采用。

在用上述方法计算的土石方体积中，包含了路面体积。若所设计的纵断面有填有挖基本平衡，则填方断面中多计算的路面面积与挖方断面中少计算的路面面积相互抵消，其总体积与实施体积相差不大。但若路基是以填方为主或以挖方为主，则最好在计算横断面面积时将路面部分计入。也就是填方要扣除、挖方要增加路面所占的那一部分面积。特别是当路面厚度较大时更不能忽略。

当计算路基土石方数量时，应扣除大、中桥及隧道所占路线长度的体积；桥头引道的土石方，可视需要全部或部分列入桥梁工程项目中，但应注意不要遗漏或重复；小桥涵所占的体积一般可不扣除。

2. 土石方调配

土石方调配的目的是为确定填方用土的来源、挖方土的去向，以及计价土石方的数量和运量等。通过调配合理地解决各路段土石方平衡与利用问题，从路堑挖出的土石方，在经济合理的调运条件下移挖作填，尽量减少路外借土和弃土，少占用耕地以求降低公路造价。

1) 土石方调配原则

（1）在半填半挖的断面中，应首先考虑在本路段内移挖作填进行横向平衡，多余的土石方再作纵向调配，以减少总的运量。

（2）土石方调配应考虑桥涵位置对施工运输的影响，一般大沟不作跨越运输，同时应注意施工的可能与方便，尽可能避免和减少上坡运土。

（3）为使调配合理，必须根据地形情况和施工条件，选用适当的运输方式，确定合理的经济运距，用以分析工程用土是调运还是外借。

（4）土方调配"移挖作填"固然要考虑经济运距问题，还要综合考虑弃方和借方的占地，赔偿青苗损失及对农业生产的影响等。有时路堑的挖方纵调作路堤的填方，虽然运距超出一些，运输费用可能高一些，但如能少占地、少影响农业生产，这样，对整体来说未必是不经济的。

（5）不同的土方和石方应根据工程需要分别进行调配，以保证路基稳定和人工构造物的材料供应。

（6）位于山坡上的回头曲线路段，要优先考虑上下线的土方纵向调运。

（7）土方调配对于借土和弃土事先应同地方商量，妥善处理。借土应结合地形、农田规划等选择借土地点，并综合考虑借土还田，整地造田等措施。弃土应不占或少占耕地，在可能的条件下宜将弃土平整为可耕地，防止乱弃乱堆，或者堵塞河流，损害农田。

2) 土石方调配计算的几个概念

（1）平均运距 L。土方调配的运距是指从挖方体积的重心到填方体积的重心之间的距离。在线路工程中为简化计算起见，这个距离可简单地按挖方断面间距中心至填方断面中心的距离计算，称平均运距。

（2）免费运距 L_m。土、石方作业包括挖、装、运、卸等工序，在某一特定距离内，只按土、石方数量计价而不计运费，这一特定的距离称为免费运距。施工方法不同，其免费运距也不同，如人工运输的免费运距为 20 m，铲运机运输的免费运距为 100 m。在纵向调配时，当其平均运距超过定额规定的免费运距时，应按其超运运距计算土石方运量。

（3）经济运距 L_j。填方用土来源，一是路上纵向调运，二是就近路外借土。一般情况下用路堑挖方调去填筑距离较近的路堤还是比较经济的。但如调运的距离过长，以至运价超过了在填方附近借土所需的费用时，移挖作填就不如在路堤附近就地借土经济。因此，采用"借"还是"调"，有个限度距离问题，这个限度距离就是经济运距，其计算公式为

$$L_j = \frac{B}{T} + L_m \tag{6-5}$$

式中：B——借土单价，元/m^3；

T——运费单价，元/（$m^3 \cdot km$）；

L_m——免费运距，km。

经济运距是确定借土或调运的界限，当调运距离小于经济运距时，采取纵向调运是经济

的，反之，则可考虑就近借土。

（4）土石方运量。土石方运量为平均超运运距单位与土石方调配数量的乘积。在生产中，如《公路工程预算定额》是将人工运输免费运距定为 20 m，平均每增运距 10 m 划为一个运输单位，称之为"级"，当实际的平均运距为 40 m，超运运距为 20 m 时，则为两个运输单位，称为二级；在路基土石方数量计算表中记作②；

$$总运量 = 调配（土石方）数量 \times n \qquad (6-6)$$

式中：n——平均超运运距单位，$n =（L - L_m）/ A$，（四舍五入取整数）；
L——平均运距，m；
A——超运运距单位，m（如人工运输 $A = 10$ m，铲运机运输 $A = 50$ m）。

（5）计价土石方数量。在土石方计算与调配中，所有挖方均应予计价，但填方则应按土的来源决定是否计价，如是路外就近借土就应计价，如是移"挖"作"填"的纵向调配利用方，则不应再计价，否则形成双重计价。计价土石方数量为

$$V_{计} = V_{挖} + V_{借} \qquad (6-7)$$

式中：$V_{计}$——计价土石方数量，m³；
$V_{挖}$——挖方数量，m³；
$V_{借}$——借方数量，m³。

3）土石方调配方法

目前生产上采用的土石方调配方法是土石方计算表调配法，它可以直接在土石方表上进行调配，方法简单，调配清晰，精度符合要求，也可由计算机自动计算完成。具体调配步骤如下。

（1）土石方调配是在土石方数量计算与复核完毕的基础上进行的，调配前应将可能影响运输调配的桥涵位置、陡坡大沟等注明在表旁，供调配时参考。

（2）弄清各桩号间路基填挖方情况并作横向平衡，明确"本桩利用""填缺""挖余"数量。

（3）在作纵向调配前，根据"填缺""挖余"的分布情况，选择适当施工方法及可采用的运输方式定出合理的经济运距，供土方调配时参考。

（4）根据填缺、挖余分布情况，结合路线纵坡和自然条件，本着技术经济、少占用农田的原则，具体拟订调配方案。将相邻路段的挖余就近纵向调配到填缺内加以利用，并把具体调运方向和数量用箭头标明在纵向调配栏中。

（5）经过纵向调配，如果仍有填缺或挖余，则应会同当地政府协商确定借土或弃土地点，然后将借土或弃土的数量和运距分别填注到借方或弃方栏内。

（6）调配完成后，应进行闭合核算，核算式为

$$填缺 = 远运利用 + 借方$$
$$挖余 = 远运利用 + 弃方$$

（7）本千米调配完毕，应进行本千米合计，总闭合核算除上述外，还有

$$（跨千米调入方）+ 挖方 + 借方 =（跨千米调出方）+ 填方 + 弃方$$

（8）土石方调配一般在本千米内进行，必要时也可跨千米调配，但需将调配的方向及数量分别注明，以免混淆。

（9）每千米土石方数量计算与调配完成后，须汇总列入"路基每千米土石方表"，并进

第6章 施工图预算

行全线总计与核算。至此完成全部土石方计算与调配工作。

3. 路基工程量计量规则

1）路基土石方数量根据土壤类型和工作类型分别计算

因为开挖、压实工作对于不同类型的土壤和岩石其施工难度不一样，所需要的费用也不相同。根据《公路工程预算定额》，将土壤和岩石按其开挖难易程度分为16类，土壤和岩石各3类，见表6-1。

表6-1 路基土分类

公路定额分类	松土	普通土	硬土	软岩	次坚岩	坚岩
16级分类	Ⅰ-Ⅱ	Ⅲ	Ⅳ	Ⅴ-Ⅵ	Ⅶ-Ⅸ	Ⅹ-ⅩⅥ

2）天然密实方和压实方

天然密实方为土体在自然状态下的体积；压实方为天然密实方压实之后的体积。《公路工程预算定额》规定：挖方按天然密实方计算；填方按压实方计算；石方爆破按天然密实方计算；当填方压实体积采用天然密实方计算时，应乘以相应的换算系数，见表6-2。

表6-2 土石方换算系数

公路等级	土方				石方
	松土	普通土	硬土	运输	
二级以上公路	1.23	1.16	1.09	1.19	0.92
三、四级公路	1.11	1.05	1.00	1.08	0.84

3）表土清除、耕地填前压实回填土方计算

清除表土、耕地填前夯（压）实后，回填至原地面标高，则

$$h = p/C \tag{6-8}$$

式中：h——天然土因压实而产生的沉降量，cm；

p——有效作用力，一般按 12~15 t 压路机的有效作用力 66 N/cm² 计算；

C——土的抗沉陷系数（N/cm³），见表6-3。

碾压天然土地面的面积（F）乘以天然工因压实而产生的沉降量为需要增加的填方数量

$$Q = Fh \tag{6-9}$$

表6-3 土的抗沉陷系数 单位：N/cm³

土类型	C	土类型	C	土类型	C
沼泽土	1.0~1.5	松湿黏土、耕土	2.5~3.5	坚实黏土	10.0~12.5
细粒砂	1.8~2.5	胶结砂、潮湿黏土	3.5~6.0	泥灰石	13.0~18.0

4）宽填计算

为保证路基边缘的压实度，当需要加宽填筑时，所需要的土石方数量为：当整修用机械填筑的路堤表面时，应将其两侧超填的宽度切除，超填的宽度的容许值为：砂性土 0.2~0.3 m，粉性土 0.15~0.2 m，黏性土 0.1~0.2 m。需要宽填压实方的数量为

$$宽填压实方 = 填方区边缘长度 \times 路基平均高度 \times 宽填厚度 \tag{6-10}$$

例题 6-1：某高速公路路基全长 28 km，无利用方，路基平均高度为 10.5 m，路基平均

占地宽 45 m，路基占地及取土坑均为耕地，土质为Ⅲ类土（$C=3.5$ N/cm³）。采用 1 m³ 以内单斗挖掘机挖装土方，平均挖深 2 m，宽填两侧各 0.2 m，填前以 12～15 t 压路机压实耕地。问：填前压实增加土方量为多少？路基宽填增加土方量为多少？

解：Ⅲ类土：普通土

（1）因宽填路基而增加的土方量为

宽填压实方 = 28 000×10.5×0.2×2 = 117 600（m³）

（2）查表 6-2 得普通土的换算系数为 1.16，则

宽填所需借方（天然密实方）= 117 600×1.16 = 136 416（m³）

（3）因填前压实耕地增加的土方量计算

$p=66$ N/cm² $h=p/C=66/3.5=18.86$（cm）

平均路基底面积 = 45×28 000 = 1 260 000（m²）

填前压实所增加的土方量（压实方）= 1 260 000×0.188 6 = 237 636（m³）

填前压实所增加土方量 = 237 636×1.16 = 275 658（m³）

4. 路面工程量

（1）对于低级、中级、次高级、高级 4 种类型路面及路槽、路肩、垫层、基层等，除沥青混合料路面以 m³ 为计量单位，其余都以 m² 作为计量单位。

（2）路面和硬路肩的厚度为压实厚度，土路肩的厚度为夯实厚度。

（3）根据设计要求，泥结碎石和级配碎石、砾石面层应加铺磨耗层和保护层，计算工程量时按其所使用材料及厚度按实际计量其工程量。

（4）沥青混合料路面压实体积按设计面积乘以压实厚度计算。

（5）预算定额对压实厚度的规定：各类稳定土基层压实厚度在 15 cm 以内；级配碎石、级配砾石路面压实厚度在 15 cm 以内；填隙碎石的压实厚度在 12 cm 以内；垫层和其他种类的基层压实厚度在 20 cm 以内；面层的压实厚度在 15 cm 以内。当路面实际设计厚度超过定额规定厚度，且采用分层拌和、碾压时，拖拉机、平地机和压路机台班定额数量应加倍增加，每 1 000 m 增加人工预算为 3.0 工日。

5. 沿线设施及其他工程量

（1）钢筋混凝土防撞护栏中铸铁柱与钢管柱按柱与栏杆的总质量计算，预埋螺栓、螺母及垫圈等附件已综合在定额内，不另行计算。

（2）中间带隔离墩上的钢管栏杆与防眩板分别按照钢管和钢板的总质量计算。

（3）金属标志牌按板面、立柱、横梁、法兰盘及加固槽钢、螺栓、螺母、垫板、滑块等总质量计算。

（4）路面标线按画线的净面积计算。

6.3 施工图预算的编制

1. 施工图预算编制依据

编制施工图预算依据的规范多是由国家有关主管部门批准颁发的，具有法律约束力。人们从事工程造价经济活动时，必须严格遵守，认真贯彻执行。施工图预算的编制必须遵循以

下各项依据。

（1）施工设计图纸和说明。这些资料具体地规定了建设工程的形式、内容、地质情况、结构尺寸、施工技术要求等，不仅是指导施工的指令性技术文件，而且是编制施工图预算、计算工程数量的主要依据。

（2）施工组织设计资料。施工组织设计对施工期限、施工方法、机械化程度及大型构件预制场、路面混合料拌和场、材料堆放地点、临时工程的位置和临时占用土地数量等，都作出明确而具体的规定，而这些资料是计算辅助工程数量、临时工程数量、套用预算定额和计算有关费用的重要依据。

（3）《公路工程预算定额》。预算定额不仅是计算建设项目的人工、材料、机械台班消耗量的主要依据和标准，还是计算和确定工程量的主要依据。

（4）人工、材料、机械台班预算价格，以及据以计算这些价格的工资标准、材料供应价、运价、机械台班费用定额、养路费等，都是编制施工图预算的基础资料。

（5）其他直接费、现场经费、间接费等各项取费标准。结合我国的国情和建设实践，构成建设工程造价的其他直接费、现场经费、间接费、计划利润、税金，以及建设单位管理费等，均是以费率作为计算施工图预算费用的依据。

（6）工程量计算规则和预算编制办法。工程量计算规则包括两个方面的含义，一是根据施工设计图纸资料如何计算工程量；二是按预算定额的内容要求如何正确计取工程量，两者都是编制施工图预算时必须严格遵守的规则。预算编制办法除规定了各种费率标准外，还对组成预算文件的各种计算表格的内容、填表程序和方法，都作出了十分明确的规定，并不得随意修改，所以这些也是编制施工图预算的依据。

（7）勘察设计合同、协议及建设项目主管部门或建设单位的有关规定。

（8）当采用新结构、新材料、新工艺、新设备而出现现行定额缺项时，按规定编制的补充预算定额，也是编制施工图预算的依据。

（9）有关的文件和规定。凡与编制预算有关的中央和地方的有关文件与规定，以及在外业调查中所签订的各种协议和合同都是编制预算的重要依据。

（10）其他资料，如工具书，标准图集等。如预算员工作手册和工具书包括了计算各种结构件面积和体积的公式，钢材、木材等各种材料规格型号及用量数据，各种单位换算比例，特殊断面、结构件的工程量的速算方法、金属材料质量表等。在编制概预算工作中，有一些工程量直接计算比较烦琐也较易出错，为提高工作效率，简化计算过程，概预算人员往往需要借助以上这些辅助资料，在编制概预算时直接查用。

2．施工图预算文件的组成

预算文件是设计文件的组成部分，它是由封面、目录、编制说明及全部预算表格4个部分组成。

1）封面及目录

预算文件的封面和扉页应按《公路工程建设项目概算预算编制办法》中的规定制作，扉页的次页格式如下：

×××公路施工图预算

（K××+×××——K××+×××）

第 册 共 册

编制：（签字并加盖资格印章）
复核：（签字并加盖资格印章）
（编制单位）
年　　月

预算文件的目录应按预算表的表号顺序编排。

目　　录
（甲组文件）

（1）编制说明。

（2）项目前后阶段费用对比表见表 A.0.2-1。

（3）建设项目属性及技术经济信息表（00 表）见表 A.0.2-2。

（4）总概（预）算汇总表（01-1 表）见表 A.0.2-3。

（5）总概（预）算人工、主要材料、施工机械台班数量汇总表（02-1 表）见表 A.0.2-4。

（6）总概（预）算表（01 表）见表 A.0.2-5。

（7）人工、主要材料、施工机械台班数量汇总表（02 表）见表 A.0.2-6。

（8）建筑安装工程费计算表（03 表）见表 A.0.2-7。

（9）综合费率计算表（04 表）见表 A.0.2-8。

（10）综合费计算表（04-1 表）见表 A.0.2-9。

（11）设备费计算表（05 表）见表 A.0.2-10。

（12）专项费用计算表（06 表）见表 A.0.2-11。

（13）土地使用及拆迁补偿费计算表（07 表）见表 A.0.2-12。

（14）工程建设其他费计算表（08 表）见表 A.0.2-13.

（15）人工、材料、施工机械台班单价汇总表（09 表）见表 A.0.2-14。

2）预算编制说明

预算表格编制完成后，应写出编制说明，文字力求简明扼要。应叙述的内容一般包括以下内容。

（1）工程概况及其建设规模和范围。

（2）建设项目设计资料的依据及有关文号。

（3）采用的定额、费用标准，人工、材料、机械台班单价的依据或来源，补充定额及编制依据的详细说明。

（4）与预算有关的委托书、协议书、会谈纪要的主要内容（或将抄件附后）。

（5）总预算金额，人工、钢材、水泥、木材、沥青的总需要量情况，各设计方案的经济比较，以及编制中存在的问题。

（6）其他与预算有关但不能在表格中反映的事项。

3）预算表格

公路工程预算应按统一的预算表格计算，预算表格与初步设计概算表格完全相同，只是将表头名称中的"概算"换成"预算"。预算的人工、材料、机械台班单价，以及其他各项费用计算都应通过规定的表格反映，在完成这些表格时，应以《公路工程预算定额》为依据，按《公路工程建设项目概算预算编制办法》（JTG 3830-2018）的各项规定计算各项费用。

预算文件按不同的需要分为两组，甲组文件为各项费用计算表，乙组文件为建筑安装工程费各项基础数据计算表，只供审批使用。

（1）甲组文件
- 编制说明；
- 项目前后阶段费用对比表。

表 A.0.2-1　项目前后阶段费用对比表

建设项目名称：　　　　　　　　　　　　　　　　　　　　　　　　　　　第　页　共　页

分项编号	工程或费用名称	单位	本阶段设计概算（施工图预算）			上阶段工可估算（设计概算）			费用变化		备注
			数量	单价	金额	数量	单价	金额	金额	比例/%	
1	2	3	4	5=6÷4	6	7	8=9÷7	9	10=6-9	11=10÷9	12
			填充说明： 1. 本表反映一个建设项目的前后阶段各项费用组成。 2. 本阶段和上阶段费用均从各阶段的01-1表转入								

编制：　　　　　　　　　　　　　　　　复核：

- 建设项目属性及技术经济信息表

表 A.0.2-2　建设项目属性及技术经济信息表

建设项目：　　　　　　　编制日期：　　　　　　　　　　　　　　　00表

一	项目基本属性			
编号	名称	单位	信息	备注
001	工程所在地			
002	地形类别			平原或微丘
003	新建/改扩建			
004	公路技术等级			
005	设计速度	km/h		

续表

编号	名称	单位	信息	备注
006	路面结构			
007	路基宽度	m		
008	路线长度	公路公里		不含连接线
009	桥梁长度	km		
010	隧道长度	km		双洞长度
011	桥隧比例	%		[(9)+(10)]/(8)
012	互通式立体交叉数量	km/处		
013	支线、联络线长度	km		
014	辅道、连接线长度	km		
二	项目工程数量信息			

编号	内容	单位	数量	数量指标	备注
10202	路基挖方	1 000 m³			
10203	路基填方	1 000 m³			
10206	排水圬工	1 000 m³			包括防护、排水
10207	防护圬工	1 000 m³			
10205	特殊路基	km			
10301	沥青混凝土路面	1 000 m²			
10302	水泥混凝土路面	1 000 m²			
10401	涵洞	m			
10402	小桥	m			
10403	中桥	m			
10404	大桥	m			
10405	特大桥	m			
10501	连拱隧道				
10502	小净距隧道	m			
10503	分离式隧道	m			
10602	通道	m			
10605	分离式立体交叉	处			
10606	互通式立体交叉	处			
10703	管理养护服务房屋	m²			
10901	联络线、支线工程	km			
10902	连接线工程	km			
10903	辅道工程	km			
20101	永久征地	亩			不含取（弃）土场征地

续表

编号	内容	单位	数量	数量指标	备注
20102	临时征地	亩			
三	项目造价指标信息表				
编号	工程造价	总金额/万元	造价指标/（万元/km）	占总造价百分比/%	备注
1	建筑安装工程费		（必填）		
101	临时工程				
102	路基工程				
103	路面工程				
104	桥梁工程				
105	隧道工程				
106	交叉工程				
107	交通工程				
108	绿化及环境保护工程				
109	其他工程				
110	专项费用		（必填）		
2	土地使用及拆迁补偿费		（必填）		
3	工程建设其他费		（必填）		
4	预备费		（必填）		
5	建设期贷款利息		（必填）		
6	公路基本造价		（必填）		
四	分项造价指标信息表				
序号	名称	单位	造价指标（元）	备注	
10202	路基挖方	m³			
10203	路基填方	m³			
10206	排水圬工	m³			
10207	防护圬工	m³			
10205	特殊路基	km			
10301	沥青混凝土路面	m²			
10302	水泥混凝土路面	m²			
10401	涵洞	m			
10402	预制空心板桥	m²			
10403	预制小箱梁桥	m²			
10404	预制T梁桥	m²			
10405	现浇箱梁桥	m²			
10406	特大桥	m²			

续表

序号	名称	单位	造价指标（元）	备注
10501	连拱隧道	m		
10502	小净距隧道	m		
10503	分离式隧道	m		
10602	通道	m		
10605	分离式立体交叉	处		
10606	互通式立体交叉	处		
10701	交通安全设施	km		
10702	机电及设备安装工程	km		
10707	管理养护服务房屋	m²		含土建和安装，不含外场
10901	联络线、支线工程	km		
10902	连接线工程	km		
10903	辅道工程	km		
20101	永久征地	亩		
20102	临时征地	亩		
20201	拆迁补偿	km		
30101	建设单位管理费	km		
30103	工程监理费	km		
30301	建设项目前期工作费	km		
五	主要材料单价信息表			
编号	名称	单位	单价（元）	备注
1001001	人工	工日		
2001002	HRB400 钢筋	t		
3001001	石油沥青	t		
5503005	中（粗）砂	m³		
5505016	碎石（4 cm）	m³		
5509002	42.5 级水泥	t		

编制： 　　　　　　　复核：

- 总概（预）算汇总表（01-1表）

表 A.0.2-3　总概（预）算汇总表

建设项目名称：　　　　　　　　　　　　　　　　　　　　　　　　第　页　共　页　01-1表

分项编号	工程或费用名称	单位	总数量	数量	金额/元	技术经济指标	数量	金额/元	技术经济指标	数量	金额/元	技术经济指标	总金额/元	全路段技术经济指标	各项费用比例/%
				填表说明： 1. 当一个建设项目分若干单项工程编制概（预）算时，应通过本表汇总全部建设项目概（预）算金额。 2. 本表反映一个建设项目的各项费用组成、概（预）算总值和技术经济指标。 3. 本表分项编号、工程或费用名称、单位、总数量、概（预）算金额应由各单项或单位工程总概（预）算表（01表）转来，部分、项、子项应保留，其他可视需要增减。 4. "全路段技术经济指标"以各项金额汇总合计除以相应总数量计算；"各项费用比例"以汇总的各项目公路工程造价除以公路基本造价合计计算										

编制：　　　　　　　　　　　　复核：

- 总概（预）算人工、主要材料、施工机械台班数量汇总表（02-1表）
- 总概（预）算表（01表）
- 人工、主要材料、施工机械台班数量汇总表（02表）
- 建筑安装工程费计算表（03表）
- 综合费率计算表（04表）
- 综合费计算表（04-1表）
- 设备费计算表（05表）

表 A.0.2-4　总概（预）算人工、主要材料、施工机械台班数量汇总表

建设项目名称：　　　　　　　　　　　　　　　　　　　　　　　　　第　页　共　页　02-1表

代号	规格名称	单位	总数量	编制范围					

填表说明：
1. 当一个建设项目分若干个单项工程编制概（预）算时，应通过本表汇总全部建设项目的人工、主要材料与设备、施工机械台班数量。
2. 本表各栏数据均由各单项或单位工程概（预）算中的人工、主要材料、施工机械台班数量汇总表（02表）转来，编制范围指单项或单位工程

编制：　　　　　　　　　　复核：

表 A.0.2-5　总概（预）算表

建设项目名称：
编制范围：　　　　　　　　　　　　　　　　　　　　　　　　　　　第　页　共　页　01表

分项编号	工程或费用名称	单位	数量	金额/元	技术经济指标	各项费用比例/%	备注

填表说明：
1. 本表反映一个单项或单位工程的各项费用组成、概（预）算金额、技术经济指标、各项费用比例(%)等。
2. 本表"分项编号""工程或费用名称""单位"等应按概预算项目表的编号及内容填写。
3. "数量""金额"由专项费用计算表(06表)、建筑安装工程费计算表(03表)、土地使用及拆迁补偿费计算表(07表)、工程建设其他费计算表(08表)转来。
4. "技术经济指标"以各项目金额除以相应数量计算；"各项费用比例"以各项金额除以公路基本造价计算

编制：　　　　　　　　　　复核：

第6章 施工图预算

表 A.0.2-6 人工、主要材料、施工机械台班数量汇总表

建设项目名称：
编制范围：　　　　　　　　　　　　　　　　　　　　　　　　　　第　页　共　页　02表

代号	规格名称	单位	单价/元	总数量	分项统计			场外运输损耗	
								%	数量

填表说明：
本表各栏数据由人工、材料、施工机械台班单价汇总表（09表）及分项工程概（预）算表（21-2表）、辅助生产人工、材料、施工机械台班单位数量表（25表）经分析计算后统计而来

编制：　　　　　　　　　　　复核：

表 A.0.2-7 建筑安装工程费计算表

建设项目名称：
编制范围：　　　　　　　　　　　　　　　　　　　　　　　　　　第　页　共　页　03表

序号	分项编号	工程名称	单位	工程量	定额直接费/元	定额设备购置费/元	直接费/元				设备购置费	措施费	企业管理费	规费	利润/元		税金/元		金额合计/元	
							人工费	材料费	施工机械使用费	合计					费率/%		税率/%		合计	单价
1	2	3	4	5	6	7	8	9	10	11	12	13	14	15	16		17		18	19

填表说明：
1. 本表各栏数据由05表、06表、21-2表经计算转来。
2. 本表中除列出具体分项外，还应列出子项（如临时工程、路基工程、路面工程……），并将子项下的具体分项的费用进行汇总

	110	专项费用																		
	11001	施工场地建设费	元																	
	11002	安全生产费	元																	
		合计																		

编制：　　　　　　　　　　　复核：

表 A.0.2-8 综合费率计算表

建设项目名称：
建设项目范围：
编制：

第 页 共 页
04 表

序号	工程类别	措施费/%									综合费率		企业管理费/%						规费/%				综合费率
		冬季施工增加费	雨季施工增加费	夜间施工增加费	高原地区施工增加费	风沙地区施工增加费	沿海地区施工增加费	行车干扰施工增加费	施工辅助费	工地转移费	Ⅰ	Ⅱ	基本费用	主副食运费补贴	职工探亲路费	职工取暖补贴	财务费用	综合费率	养老保险费	失业保险费	医疗保险费	工伤保险费	住房公积金	
1	2	3	4	5	6	7	8	9	10	11	12	13	14	15	16	17	18	19	20	21	22	23	24	25

填表说明：
本表应根据建设项目具体情况，按概（预）算编制办法有关规定填入数据计算。
其中：12＝3+4+5+6+7+8+9+11；13＝10；19＝14+15+16+17+18；25＝20+21+22+23+24。

编制：   复核：

表 A.0.2-9 综合费计算表

建设项目名称：
建设项目范围：
编制范围：

第 页 共 页 04-1表

序号	工程名称	措施费									综合费用		企业管理费						规费				
		冬季施工增加费	雨季施工增加费	夜间施工增加费	高原地区施工增加费	风沙地区施工增加费	沿海地区施工增加费	行车干扰施工增加费	施工辅助费	工地转移费	I	II	基本费用	主副食运费补贴	职工探亲路费	职工取暖补贴	财务费用	综合费用	养老保险费	失业保险费	医疗保险费	工伤保险费	住房公积金	综合费用
1	2	3	4	5	6	7	8	9	10	11	12	13	14	15	16	17	18	19	20	21	22	23	24	25

填表说明：
本表应根据新建设项目具体分项工程，按投资估算编制办法规定的计算方法分别计算各项费用。
其中：12＝3+4+5+6+7+8+9+11；13＝10；19＝14+15+16+17+18；25＝20+21+22+23+24。

编制：　　　　　　　　　　　　　　　　　　　　复核：

表 A.0.2-10　设备费计算表

建设项目名称：
编制范围：　　　　　　　　　　　　　　　　　　　　　　　　　　　第　页　共　页　05 表

代号	设备名称	规格型号	单位	数量	基价	定额设备购置费/元	单价/元	设备购置费/元	税金/元	定额设备费/元	设备费/元
		填表说明：本表应根据具体的设备购置清单进行计算，包括设备规格、单位、数量、设备基价、定额设备购置费、设备预算单价、税金及定额设备费和设备费。设备购置费不计取措施费有企业管理费									
合计											

编制：　　　　　　　　　　　　　　　　复核：

- 专项费用计算表（06 表）

表 A.0.2-11　专项费用计算表

建设项目名称：
编制范围：　　　　　　　　　　　　　　　　　　　　　　　　　　　第　页　共　页　06 表

序号	工程或费用名称	说明及计算式	金额/元	备注
		填表说明： 　本表应依据项目按本办法规定的专项费用项目填写，在说明及计算式栏内填写需要说明的内容及计算式		

编制：　　　　　　　　　　　　　　　　复核：

- 土地使用及拆迁补偿费计算表（07 表）

第6章 施工图预算

表 A.0.2-12　土地使用及拆迁补偿费计算表

建设项目名称：
编制范围：　　　　　　　　　　　　　　　　　　　　　　　第　页　共　页　07表

序号	费用名称	单位	数量	单价/元	金额/元	说明及计算式	备注
					填表说明： 　　本表按规定填写单位、数量、单价和金额；说明及计算式中应定明标准及计算式；子项下边有分项的，可以按顺序依次往下编号		

编制：　　　　　　　　　　　复核：

● 工程建设其他费计算表（08表）

表 A.0.2-13　工程建设其他费计算表

建设项目名称：
编制范围：　　　　　　　　　　　　　　　　　　　　　　　第　页　共　页　08表

序号	费用名称及项目	说明及计算式	金额/元	备注
	填表说明： 　　本表应按具体发生的其他费用项目填写，需要说明和具体计算的费用项目依次相应在说明及计算式栏内填写或具体计算，各项费用具体填写如下： 　　1. 建设项目管理费包括建设单位（业主）管理费、建设项目信息化费、工程监理费、设计文件审查费、竣（交）工验收试验检测费，按编办规定的计算基数、费率、方法或有关规定列式计算。 　　2. 研究试验费应根据设计需要进行研究试验的项目分别填写项目名称及金额或列式计算或进行说明。 　　3. 建设项目前期工作费按编办规定的计算基数、费率、方法计算。 　　4. 专项评价（估）费、联合试运转费、生产准备费、工程保通管理费、工程保险费、预备费、建设期贷款利息等其他费用根据本编办规定或国家有关规定依次类推计算			

编制：　　　　　　　　　　　复核：

- 人工、材料、施工机械台班单价汇总表（09表）

表 A.0.2-14 人工、材料、施工机械台班单价汇总表

建设项目名称：
编制范围：   第 页 共 页 09表

序号	名称	单位	代号	预算单价/元	备注	序号	名称	单位	代号	预算单价/元	备注
						填表说明： 本表预算单价主要由材料预算单价计算表（22表）和施工机械台班单价计算表（24表）转来					

编制：   复核：

目录
（乙组文件）

（1）分项工程概（预）算计算数据表（21-1表）见表 A.0.3-1。
（2）分项工程概（预）算表（21-2表）见表 A.0.3-2。
（3）材料预算单价计算表（22表）见表 A.0.3-3。
（4）自采材料料场价格计算表（23-1表）见表 A.0.3-4。
（5）材料自办运输单位运费计算表（23-2表）见表 A.0.3-5。
（6）施工机械台班单价计算表（24表）见表 A.0.3-6。
（7）辅助生产人工、材料、施工机械台班单位数量表（25表）见表 A.0.3-7。

- 分项工程概（预）算计算数据表（21-1表）
- 分项工程概（预）算表（21-2表）

第6章 施工图预算

表 A.0.3-1 分项工程概（预）算计算数据表

建设项目名称：

编制范围： 　　标准定额库版本号： 　　校验码： 　　第 页 共 页 21-1表

分项编号/定额代号/工料机代号	项目、定额或工料机的名称	单位	数量	输入单价	输入金额	分项组价类型或定额子目取费类别	定额调整情况或分项算式

填表说明：
1. 本表应逐行从左到右横向逐栏填写。
2. "分项编号""定额""工料机"等的代号应根据实际需要按本办法附录B概预算项目表及现行《公路工程概算定额》（JTG/T 3831—2018）、《公路工程预算定额》（JTG/T 3832—2018）的相关内容填写。
3. 本表主要是为利用计算机软件编制概算、预算提供分项组价基础数据，列明工程项目全部计算分项的组价参数；分项组价类型包括：输入单价、输入金额、算式列表、费用列表和定额组价五类；定额调整情况分配合比调整、钢筋调整、抽换、乘系数、综合调整等，非标准补充定额列出其工料机及其消耗量；具体填表规则由软件用户手册详细制定。
4. 标准定额库版本号由公路工程造价依据信息平台和最新的标准定额库一起发布，造价软件接收后直接输出。
5. 校验码由定额库版本号加密生成，由公路工程造价依据信息平台与定额库版本号同时发布，造价软件直接输出，为便于校验，造价软件可按条形码形式输出

编制： 　　　　　　　　　复核：

表 A.0.3-2 分项工程概（预）算表

编制范围：

分项编号： 　工程名称： 　单位： 　数量： 　单价： 　第 页 共 页 21-2表

代号	工程项目			定额	数量	金额/元	定额	数量	金额/元	定额	数量	金额/元	数量	金额/元
	工程细目												合计	
	定额单位													
	工程数量													
	定额表号													
	工、料、机名称	单位	单价/元											
1	人工	工日												
2	……			填表说明： 1. 本表按具体分项工程项目数量、对应概（预）算定额子目填写，单位由09表转来，金额 = $\sum$ 工、料、机各项的单价×定额×数量。 2. 措施费、企业管理费按相应项目的定额人工费与定额施工机械使用费之和或定额直接费×规定费率计算。 3. 规费按相应项目的人工费×规定费率计算。 4. 利润按相应项目的(定额直接费+措施费+企业管理费)×利润率计算。 5. 税金按相应项目的(直接费+措施费+企业管理费+规费+利润)×税率计算。 6. 措施费、企业管理费、规费、利润、税金对应定额列填入相应的计算基数，数量列填入相应的费率											
	直接费	元												
	措施费	I	元											
		II	元											

续表

企业管理费	元		%		%		%	
规费	元		%		%		%	
利润	元		%		%		%	
税金	元		%		%		%	
金额合计	元							

编制：　　　　　　　　　　　　复核：

- 材料预算单价计算表（22表）

表 A.0.3-3　材料预算单价计算表

建设项目名称：
编制范围：　　　　　　　　　　　　　　　　　　　　　　　　　　　第　页　共　页　22表

代号	规格名称	单位	原价/元	运杂费					原价运费合计/元	场外运输损耗		采购及保管费		预算单价/元
				供应地点	运输方式比重及运距	毛质量系数或单位毛质量	运杂费构成说明或计算式	单位运费/元		费率/%	金额/元	费率/%	金额/元	
					填表说明： 1. 本表计算各种材料自供应地点或料场至工地的全部运杂费与材料原价及其他费用组成预算单价。 2. 运输方式按火车、汽车、船舶等及所占运输比重填写。 3. 毛质量系数、场外运输损耗、采购及保管费按规定填写。 4. 根据材料供应地点、运输方式、运输单价、毛质量系数等，通过运杂费构成说明或计算式，计算得出材料单位运费。 5. 材料原价与单位运费、场外运输损耗、采购及保管费组成材料预算单价								

编制：　　　　　　　　　　　　复核：

- 自采材料料场价格计算表（23-1表）

第6章 施工图预算

表 A.0.3-4　自采材料料场价格计算表

编制范围：
自采材料名称：　　　单位：　　　数量：　　　料场价格：　　　第　页　共　页　23-1表

代号	工、料、机名称	工程项目										合计	
		工程细目											
		定额单位											
		工程数量											
		定额表号											
		单位	单价/元	定额	数量	金额/元	定额	数量	金额/元	定额	数量	金额/元	数量	金额/元
				填表说明： 1. 本表主要用于分析计算自采材料料场价格，应将选用的定额人工、材料、施工机械台班数量全部列出，包括相应的工、料、机单价。 2. 当材料规格用途相同而生产方式（如人工捶碎石、机械轧碎石）不同时，应分别计算单价，再以各种生产方式所占比重根据合计价格加权平均计算料场价格。 3. 当定额中施工机械台班有调整系数时，应在本表内计算。 4. 辅助生产间接费、高原取费对应定额列填入相应的计算基数，数量列填入相应的费率											
	直接费	元											
	辅助生产间接费	元			%			%			%			
	高原取费	元			%			%			%			
	金额合计	元											

编制：　　　　　　　　　　　　复核：

● 材料自办运输单位运费计算表（23-2表）

表 A.0.3-5　材料自办运输单位运费计算表

编制范围：
自采材料名称：　　　单位：　　　数量：　　　单位运费：　　　第　页　共　页　23-2表

代号	工、料、机名称	工程项目										合计	
		工程细目											
		定额单位											
		工程数量											
		定额表号											
		单位	单价/元	定额	数量	金额/元	定额	数量	金额/元	定额	数量	金额/元	数量	金额/元

续表

工、料、机名称	单位	单价/元	定额	数量	金额/元	定额	数量	金额/元	定额	数量	金额/元	数量	金额/元
		填表说明： 1. 本表主要用于分析计算材料自办运输单位运费，应将选用的定额人工、材料、施工机械台班数量全部列出，包括相应的工、料、机单价。 2. 当材料运输地点或运输方式不同时，应分别计算单价，再按所占比重加权平均计算材料运输价格。 3. 当定额中施工机械台班有调整系数时，应在本表内计算。 4. 辅助生产间接费、高原取费对应定额列填入相应的计算基数，数量列填入相应的费率											
直接费	元												
辅助生产间接费	元				%			%			%		
高原取费	元				%			%			%		
金额合计	元												

编制：　　　　　　　　　　　　　复核：

- 施工机械台班单价计算表（24表）

表 A.0.3-6　施工机械台班单价计算表

建设项目名称：
编制范围：　　　　　　　　　　　　　　　　　　　　　　　　第　页　共　页　24表

序号	代号	规格名称	台班单价/元	不变费用/元		可变费用/元										车船税	合计
				调整系数：		人工 (元/工日)		汽油： (元/kg)		柴油： (元/kg)							
				定额	调整值	定额	金额	定额	金额	定额	金额	定额	金额	定额	金额		
				填表说明： 1. 本表应根据公路工程机械台班费用定额进行计算。不变费用如有调整系数应填入调整值；可变费用各栏填入定额数量。 2. 人工、动力燃料的单价由材料预算单价计算表（22表）中转来													

续表

序号	代号	规格名称	台班单价/元	不变费用/元		可变费用/元										车船税	合计
				调整系数:		人工:(元/工日)		汽油:(元/kg)		柴油:(元/kg)							
				定额	调整值	定额	金额	定额	金额	定额	金额	定额	金额	定额	金额		

编制：　　　　　　　　　　　　　　　　　复核：

- 辅助生产人工、材料、施工机械台班单位数量表（25表）

表 A.0.3-7　辅助生产人工、材料、施工机械台班单位数量表

建设项目名称：
编制范围：　　　　　　　　　　　　　　　　　　　　　　　　　第　页　共　页　25表

序号	规格名称	单位	人工/工日				

填表说明：
本表各栏数据由自采材料场价格计算表（23-1表）和材料自办运输单位运费计算表（23-2表）统计而来

编制：　　　　　　　　　　　　　　　　　复核：

各表格之间的计算顺序和相互关系如图 6-5 所示。

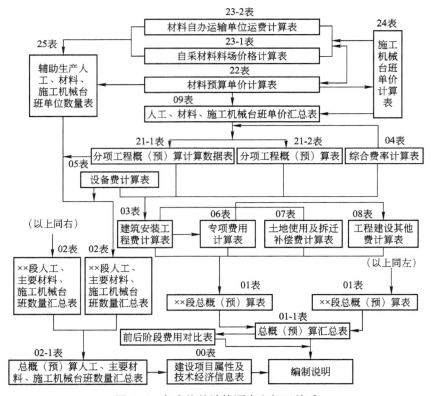

图 6-5 各表格的计算顺序和相互关系

3. 施工图预算的编制步骤

1) 列项

列项是根据工程设计的内容，按"概算预算项目表"（见附录 D）的要求，将一个复杂的建设项目分解成若干个分项工程，并以项、目、节的顺序依次列出。然后按定额项目表的要求，将分项后的每一个工程与相应的定额编号一一对应。列项是一项非常重要的基础工作，编制人员不仅要精通工程项目的全部设计内容，而且要有科学、严谨的工作态度，既不能漏列、重列，更不能巧立名目。最后将所列项目填入 21-1，21-2 表。

2) 初编 23-1 和 23-2 表

23-1、23-2 表是"自采材料料场价格计算表"和"材料自办运输单位运费计算表"。根据自采材料的规格名称、相应的定额表号及所消耗的外购材料名称、定额值等填入相应栏内。

3) 编制 22 表

22 表是"材料预算单价计算表"，根据各种材料，将其名称、来源及运输方式等填入相应的栏内。填表时应按照材料代号的顺序依次进行登记、计算材料的预算单价。

4) 编制 24 表

24 表是"施工机械台班单价计算表"。在编制时应根据机械名称，按《施工机械台班费用定额》的内容及 22 表中相应的材料预算单价填入相应栏内，并按代号的顺序依次登记，计算施工机械台班费用定额。

5) 编制 09 表

09 表是"人工、材料、机械台班单价汇总表"。将人工单价、22 表中材料预算单价、

24 表中机械台班单价，按人工、材料、机械的代号顺序依次汇总于 09 表中。

6）编制 04 表

04 表是"综合费率计算表"。在编制时，应根据工程所处的自然环境、施工条件等具体情况，按工程类别的顺序依次计算各项费率。

7）编制 05 表

05 表是"设备费计算表"。在编制时，应根据工程实际购买的设备、工具、器具计算各项费用。

8）编制 21-1 和 21-2 表

在完成 09 表、04 表的计算后，21-1、21-2 表中的人、料、机单价及各项费率均为已知，这样 21-1 和 21-2 表的计算即可完成了。

9）编制 06 表

06 表是"专项费用计算表"。将建设项目中所发生的其他费用，按照《公路工程建设项目概算预算编制办法》中的费用内容和外业调查资料，包括协议书、委托书、合同等编制各项费用。此外，预备费及回收金额的计算也在该表进行。

10）编制 03 表

03 表是"建筑安装工程费计算表"。在编制时，将 21-1 和 21-2 表中各分项工程的直接费、措施费、企业管理费及规费等各项费用填入相应栏内，并在表中计算相应的计划利润和税金，最后核算各分项工程的建筑安装工程费。

11）编制 01 表及 01-1 表

01 表是"总概（预）算表"。根据"概算预算项目表"的格式，将工程项目中实际发生的费用，按项、目、节的顺序填入相应栏内。当实际出现的工程费用与项目表的内容不完全相符时，"部分"和"项"的序号保留不变，"目"和"节"的序号可以根据需要增减，即按实际出现的"目""节"依次排列。然后根据工程数量和概、预算金额，计算技术经济指标及各项费用比重。

01-1 表为"总概（预）算汇总表"。根据建设项目的的要求，当分段或分部分编制 01 表时，应将各分段（或分部）01 表汇总到 01-1 表中。根据 01 表或 01-1 表中提供的预算总金额，各单位工程或分项工程的费用比值和各项技术经济指标，可以从经济角度对设计是否合理予以评价，并找出挖潜措施。

12）编制 25 表

25 表为"辅助生产人工、材料、施工机械台班单位数量表"。将 23-1 和 23-2 表中所列的各自采材料规格名称及其他辅助生产项目列入"规格名称"栏内，将每生产单位合格产品所消耗的各种资源及定额值列入表中，供 02 表计算辅助生产人工、材料、施工机械台班数量备用。

13）编制 02 表及 02-1 表

02 表是"人工、主要材料、施工机械台班数量汇总表"。将工程项目中所消耗的人工、主要材料、施工机械台班等规格名称按代号的顺序列入"规格名称"栏内。然后以"项"为单位，分别统计各实物的消耗量及总数量。

02-1 表为"总概（预）算人工、主要材料、施工机械台班数量汇总表"。当分段编制概、预算时，应将各段的 02 表汇总到 02-1 表中。

14）编制 00 表，建设项目属性及技术经济信息表

15）编制说明

6.4 公路工程施工图预算编制示例

1. 基本资料

公路为二级公路改建，标段为 K0+000~K5+000 段，路基宽 24 m，工程所在地：山东青岛市。

2. 编制依据

(1)《公路工程建设项目概算预算编制办法》（JTG 3830—2018）；

(2)《公路工程预算定额》（JTG/T 3832—2018）；

(3)《公路工程机械台班费用定额》（JTG/T 3833—2018）；

(4)《山东省公路工程建设项目投资估算概算预算编制补充规定》（鲁交建管〔2019〕25 号）。

3. 项目属性

表 6-4~表 6-7 分别为项目属性表、项目费率取定表、工程项目表、原始数据及定额套用表。

表 6-4　项目属性表

单位工程名称：青岛二级公路改建	编制范围：K0+000~K5+000
所属建设项目：青岛市二级公路改建项目	建设单位：青岛×××交通投资集团
工程地点：青岛	公路等级：二级公路
路线或桥梁长度/km：5	路基或桥梁宽度/m：24
计划利润率：6.68%	增值税税率 9%

表 6-5　项目费率取定表

工程所在地	山东	费率标准	山东二级公路费率标准（2008）
冬季施工	冬一区	雨季施工	二区 3 个月
夜间施工	不计	高原施工	不计
风沙施工	不计	沿海地区	计（注：平度、莱西不计）
行车干扰	不计	安全施工	计
临时设施	计	施工辅助	计
工地转移/km	50	养老保险/%	20
失业保险/%	2	医疗保险/%	7
住房公积金%	12	工伤保险/%	1
基本费用	计	综合里程/km	4
职工探亲	不计	职工取暖	不计
财务费用	计		

第6章 施工图预算

表6-6 工程项目表

项	目	节	项目名称	单位	数量
101			临时工程	公路公里	5.000
	10101		临时道路	km	5.000
		1010101	临时便道（修建、拆除与维护）	km	5.000
	10104		临时供电设施	总额	1.000
102			路基工程	km	4.950
	LJ02		路基挖方	m^3	50 000.000
		LJ0201	挖土方	m^3	50 000.000
		LJ0203	外购土方	m^3	58 000.000
			外购土方	m^3	58 000.000
	LJ07		路基防护与加固工程	km	5.000
		LJ0701	一般边坡防护与加固	km	5.000
103			路面工程	km	5.000
	LM02		水泥混凝土路面	m^2	76 000.000
		LM0203	路面基层	m^2	76 000.000
		LM0205	水泥混凝土面层	m^2	70 000.000
110			专项费用	元	1.000
	11 001		施工场地建设费	元	1.000
	11 002		安全生产费	元	1.000
2			第二部分 土地使用及拆迁补偿费	公路公里	5.000
3			第三部分 工程建设其他费	公路公里	5.000
301			建设项目管理费	公路公里	5.000
30101			建设单位（业主）管理费	公路公里	5.000
30102			建设项目信息化费	公路公里	5.000
30103			工程监理费	公路公里	5.000
30104			设计文件审查费	公路公里	5.000
30105			竣（交）工验收试验检测费	公路公里	5.000
302			研究试验费	公路公里	5.000
303			建设项目前期工作费	公路公里	5.000
304			专项评价（估）费	公路公里	5.000
305			联合试运转费	公路公里	5.000

续表

项	目	节	项目名称	单位	数量
306			生产准备费	公路公里	5.000
30601			工器具购置费	公路公里	5.000
30602			办公和生活用家具购置费	公路公里	5.000
307			工程保通管理费	公路公里	5.000
308			工程保险费	公路公里	5.000
309			其他相关费用	公路公里	5.000
4			第四部分 预备费	公路公里	5.000
401			基本预备费	公路公里	5.000
5			第一至四部分合计	公路公里	5.000
6			建设期贷款利息	公路公里	5.000
7			公路基本造价	公路公里	5.000

表 6-7 原始数据及定额套用表

建设项目名称：××二级公路改建工程
编制范围：K0+000～K5+000

编号	名称	单位	工程量	费率编号	备注
1	第一部分 建筑安装工程费	公路公里	5.000		
101	临时工程	公路公里	5.000		
10101	临时道路	km	5.000		
1010101	临时便道（修建、拆除与维护）	km	5.000		
7-1-1-1	汽车便道路基宽 7 m（平原微丘区）	1 km	5.000	4	
7-1-1-7	汽车便道养护路基宽 7 m	1 km·月	60.000	4	
10104	临时供电设施	总额	1.000		
7-1-5-1 改	架设输电线路	100 m	10.000	6	7901001 量 2 920.6
102	路基工程	km	4.950		
LJ02	路基挖方	m^3	50 000.000		
LJ0201	挖土方	m^3	50 000.000		
1-1-9-8	2.0 m^3 以内挖掘机挖装普通土	1 000 m^3 天然密实方	50.000	1	
1-1-11-9 改	15 t 以内自卸汽车运土 5.2 km	1 000 m^3 天然密实方	50.000	3	+10×8

续表

编号	名称	单位	工程量	费率编号	备注
1-1-18-9	二级公路填方路基15 t以内振动压路机碾压土方	1 000 m³压实方	50.000	1	
LJ0203	外购土方	m³	58 000.000		
	外购土方	m³	58 000.000		单价：3.00
LJ07	路基防护与加固工程	km	5.000		
LJ0701	一般边坡防护与加固	km	5.000		
LJ070101	坡面圬工防护	m³	15 000.000		
LJ07010101	浆砌片石护坡	m³	15 000.000		
1-4-11-2	浆砌片石护坡（坡高10 m以内）	10m³ 实体	1 500.000	6	
103	路面工程	km	5.000		
LM02	水泥混凝土路面	m²	76 000.000		
LM0203	路面基层	m²	76 000.000		
LM020302	水泥稳定类基层	m²	76 000.000		
LM02030201	厚360 mm 4%水泥稳定碎石基层	m²	76 000.000		
2-1-7-5 改	厂拌厚36 cm碎石水泥（96∶4）	1 000 m²	76.000	4	+6×16；8003011换8003010；96∶4
2-1-8-7 改	15 t以内自卸车运4 km	1 000 m³	27.360	3	+8×6
2-1-9-7 改	7.5 m以内摊铺机铺筑基层	1 000 m²	76.000	4	拖平摊压机×2，人工+1.5
LM0205	水泥混凝土面层	m²	70 000.000		
LM020501	水泥混凝土	m²	70 000.000		
LM02050101	厚240 mm	m²	70 000.000		
2-2-17-3 改	轨道摊铺机铺筑混凝土路面厚度24 cm	1 000 m²路面	70.000	17	+4×4，普C30-32.5-4，-244.8，1503034量0，添1511009量244.8
2-2-17-15	水泥混凝土路面钢筋	1 t	1.000	18	
110	专项费用	元	1.000		
11001	施工场地建设费	元	1.000		{施工场地建设费}
11002	安全生产费	元	1.000		{建安费（安全生产费专用，含施工场地建设费）}×1.5%
2	第二部分 土地使用及拆迁补偿费	公路公里	5.000		

续表

编号	名称	单位	工程量	费率编号	备注
3	第三部分 工程建设其他费	公路公里	5.000		
301	建设项目管理费	公路公里	5.000		
30101	建设单位（业主）管理费	公路公里	5.000		{建设单位（业主）管理费}
30102	建设项目信息化费	公路公里	5.000		{建设项目信息化费}
30103	工程监理费	公路公里	5.000		{工程监理费}
30104	设计文件审查费	公路公里	5.000		{设计文件审查费}
30105	竣（交）工验收试验检测费	公路公里	5.000		11550×5
302	研究试验费	公路公里	5.000		
303	建设项目前期工作费	公路公里	5.000		{建设项目前期工作费}
304	专项评价（估）费	公路公里	5.000		
305	联合试运转费	公路公里	5.000		{联合试运转费}
306	生产准备费	公路公里	5.000		
30601	工器具购置费	公路公里	5.000		5800×5×0.8
30602	办公和生活用家具购置费	公路公里	5.000		5 800×5×0.2
307	工程保通管理费	公路公里	5.000		
308	工程保险费	公路公里	5.000		{建安费（不含设备费）}×0.4%
309	其他相关费用	公路公里	5.000		
4	第四部分 预备费	公路公里	5.000		
401	基本预备费	公路公里	5.000		{一、二、三部分合计}×3%
6	建设期贷款利息	公路公里	5.000		{建设期贷款利息}
7	公路基本造价	公路公里	5.000		{第一至四部分合计}+{建设期贷款利息}

4. 施工图预算成果。

施工图预算部分成果见表6-8~表6-12。

表6-8 总预算表

建设项目名称：××二级公路改建工程
编制范围：K0+000~K5+000

01表

项	目	节	细目	工程或费用名称	单位	数量	金额/元	技术经济指标	各项费用比例/%	备注
				第一部分 建筑安装工程费	公路公里	5.000	24 161 595	4 832 319.00	80.71	
101				临时工程	公路公里	5.000	347 763	69 552.60	1.16	
	10101			临时道路	km	5.000	236 030	47 206.00	0.79	
			1010101	临时便道（修建、拆除与维护）	km	5.000	236 030	47 206.00	0.79	
	10104			临时供电设施	总额	1.000	111 733	111 733.00	0.37	
102				路基工程	km	4.950	7 569 733	1 529 238.99	25.29	
	LJ02			路基挖方	m³	50 000.000	1 174 068	23.48	3.92	
		LJ0201		挖土方	m³	50 000.000	971 739	19.43	3.25	
		LJ0203		外购土方	m³	58 000.000	202 329	3.49	0.68	
	LJ07			路基防护与加固工程	km	5.000	6 395 665	1 279 133.00	21.37	
		LJ0701		一般边坡防护与加固	km	5.000	6 395 665	1 279 133.00	21.37	
			LJ070101	坡面污工防护	m³	15 000.000	6 395 665	426.38	21.37	
			LJ07010101	浆砌片石护坡	m³	15 000.000	6 395 665	426.38	21.37	
103				路面工程	km	5.000	15 144 535	3 028 907.00	50.59	
	LM02			水泥混凝土路面	m²	76 000.000	15 144 535	199.27	50.59	
		LM0203		路面基层	m²	76 000.000	5 463 221	71.88	18.25	
			LM020302	水泥稳定类基层	m²	76 000.000	5 463 221	71.88	18.25	
			LM02030201	厚360 mm4%水泥稳定碎石基层	m²	76 000.000	5 463 221	71.88	18.25	
		LM0205		水泥混凝土面层	m²	70 000.000	9 681 314	138.30	32.34	
			LM020501	水泥混凝土	m²	70 000.000	9 681 314	138.30	32.34	
			LM02050101	厚240 mm	m²	70 000.000	9 681 314	138.30	32.34	
110				专项费用	元	1.000	1 099 564	1 099 564.00	3.67	
	11001			施工场地建设费	元	1.000	742 496	742 496.00	2.48	742496
	11002			安全生产费	元	1.000	357 068	357 068.00	1.19	2380 4527×1.5%

续表

项	目	节	细目	工程或费用名称	单位	数量	金额/元	技术经济指标	各项费用比例/%	备注
				第二部分 土地使用及拆迁补偿费	公路公里	5.000				
301				第三部分 工程建设其他费	公路公里	5.000	2 706 236	541 247.20	9.04	
				建设项目管理费	公路公里	5.000	1 436 351	287 270.20	4.80	
	30101			建设单位（业主）管理费	公路公里	5.000	769 339	153 867.80	2.57	769 339
	30102			建设项目信息化费	公路公里	5.000	91807	18361.40	0.31	91 807
	30103			工程监理费	公路公里	5.000	501 275	100 255.00	1.67	501 275
	30104			设计文件审查费	公路公里	5.000	16180	3236.00	0.05	16 180
	30105			竣（交）工验收试验检测费	公路公里	5.000	57 750	11 550.00	0.19	11 550×5
302				研究试验费	公路公里	5.000	10 000	2 000.00	0.03	
303				建设项目前期工作费	公路公里	5.000	565 834	113 166.80	1.89	565 834
304				专项评价（估）费	公路公里	5.000	500 000	100 000.00	1.67	
305				联合试运转费	公路公里	5.000	8 405	1 681.00	0.03	8 405
306				生产准备费	公路公里	5.000	29 000	5 800.00	0.10	
	30601			工器具购置费	公路公里	5.000	23 200	4 640.00	0.08	5 800×5×0.8
	30602			办公和生活用家具购置费	公路公里	5.000	5 800	1 160.00	0.02	5 800×5×0.2
307				工程保通管理费	公路公里	5.000	50 000	10 000.00	0.17	
308				工程保险费	公路公里	5.000	96 646	19 329.20	0.32	24 161 595×0.4%
309				其他相关费用	公路公里	5.000	10 000	2 000.00	0.03	
401				第四部分 预备费	公路公里	5.000	806 035	161 207.00	2.69	
				基本预备费	公路公里	5.000	806 035	161 207.00	2.69	26 867 831×3%
				第一至四部分合计	公路公里	5.000	27 673 866	5 534 773.20	92.45	24 161 595+0+ 2 706 236+806 035
				建设期贷款利息	公路公里	5.000	2 261 135	452 227.00	7.55	
				公路基本造价	公路公里	5.000	29 935 001	5 987 000.20	100.00	27 673 866+ 2 261 135+0

表 6-9 人工、主要材料、施工机械台班数量汇总表

建设项目名称：××二级公路改建工程
编制范围：K0+000~K5+000

表 02

代号	规格名称	单位	单价/元	总数量	分项统计			辅助生产	场外运输损耗	
					临时工程	路基工程	路面工程		%	数量
1001001	人工	工日	97.22	17 872.200	288.000	11 810.000	5 774.200			
1051001	机械工	工日	97.22	3 058.478	219.320	1 299.500	1 539.658			
1511009	普 C30-32.5-2（商）	m³	420.00	17 136.000			17 136.000			
2001001	HPB300 钢筋	t	3 333.33	0.229			0.229			
2001002	HRB400 钢筋	t	3 247.86	1.006			1.006			
2001021	8~12 号铁丝	kg	4.36	42.000	42.000					
2001022	20~22 号铁丝	kg	4.79	5.100			5.100			
2003004	型钢	t	3 504.27	0.220	0.150		0.070			
2003005	钢板	t	3 547.01	0.500	0.500					
2009028	铁件	kg	4.53	115.000	115.000					
3001001	石油沥青	t	4 529.91	8.050			8.050			
3003003	柴油	kg	7.90	104 987.170	5 186.246	58 195.430	41 605.494		1.00	0.017
3005001	煤	t	561.95	1.697			1.680			
3005002	电	kW·h	0.85	40 022.082		4 839.750	35 182.332			
3005004	水	m³	2.72	30 004.000		24 000.000	6 004.000			
4003002	锯材	m³	1 504.42	4.200			4.200			
5503005	中（粗）砂	m³	87.38	6 242.250		6 090.000			2.50	152.250
5503009	天然级配	m³	60.19	1 090.800	1 080.000				1.00	10.800
5505005	片石	m³	153.91	17 250.000		17 250.000				
5505013	碎石（4 cm）	m³	86.41	1.131			1.120		1.00	0.011
5505016	碎石	t	75.73	41 434.511			41 024.268		1.00	410.243
5509001	32.5 级水泥	t	307.69	4 013.554		1 504.500	2 469.316		1.00	39.738
5511002	钢筋混凝土电杆（7 m）	根	264.10	30.000	30.000					

续表

代号	规格名称	单位	单价/元	总数量	分项统计			辅助生产	场外运输损耗	
					临时工程	路基工程	路面工程		%	数量
7001009	120/20 聚乙烯绝缘电力电缆	m	14.02	3 150.000	3 150.000					
7801001	其他材料费	元	1.00	49 339.000	1 578.000	5 250.000	42 511.000			
7901001	设备摊销费	元	1.00	29 206.000	29 206.000					
8001002	75 kW 以内履带式推土机	台班	891.37	44.950	44.950					
8001030	2.0 m³ 以内履带式液压单斗挖掘机	台班	1 525.40	65.000		65.000				
8001045	1.0 m³ 以内轮胎式装载机	台班	600.37	150.000		150.000				
8001049	3.0 m³ 以内轮胎式装载机	台班	1 297.83	78.280			78.280			
8001058	120 kW 以内自行式平地机	台班	1 212.48	73.500		73.500				
8001078	6~8 t 光轮压路机	台班	360.79	116.320	116.320					
8001079	8~10 t 光轮压路机	台班	398.10	2.500	2.500					
8001081	12~15 t 光轮压路机	台班	596.43	22.760	10.600		12.160			
8001089	15 t 以内振动压路机（单钢轮）	台班	1 094.01	82.500		82.500				
8001090	20 t 以内振动压路机	台班	1496.94	62.320			62.320			
8003010	200 t/h 以内稳定土厂拌设备	台班	1 081.30	31.160			31.160			
8003015	7.5 m 以内稳定土摊铺机	台班	1 595.67	47.120			47.120			
8003067	16~20 t 轮胎式压路机	台班	775.96	38.000			38.000			
8003077	2.5~4.5 m 轨道式水泥混凝土摊铺机	台班	1 335.93	34.300			34.300			
8003083	混凝土电动刻纹机	台班	255.74	505.400			505.400			
8003085	混凝土电动切缝机	台班	201.22	175.070			175.070			
8005010	400 L 以内灰浆搅拌机	台班	128.73	225.000		225.000				
8007017	15 t 以内自卸汽车	台班	953.71	682.228		482.500	199.728			
8007043	10 000 L 以内洒水汽车	台班	1 122.95	115.760			115.760			
8099001	小型机具使用费	元	1.00	9.800			9.800			

表6-10 建筑安装工程费计算表

建设项目名称：××二级公路改建工程
编制范围：K0+000~K5+000

03表

序号	分项编号	工程名称	单位	工程量	定额直接费/元	定额设备购置费/元	直接费/元					设备购置费	措施费	企业管理费	规费	利润/元 费率 6.68%	税金/元 税率 9%	金额合计/元		
							人工费	材料费	施工机械使用费	合计							合计	单价
1	2	3	4	5	6	7	8	9	10	11	12	13	14	15	16	17	18	19
1	101	临时工程	公路公里	5.000													347 763	69 552.60
2	10101	临时道路	km	5.000													236 030	47 206.00
3	1010101	临时便道（修建、拆除与维护）	km	5.000	179 785		23 624	65 005	89 352	177 981		1 658	5 534	18 878	12 490	19 489	236 030	47 206.00
4	10104	临时供电设施	总额	1.000	90 656		4 375	85 873		90 248		61	4 031	1 838	6 329	9 226	111 733	111 733.00
5	102	路基工程	km	4.950													7 569 733	1 529 238.99
6	LJ02	路基挖方	m³	50 000.000													1 174 068	23.48
7	LJ0201	挖土方	m³	50 000.000	748 713		25 277		738 689	763 966		8 761	18 571	48 366	51 840	80 235	971 739	19.43
8	LJ0203	外购土方	m³	58 000.000	174 000			174 000		174 000					11 623	16 706	202 329	3.49
9	LJ07	路基防护与加固工程	km	5.000													6 395 665	1 279 133.00
10	LJ0701	一般边坡防护与加固	km	5.000													6 395 665	1 279 133.00

续表

序号	分项编号	工程名称	单位	工程量	定额直接费/元	定额设备购置费/元	直接费/元					设备购置费	措施费	企业管理费	规费	利润/元 费率 6.68%	税金/元 税率 9%	金额合计/元	
							人工费	材料费	施工机械使用费		合计							合计	单价
11	LJ070101	坡面砌工防护	m³	15 000.000													6 395 665	426.38
12	LJ07010101	浆砌片石护坡	m³	15 000.000	3 500 561		1 122 891	3 720 541	119 020		4 962 452		17 152	155 670	486 927	245 382	528 082	6 395 665	426.38
13	103	路面工程	km	5.000														15 144 535	3 028 907.00
14	LM02	水泥混凝土路面	m²	76 000.000														15 144 535	199.27
15	LM0203	路面基层	m²	76 000.000														5 463 221	71.88
16	LM020302	水泥稳定类基层	m²	76 000.000														5 463 221	71.88
17	LM02030201	厚360 mm 4%水泥稳定碎石基层	m²	76 000.000	4 499 753		62 065	3 898 523	544 641		4 505 229		7 658	136 322	52 719	310 202	451 091	5 463 221	71.88
18	LM0205	水泥混凝土面层	m²	70 000.000														9 681 314	138.30
19	LM020501	水泥混凝土	m²	70 000.000														9 681 314	138.30
20	LM02050101	厚240 mm	m²	70 000.000	6 429 981		499 303	7 272 116	326 649		8 098 068		26 908	74 727	245 924	436 312	799 375	9 681 314	138.30
21	110	专项费用	元	1.000														1 099 564	1 099 564.00

续表

序号	分项编号	工程名称	单位	工程量	定额直接费/元	定额设备购置费/元	直接费/元					设备购置费	措施费	企业管理费	规费	利润/元		税金/元		金额合计/元	
							人工费	材料费	施工机械使用费		合计					费率 6.68%		税率 9%		合计	单价
22	11001	施工场地建设费	元	1.000																742 496	742 496.00
23	11002	安全生产费	元	1.000																357 068	357 068.00
		合计			15 623 449	0	1 737 535	15 216 058	1 818 351		18 771 944	0	62 198	394 855	854 652		1 074 178		1 904 204	24 161 505	4 832 319.00

表 6-11 综合费率计算表

建设项目名称：××二级公路改建工程
编制范围：K0+000～K5+000

04 表

序号	工程类别	措施费/% 冬季施工增加费	措施费/% 雨季施工增加费	措施费/% 夜间施工增加费	措施费/% 高原地区施工增加费	措施费/% 风沙地区施工增加费	措施费/% 沿海地区施工增加费	措施费/% 行车干扰施工增加费	措施费/% 施工辅助费	措施费/% 工地转移费	综合费率 Ⅰ	综合费率 Ⅱ	企业管理费/% 基本费用	企业管理费/% 主副食运费补贴	企业管理费/% 职工探亲路费	企业管理费/% 职工取暖补贴	企业管理费/% 财务费用	企业管理费/% 综合费率	规费/% 养老保险费	规费/% 失业保险费	规费/% 医疗保险费	规费/% 工伤保险费	规费/% 住房公积金	综合费率
1	2	3	4	5	6	7	8	9	10	11	12	13	14	15	16	17	18	19	20	21	22	23	24	25
1	土方	0.835	0.525							0.224	1.584		2.747	0.131	0.192		0.271	3.341	20.000	2.000	7.000	1.000	12.000	42.000
2	石方	0.164	0.491							0.176	0.831		2.792	0.117	0.204		0.259	3.372	20.000	2.000	7.000	1.000	12.000	42.000
3	运输	0.166	0.568							0.157	0.891		1.374	0.130	0.132		0.264	1.900	20.000	2.000	7.000	1.000	12.000	42.000
4	路面	0.566	0.557							0.321	1.444		2.427	0.088	0.159		0.404	3.078	20.000	2.000	7.000	1.000	12.000	42.000
5	隧道	0.203								0.257	0.460		3.569	0.104	0.266		0.513	4.452	20.000	2.000	7.000	1.000	12.000	42.000
6	构造物Ⅰ	0.652	0.360							0.262	1.274		3.587	0.120	0.274		0.466	4.447	20.000	2.000	7.000	1.000	12.000	42.000
7	构造物Ⅰ（不计冬）		0.360							0.262	0.622		3.587	0.120	0.274		0.466	4.447	20.000	2.000	7.000	1.000	12.000	42.000
8	构造物Ⅱ	0.868	0.424				0.207			0.333	1.832		4.726	0.140	0.348		0.545	5.759	20.000	2.000	7.000	1.000	12.000	42.000
9	构造物Ⅲ（桥梁）	1.616	0.832				0.195			0.622	3.265		5.976	0.248	0.551		1.094	7.869	20.000	2.000	7.000	1.000	12.000	42.000
10	构造物Ⅲ（除桥以外不计雨夜）	1.616								0.622	2.238		5.976	0.248	0.551		1.094	7.869	20.000	2.000	7.000	1.000	12.000	42.000
11	技术复杂大桥	1.019	0.508					0.212		0.389	2.128		4.143	0.115	0.208		0.637	5.103	20.000	2.000	7.000	1.000	12.000	42.000
12	钢材及钢结构（桥梁）	0.040						0.200		0.351	0.591		2.242	0.113	0.164		0.653	3.172	20.000	2.000	7.000	1.000	12.000	42.000
13	构造物Ⅲ（除桥结构以外不计雨夜）	0.040								0.351	0.391		2.242	0.113	0.164		0.653	3.172	20.000	2.000	7.000	1.000	12.000	42.000
14	费率为0																							
15	路面（不计雨）	0.566								0.321	0.887		2.427	0.088	0.159		0.404	3.078	20.000	2.000	7.000	1.000	12.000	42.000
16	构造物Ⅰ（不计雨）	0.652								0.262	0.914		3.587	0.120	0.274		0.466	4.447	20.000	2.000	7.000	1.000	12.000	42.000
17	构造物Ⅲ（除桥以外）	1.616	0.832							0.622	3.070		5.976	0.248	0.551		1.094	7.869	20.000	2.000	7.000	1.000	12.000	42.000
18	钢材及钢结构（除桥结构以外）	0.040								0.351	0.391		2.242	0.113	0.164		0.653	3.172	20.000	2.000	7.000	1.000	12.000	42.000

表6-12 工程建设其他费计算表

建设项目名称：××二级公路改建工程
编制范围：K0+000～K5+000

表08

序号	费用名称及项目	说明及计算式	金额/元	备注
3	第三部分工程建设其他费		757 882	
301	建设项目管理费		57 750	
30101	建设单位（业主）管理费	{建设单位（业主）管理费}		
30102	建设项目信息化费	{建设项目信息化费}		
30103	工程监理费	{工程监理费}		
30104	设计文件审查费	{设计文件审查费}		
30105	竣（交）工验收试验检测费	11 550*5	57 750	11 550*5
302	研究试验费	5.000（公路公里）×2 000.00（元/公路公里）	10 000	
303	建设项目前期工作费	5.000（公路公里）×100 000.00（元/公路公里）	500 000	
304	专项评价（估）费	{联合试运转费}	8 049	8 049
305	联合试运转费		29 000	
306	生产准备费			
30601	工器具购置费	5 800×5×0.8	23 200	5 800×5×0.8
30602	办公和生活用家具购置费	5 800×5×0.2	5 800	5 800×5×0.2
307	工程保通管理费	5.000（公路公里）×10 000.00（元/公路公里）	50 000	
308	工程保险费	{建安费（不含设备费）}×0.4%	93 083	23 270 632×0.4%
309	其他相关费用	5.000（公路公里）×2 000.00（元/公路公里）	10 000	
401	基本预备费	{一、二、三部分合计}×3%	720 855	24 028 514×3%
6	建设期贷款利息	{建设期贷款利息}	2 022 185	贷款总额：17 324 558 元。其中纵横交通银行贷款额 17 324 558 元，计息年为 3 年，第 1 年贷款额 6 929 823元，利率为7%，利息为242 544元。第 2 年贷款额为 5 197 367 元，利率为7%，利息为 683 974元。第 3 年贷款额为 5 197 367 元，利率为 7%，利息为 1 095 667 元

练习思考题

1. 简述施工图预算的概念和作用。施工图组织设计是如何影响施工图预算的？
2. 简述施工图预算的编制依据和施工图预算文件的包含内容。
3. 在工程项目建设程序的（　　）阶段，通过对工程项目所作出的基本技术经济规定，编制项目总概算。

  A. 可行性研究阶段　　　　　　　　　　B. 施工图设计阶段
  C. 技术设计阶段　　　　　　　　　　　D. 初步设计阶段

4. 下列关于施工图预算的说法中表述正确的有（　　）

  A. 施工图预算是施工图设计文件的组成部分
  B. 施工图预算是考核施工图设计经济合理性的依据
  C. 施工图预算是根据施工定额编制的
  D. 施工图预算是编制概算指标的基础
  E. 施工图预算是编制工程标底的依据

5. 路基土石方数量计算方法包括哪两种方法，适用条件是什么？
6. 简述土石方调配原则。
7. 什么是土石方平均运距、免费运距和经济运距？经济运距的主要作用是什么？
8. 简述土石方调配方法。
9. 什么是天然密实方和压实方？如何进行二者之间的换算。
10. 以"6.4 公路工程施工图预算编制示例"为案例，采用 SmartCost 软件进行施工图预算编制实操。

第7章 公路工程招投标

> **主要内容：**
> 1. 我国公路工程招投标的发展概况，招投标的概念、作用和分类；
> 2. 施工招标和投标的概念与程序；
> 3. 工程合同价确定的相关概念。

7.1 概　　述

1. 我国公路工程招投标发展概况

公路工程建设推行招投标制是我国公路建设事业改革开放的结果。公路工程建设项目招标投标是国际通用的、比较成熟的而且科学合理的工程承发包方式。公路建设行业是我国推行招投标制度最早的行业之一，在"七五"期间，引进外资的建设项目，同时"引进"了国际通用的招投标制，招投标制不仅在理论上符合市场经济和价值规律的基本原理，而且实践证明，招投标制可以确保工程质量、缩短建设工期、降低工程造价、提高投资效益、保护公平竞争。

自 1984 年起，我国开始利用世界银行贷款修建公路。第一批世界银行贷款为 7 260 万美元，加上国内配套资金共约 5 亿元人民币，修建农村公路 1 372 km，国道超过 226 km，其中有国际招标的陕西省西安—三原一级公路，山东省的堰城—高塘二级公路。第二批世界银行贷款 1.5 亿美元，加上国内的配套资金共约 9.4 亿元人民币，修建京津塘高速公路主干线，长约 142 km。第三批世界银行贷款 3.16 亿美元，其中修建成都—重庆公路，长 342 km，贷款 1.25 亿美元，加上国内配套资金共约 11.4 亿元人民币。世界银行公路贷款项目，一般要按国际复兴开发银行贷款和国际开发协会信贷采购指南的规定，进行国际竞争性招标，也就是世界银行要求借款国通过"国际竞争性招标"，向世界银行各成员国的承包商提供平等的公开的投标机会，以获得成本最低的商品和劳务，借款国拟采取的招标办法是贷款协议的组成部分。

在这些项目的实施中，建设单位学会了按国际惯例招标的程序，按 FIDIC 条款管理工程，并首次在我国公路建设中引进了监理制度；施工单位以承包商的身份参与市场竞争，并以投标方式获取工程，同业主签订施工合同。在这种全新的公路建设模式中，建设单位、施工单位从思想上、管理方式上都受到了冲击，感受到了从计划经济到市场经济的剧变。京津塘高速公路先后邀请了各种专业的 19 位外籍专家与中方技术员合作，经过一年的时间，在已经批准的初步设计的基础上，共同编制完成了招标文件的编制工作，后来根据这些世行贷款项目招标的成功经验，编制出版了《公路工程国际招标文件范本》，供其他实行国际公开招标的公路项目参考。

国际公路工程招投标一般较国内公路工程招投标正规，一是由于这些项目的资格预审和评标等一系列招投标活动都要报世行、亚行最后审定，二是由于这些项目一般都是国家大型重点项目，有关部门比较重视，社会影响大，而较国内公路工程项目的招投标受的行政干预和地方保护因素少。当然世行、亚行贷款项目的国际招投标实际上同我国公路施工企业在国外参与的国际投标还是有很大区别的，因为外商很难打入我国的公路市场，参与这些项目投标的外国承包商极少，因而从这个意义上讲，这些项目的招投标也只能算是国内招投标工程。

我国各省的地方项目的招投标制度从 20 世纪 80 年代末期开始大规模推行，90 年代初基本上形成了适合我国公路行业情况的模式，但是由于政企不分，地方利益、局部利益、体制问题等多方面因素，国内公路工程项目的招投标水平参差不齐，公开性、公正性、公平性都较世行、亚行贷款项目差。由于其不规范性，因而投标难度也较大，这就使得国内公路项目的投标更不容易把握。

在招投标管理法规上，1985 年，交通部颁布了《公路工程施工招标投标试行办法》；1989 年，在总结我国公路工程施工招投标的经验和教训的基础上，将其修订成为《公路工程施工招标投标管理办法》；1996 年 7 月 1 日，发布了《公路建设市场管理办法》；1997 年 10 月 1 日又在以上办法基础上发布了《公路工程施工招标资格预审办法》和《公路工程施工招标评标办法》，以规范国内公路工程施工的招标投标活动。2016 年 2 月 1 日，交通运输部《公路工程建设项目招标投标管理办法》正式施行。

2. 工程招投标的概念

工程招投标包括工程招标和工程投标。工程招标是指招标人在发包建设项目之前，公开招标或邀请投标人，根据招标人的意图和要求提出报价，择日当场开标，以便从中择优选定中标人的一种经济活动。工程投标是指具有合法资格和能力的投标人根据招标条件，在指定期限内填写标书，提出报价，并等候开标，决定能否中标的经济活动。

招投标制促使建设单位按基本建设程序办事；促使施工单位在竞争中注重自身的经营管理、技术进步，提高管理水平，树立良好的信誉；促使施工企业由生产型向生产经营型转变，改革企业内部的经营体制和管理体制，以求得最好的经济效益。

3. 工程招投标的分类

建设工程招投标可分为建设项目总承包招投标、工程勘察招投标、工程设计招投标、工程施工招投标、工程监理招投标、工程材料设备招投标等。

（1）建设项目总承包招投标。又称建设项目全过程招投标，在国外也称之为"交钥匙"工程招投标，指在项目决策阶段从项目建议书开始，包括可行性研究报告、勘察设计、设备材料询价与采购、工程施工、生产准备，直至竣工投产、交付使用全面实行招标。

工程总承包企业根据建设单位所提出的工程要求，对项目建议书、可行性研究、勘察设计、设备询价与选购、材料订货、工程施工、职工培训、试生产、竣工投产等实行全面投标报价。

(2) 工程勘察招投标。指招标人就拟建工程的勘察任务发布通告，以法定方式吸引勘察单位参加竞争，经招标人审查获得投标资格的勘察单位按照招标文件的要求，在规定时间内向招标人填报投标书，招标人从中选择优越者完成勘察任务。

(3) 工程设计招投标。指招标人就拟建工程的设计任务发布通告，以吸引设计单位参加竞争，经招标人审查获得投标资格的设计单位按照招标文件的要求，在规定的时间内向招标人填报标书，招标人择优选定中标单位来完成设计任务。

(4) 工程施工招投标。指招标人就拟建的工程施工发布通告，以法定方式吸引建筑施工企业参加竞争，招标人从中选择最优者完成工程施工任务。施工招标可分为全部工程招标、单项工程招标和专业工程招标。

(5) 工程监理招投标。指招标人就拟建工程的监理任务发布通告，以法定方式吸引工程监理单位参加竞争，招标人从中选择优越者完成监理任务。

(6) 工程材料设备招投标。指招标人就拟购买的材料设备发布通告或邀请，以法定方式吸引材料设备供应商参加竞争，招标人从中选择优越者的法律行为。

4. 建设工程招投标的范围

我国招标投标法指出，凡在中华人民共和国境内进行下列工程建设项目，包括项目的勘察、设计、施工、监理及与工程建设有关的重要设备、材料等的采购，必须进行招标。

(1) 大型基础设施、公用事业等关系社会公共利益、公众安全的项目。

(2) 全部或部分使用国有资金投资或国家融资的项目。

(3) 使用国际组织或外国政府贷款、援助资金的项目。

5. 建设工程招投标的方式

建设工程招投标包括公开招标和邀请招标两种方式。公开招标（无限竞争招标）是指由招标单位通过报刊、广播、电视、网络等方式发布招标广告，有意的承包商均可参加资格审查，合格的承包商可购买招标文件，参加投标的招标方式。邀请招标（有限竞争性招标）是指不发布广告，业主根据自己的经验和所掌握的信息资料，向有承担该项工程施工能力的3个以上（含3个）承包商发出招标邀请书，收到邀请书的单位才有资格参加投标。公开招标和邀请招标的优、缺点见表7-1。

表7-1 公开招标和邀请招标的比较

招投标方式	优　　点	缺　　点
公开招标	投标的承包商多，范围广、竞争激烈，业主有较大的选择余地，有利于降低工程造价，提高工程质量和缩短工期	由于投标的承包商多，招标工作量大，组织工作复杂，需投入较多的人力、物力，招标过程所需时间较长
邀请招标	目标集中，招标的组织工作较容易，工作量比较小	由于参加的投标单位较少，竞争性较差，使招标单位对投标单位的选择余地较少，如果招标单位在选择邀请单位前所掌握的信息资料不足，则会失去发现最适合承担该项目的承包商的机会

无论公开招标还是邀请招标都必须按规定的招标程序完成，一般是事先制定统一的招标文件，投标均按招标文件的规定进行。

7.2 施 工 招 标

我国招标投标法规定,招标人应当根据招标项目的特点和需要编制招标文件。所谓招标文件,是指建设单位在招标以前,为供投标单位阅读和了解工程实际情况,把拟建的公路工程的技术经济条件编写成文件的统称。

施工招标文件应包括:投标须知;招标工程的技术要求和设计文件;采用工程量清单招标的,应当提供工程量清单;投标函的格式及附录;要求投标人提交的其他资料;投标报价要求和评标标准等所有实质性要求和条件及拟签订合同的主要条款。国家对招标项目的技术、标准有规定的,招标人应当按照其规定在招标文件中提出相应要求。

进行施工招标的建设项目应具备以下条件。
(1)按照国家有关规定需要履行项目审批手续的,已经履行审批手续的。
(2)工程资金或资金来源已经落实。
(3)有满足施工招标需要的设计文件及其他技术资料。
(4)法律、法规、规章规定的其他条件。

7.2.1 公开招标程序

施工招标分为公开招标与邀请招标,不同的招标方式,具有不同的活动内容,其程序也不尽相同。图7-1为公开招标和邀请招标的程序。

1. 建设项目报建

根据《工程建设项目报建管理办法》的规定,凡在我国境内投资兴建的工程建设项目,都必须实行报建制度,接受当地建设行政主管部门的监督管理。

报建范围包括各类房屋建筑(包括新建、改建、扩建、翻修等)、土木工程(包括道路、桥梁、基础打桩等)、设备安装、管道线路铺设和装修等建设工程。

报建的内容主要包括工程名称、建设地点、投资规模、工程规模、发包方式、计划开竣工日期和工程筹建情况。

在建设项目的立项批准文件或投资计划下达后,建设单位根据《工程建设项目报建管理办法》规定的要求进行报建,并由建设行政主管部门审批。具备招标条件的,方可开始办理建设单位资质审查。

2. 审查建设单位资质

政府招标管理机构审查建设单位是否具备施工招标条件。施工招标建设单位应具有的条件包括以下各项。
(1)是法人或依法成立的其他组织。
(2)有与招标工程相适应的经济、技术管理人员。
(3)有组织编制招标文件的能力。
(4)有审查投标单位资质的能力。
(5)有组织开标、评标、定标的能力。

不具备上述(1)至(5)项条件的建设单位,须委托具有相应资质的中介机构代理招

图 7-1 公开招标和邀请招标的程序

标,建设单位与中介机构签订委托代理招标的协议,并报招标管理机构备案。

3. 招标申请

指由招标单位填写"建设工程招标申请表",并经上级主管部门批准后,连同"工程建设项目报建审查登记表"一起报招标管理机构审批。

申请表的主要内容包括工程名称、建设地点、招标建设规模、结构类型、招标范围、招标方式、要求施工企业等级、施工前期准备情况(土地征用、拆迁情况、勘察设计情况、施工现场条件等)、招标机构组织情况。

4. 资格预审文件与招标文件的编制、送审

资格预审文件是指在公开招标时,招标人要求对投标的施工单位进行资格预审,只有通过资格预审的施工单位才可以参加投标而编制的文件。资格预审文件和招标文件都必须经过招标管理机构审查,审查通过后方可刊登资格预审通告、招标通告。

招标文件的编制是指建设单位在招标以前,必须把拟建的公路工程的技术经济条件编写

成文件，供投标单位阅读和了解。目前公开招标的招标文件的组成及格式经过长期实践和不断补充、完善，已基本规范化。

5. 刊登资格预审通告、招标通告

公开招标可通过报刊、广播、电视、网络等发布信息或网上发布《资格预审通告》或《招标通告》。

6. 资格预审

招标人按资格预审文件的要求，对申请资格预审的投标人送交填报的资格预审文件进行评比分析，确定出合格的投标人的名单，并报招标管理机构核准。

对投标单位资格审查的目的在于了解投标单位的技术、财力和管理水平，防止不符合条件的单位盲目参加投标。公路工程施工招标的资格审查实行资格预审，即在发售招标文件之前进行，审查合格者才准许购买招标文件。邀请招标有时也有资格后审，即在评标时进行。

投标者按照招标广告或招标邀请函的要求，向招标单位递交资格预审申请书。招标单位根据项目的性质、规模和技术要求，统一审查标准，在同等条件下进行资格审查。

7. 发放招标文件

招标人将招标文件、图纸和有关技术资料发放给通过资格预审获得投标资格的投标单位。投标单位收到招标文件、图纸和有关资料后，应认真核对。核对无误后，应以书面形式予以确认。

招标文件一般发售给通过资格预审、获得投标资格的投标人。投标人购买招标文件的费用不论中标与否，都不退还。招标人提供给投标人编制投标书的设计文件可以酌收押金，开标后投标人将设计文件退还的，招标人应当退还押金。

招标人对已发出的招标文件进行必要的澄清或修改的，应当在招标文件要求提交投标文件截止时间的至少15日前，以书面形式通知所有招标文件收受人。该澄清或修改的内容为招标文件的组成部分。

8. 勘察现场

当投标单位对招标文件阅读、熟悉和基本掌握之后，招标单位统一组织一次现场考察，目的在于让投标单位进一步了解工程现场及有关因素（如水、电、路、料等），考察的内容主要有两方面，即重点工程的考察和地方材料（砂、石、土）及料场的考察。现场考察的时间、地点和缴纳的费额，一般在投标邀请函中明确。

9. 招标预备会

招标预备会由招标单位组织，建设单位、设计单位、施工单位参加。内容主要是由招标单位以正式会议的形式口头解答投标单位在考察前和考察后以书面形式提出的各种问题，并在会议结束后，招标单位按其口头解答的内容，以书面文字形式正式通知投标单位，这一通知同样是招标文件的组成部分。目的在于澄清招标文件中的疑问，解答投标单位对招标文件和勘察现场中所提出的疑问和问题。

10. 工程标底的编制与送审

施工招标可编制标底，也可不编。如果编制标底，当招标文件的商务条款一经确定，即可进入编制，标底编制完后应将必要的资料报送招标管理机构审定。若不编制标底，一般用投标单位报价的平均值作为评标价或实行合理低价中标。

工程标底是招标者对招标工程所需工程费用的自我测算和事先控制，也是审核招标报

价、评标和决标的重要依据。标底制定得恰当与否，对投标竞争起着决定性的作用。标底过高或过低都会造成不良后果：标底过高，会造成投标报价的盲目性，很显然会给国家造成损失；标底过低，会造成中标单位亏损，甚至会导致工程质量下降，所以在编制标底时应考虑实际情况，既要力求节约投资，又要使中标单位经过努力能获得合理利润。

交通运输部《公路工程建设项目招标投标管理办法》规定："标底由招标单位负责编制，可采用单价合同或总价合同两种形式。标底必须控制在批准的概算或投资包干的限额之内。也可将批准的总概算的相应部分作为标底。如标底突破标准的概算，必须经原概算批准机关批准，在编制标底时，应考虑主要设备、材料、人工在工程建设期内的涨价因素。一般宜以年增长系数的方式包括在标底中，并在招标文件中予以明确，以便于招标。"

11．投标文件的接收

投标单位根据招标文件的要求，编制投标文件，并进行密封和标志，在投标截止时间前按规定的地点将其递交至招标单位。招标单位接收投标文件并将其秘密封存。

12．开标

在投标截止日期后，按规定时间、地点，在投标单位法定代表人或授权代理人在场的情况下举行开标会议，按规定的议程进行开标。

（1）开标应当在投标截止时间后，按照招标文件规定的时间和地点公开进行。已建立建设工程交易中心的地方，开标应当在建设工程交易中心举行。

（2）开标由招标单位主持，并邀请所有投标单位的法定代表人或其代理人和评标委员会全体成员参加。建设行政主管部门及其工程招标投标监督管理机构依法实施监督。

（3）开标一般程序如下。

① 主持人宣布开标会议开始，介绍参加开标会议的单位、人员名单及工程项目的有关情况。

② 请投标单位代表确认投标文件的密封性。

③ 宣布公证、唱标、记录人员名单和招标文件规定的评标原则、定标办法。

④ 宣读投标单位的名称、投标报价、工期、质量目标、主要材料用量、投标担保或保函及投标文件的修改、撤回等情况，并当场作记录。

⑤ 与会的投标单位法定代表人或其代理人在记录上签字，确认开标结果。

⑥ 宣布开标会议结束，进入评标阶段。

（4）投标文件有下列情形之一的，应当在开标时当场宣布无效。无效投标文件不得进入评标阶段。

① 未加密封或逾期送达的。

② 无投标单位及其法定代表人或其代理人印鉴的。

③ 关键内容不全、字迹辨认不清或明显不符合招标文件要求的。

（5）对于编制标底的工程，招标单位可以规定在标底上下浮动一定范围内的投标报价为有效，并在招标文件中写明。在开标时，如果仅有少于3家的投标报价符合规定的浮动范围，招标单位可以采用加权平均的方法修订规定，或者宣布实行合理低价中标，或者重新组织招标。

13．评标

评标由招标代理、建设单位上级主管部门协商，按有关规定成立评标委员会，在招标管理机构监督下，依据评标原则、评标方法，对投标单位报价、工期、质量、施工方案或施工组织设计、以往业绩、社会信誉、优惠条件等方面进行综合评价，公正、合理、择优选择中标单位。

（1）评标由评标委员会负责。评标委员会的负责人由招标单位的法定代表人或其代理人担任。评标委员会的成员由招标单位、上级主管部门和受聘的专家组成（如果委托招标代理或工程监理的，应当有招标代理、工程监理单位的代表参加），为5人以上的单数，其中技术、经济等方面的专家不得少于2/3。

（2）省、自治区、直辖市和地级以上城市建设行政主管部门，应当在建设工程交易中心建立评标专家库。评标专家须由从事相关领域工作满8年，并具有高级职称或具有同等专业水平的工程技术、经济管理人员担任，并实行动态管理。

评标专家库应当拥有相当数量符合条件的评标专家，并可以根据需要，按照不同的专业和工程分类设置专业评标专家库。

（3）招标单位根据工程性质、规模和评标的需要，从评标专家库中随机抽取专家聘为评委。工程招标投标监督管理机构依法实施监督。专家评委与该工程的投标单位不得有隶属或其他利害关系。专家评委在评标活动中有徇私舞弊、显失公正行为的，应当取消其评委资格。

（4）评标可采用合理低标价法或综合评议法。具体评标方法由招标单位决定，并在招标文件中说明。对于大型或技术复杂的工程，可采用技术标、商务标两阶段评标法。

评标委员会可以要求投标单位对其投标文件中含义不清的内容作必要的澄清或说明，但其澄清或说明不得更改投标文件的实质性内容。任何单位和个人不得非法干预或影响评标的过程和结果。

（5）评标结束后，评标委员会应当编制评标报告。评标报告应包括下列主要内容。

① 招标情况，包括工程概况、招标范围和招标的主要过程。

② 开标情况，包括开标的时间、地点、参加开标会议的单位和人员，以及唱标等情况。

③ 评标情况，包括评标委员会的组成人员名单，评标的方法、内容和依据，对各投标文件的分析论证及评审意见。

④ 对投标单位的评标结果排序，并提出中标候选人的推荐名单。

评标报告须经评标委员会全体成员签字确认。

在施工招投标中，开标、评标是招标程序中极为重要的环节。只有作出客观、公正的评标，才能最终正确地选择最优秀、最合适的承包商。我国招标投标法规定，开标应当在招标文件确定的提交投标文件截止时间的同一时间公开进行；开标地点应当为招标文件中预先确定的地点。开标由招标人主持，邀请所有投标人参加。开标时，由投标人或推选的代表检查投标文件的密封情况，也可以由招标人委托的公证机构检查并公证；经确认无误后，由工作人员当众拆封，宣读投标人名称、投标价格和投标文件的其他主要内容。招标人在招标文件要求提交投标文件的截止时间前收到的所有投标文件，开标时都应该当众予以拆封、宣读。开标过程应当记录，并存档备查。

14. 定标

中标单位选定后，由招标管理机构核准，获准后招标单位向中标单位发出《中标通知书》。

(1) 中标单位的选择。招标单位应当依据评标委员会的评标报告,并从其推荐的中标候选人名单中确定中标单位,也可以授权评标委员会直接选定中标单位。

实行合理低标价法评标的,在满足招标文件各项要求的前提下,投标报价最低的投标单位应当为中标单位,但评标委员会可以要求其对保证工程质量、降低工程成本拟采用的技术措施作出说明,并据此提出评价意见,供招标单位定标时参考。

实行综合评议法的,得票最多或得分最高的投标单位应当为中标单位。

招标单位未按照推荐的中标候选人排序确定中标单位的,应当在其招标投标情况的书面报告中说明理由。

(2) 定标。在评标委员会提交评标报告后,招标单位应当在招标文件规定的时间内完成定标。定标后,招标单位须向中标单位发出《中标通知书》。《中标通知书》的实质内容应当与中标单位投标文件的内容相一致。《中标通知书》的格式如下:

中标通知书

_____(建设单位名称)的_____(建设地点)_____工程,结构类型为_____,建设规模为_____,经_____年_____月_____日公开开标后,经评标小组评定并报招标管理机构核准,确定_____为中标单位,中标标价人民币_____元,中标工期自_____年_____月_____日开工,_____年_____月_____日竣工,工期_____天(日历日),工程质量达到国家施工验收规范(优良、合格)标准。

中标单位收到中标通知书后,在_____年_____月_____日_____时前到_____(地点)与建设单位签订合同。

建设单位:(盖章)

法定代表人:(签字、盖章)

日期:_____年_____月_____日

招标单位:(盖章)

法定代表人:(签字、盖章)

日期:_____年_____月_____日

招标管理机构:(盖章)

审核人:(签字、盖章)

审核日期:_____年_____月_____日

自《中标通知书》发出之日起 30 日内,招标单位应当与中标单位签订合同,合同价应当与中标价相一致。合同的其他主要条款应当与招标文件、《中标通知书》相一致。

中标后,除不可抗力外,中标单位拒绝与招标单位签订合同的,招标单位可以不退还其投标保证金,并可以要求赔偿相应的损失;招标单位拒绝与中标单位签订合同的,应当双倍返还其投标保证金,并赔偿相应的损失。

15. 合同签订

中标单位接到中标通知书后,应在 15 日内按中标通知书写明的时间、地点及要求与招标单位签订承包合同。在签订合同的唯一依据是招标文件、投标书及有效的补充文件和信函。在签订承包合同时,中标单位应向招标单位送交由开户银行出具的履约保证金证书(简称"保函")。保函金额为合同总价的 5%~10%。合同签订之后,招标工作即告结束,签约双方都必须严格执行合同。

7.2.2 邀请招标程序

邀请招标是指招标单位直接向适于本工程施工的单位发出邀请,其程序与公开招标大同小异，其不同点主要是没有资格预审的环节，但增加了发出投标邀请书的环节（参见图 7-1）。这里所说的投标邀请书，是指招标单位直接向具有承担本工程能力的施工单位发出的投标邀请书，邀请这些单位前来投标。按照我国招标投标法规定，被邀请投标的单位不得少于 3 家。

7.2.3 招标案例

某基本建设项目招标人于 2019 年 10 月 11 日向具备承担该项目能力的 A、B、C、D、E 5 家投标单位发布投标邀请书，其中说明：10 月 17—18 日 9—16 时在该招标人总工程师室领取招标文件，11 月 8 日 14 时为投标截止时间。5 家投标单位均接受邀请，并按规定时间提交了投标文件。但投标单位 A 在送出投标文件后发现报价估算有较严重的失误，遂在投标截止时间前 10 分钟递交了一份书面报告，撤回已经提交的投标文件。开标时，由招标人委托的市公证人员检查投标文件的密封情况，确认无误后，由工作人员当众拆封。由于投标单位 A 已经撤回投标文件，故招标人宣布有 B、C、D、E 4 家投标单位投标，并宣读了 4 家投标单位的投标价格、工期和其他主要内容。

评标委员会委员由招标人直接确定 7 人：招标代表 2 人，该系统技术专家 2 人、经济专家 1 人，外系统技术专家 1 人、经济专家 1 人。在评标过程中，评标委员会要求 B、D 分别对施工方案作详细说明，并对若干技术要点和难点提出问题，要求其提出具体、可靠的实施措施。作为评标委员会的招标人员代表希望投标单位 B 再适当考虑一下降低报价的可能性。

按照招标文件中确定的综合评价标准，4 个投标人综合得分从高到低的依次顺序为 B、D、C、E，评标委员会确定投标单位 B 为中标人。由于投标单位 B 为外地企业，招标人于 11 月 10 日将中标通知书以挂号信方式寄出，投标单位 B 于 11 月 14 日收到中标通知书。由于从报价情况来看，4 个投标人的报价从低到高的顺序依次为 D、C、B、E，因此，从 11 月 16 日到 12 月 11 日招标人又与投标单位 B 就合同价格进行了多次谈判，结果投标单位 B 将价格降到略低于投标单位 C 的报价水平，最终双方于 12 月 12 日签订了书面合同。

问题：

（1）从招标投标的性质看，本案例中的要约邀请、要约和承诺的具体表现是什么？

答：本案例中的要约邀请是投标邀请书；要约是投标人投标文件；承诺是中标通知书。

（2）从所介绍的背景资料看，在该项目的招标投标程序中哪些方面不符合《中华人民共和国招标投标法》的有关规定？

答：

① 招标人不能宣布只有 4 家投标单位；

② 评标专家委员会委员应该是随机抽取的，而不是由招标人直接确定的；

③ 招标人员不应该让 B 单位再适当考虑一下降低报价的可能性；

④ 在确定投标单位 B 为中标单位后，招标人不应该与投标单位 B 就合同价进行多次谈判；

⑤ 签订合同时间距离中标通知书收到时间过长。

7.3 施 工 投 标

交通运输部颁布的《公路工程建设项目招标投标管理办法》规定：凡持有工商行政管理部门核发的营业执照，并具有与公路工程规模相应等级资格证书的施工单位，均可参加投标。因此投标单位应具备的基本条件包括以下几项。

（1）投标人应当具备与投标项目相适应的技术力量、机械设备、人员、资金等方面的能力，具有承担该招标项目能力。

（2）具有招标条件要求的资质等级，并为独立的法人单位。

（3）承担过类似项目的相关工作，并有良好的工作业绩与履约记录。

（4）企业财产状况良好，没有处于财产被接管、破产或其他关、停、并、转状态。

（5）在最近3年没有骗取合同及其他经济方面的严重违法行为。

（6）近几年有较好的安全记录，投标当年没有发生重大质量和特大安全事故。

7.3.1 施工投标的程序

公路工程施工投标程序如图7-2所示。

1. 投标项目的选择

企业为了选择适当的投标项目，首先要广泛了解和掌握招标项目的分布与动态，需了解的内容有项目名称、分布地区、建设规模、大致工程内容、资金来源、建设要求、招标时间等。企业通过及时掌握招标项目的情况，可对其进行有效跟踪，选择对自己有利的招标项目，有目的地做好投标的各项准备工作。对大型高速公路建设项目来说，等到发布招标公告再投标，往往会因时间紧迫而仓促上阵，处于被动，造成失误或失去中标良机。

企业为了掌握招标项目的情报与信息，必须要建立起广泛的信息渠道。由于我国公路工程招标都是在国家计划指导下有组织地进行的，所以公路工程招标项目分布与动态的信息渠道也十分清楚。其主要信息渠道如下。

（1）交通运输部公路局。
（2）各省（市）、自治区的交通运输厅。
（3）各地的公路管理部门。
（4）各地的公路勘察设计部门。
（5）有关公路建设的咨询公司。
（6）各类经济和专业刊物、杂志等，如《中国交通报》等。

企业应经常从上述渠道搜集招标项目信息，搞清公路工程项目的分布与动态，并把它编制成招标项目一览表（见表7-2），并且随着时间的推移和情况的变化，及时加以补充和修改，这对企业主动地选择理想的投标项目具有重要意义。

企业参加投标竞争不单纯为了中标，最终是为了中标后在工程建设中取得良好的经济效益。因此，投标企业还必须对招标工程项目进行全面的调查和分析，及时了解掌握与项目有关的各种信息，为选择投标项目提供更加充分的依据。只有正确选择投标项目，才能提高中标率，中标后才能获得良好的经济效益。通常在选择投标项目时主要考虑的因素有以下几项。

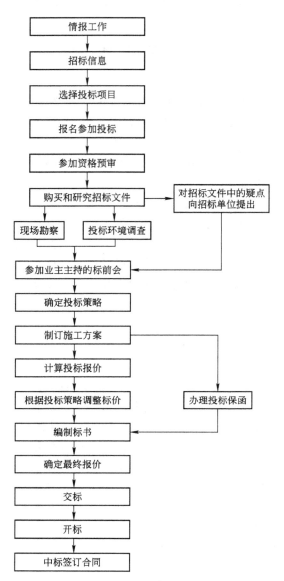

图 7-2 施工投标的程序

表 7-2 招标项目一览表

编号	项目名称	地点	招标时间	工程类型			主要建设内容及特点	备 注
				建设性质	规模	资金来源		

1）投标企业自身因素

（1）本企业的施工特点和施工能力能否承担招标工程。企业应当选择与自己承担能力相适应的工程作为投标项目。当承担能力不足时，再考虑其他对策，如联营等。

（2）企业有无类似工程的经验。
（3）若工程资金前期到位情况差，需考虑是否有足够的流动资金。
（4）如果招标工程有后续工程项目，则考虑低价中标，力争取得后续项目施工任务的有利地位。

在对某一具体工程是否投标进行决策时，投标单位一般将本身主观因素进行综合分析，大部分条件满足要求时，即可作出投标的判断。

2）工程方面的因素
（1）工程的性质、等级和规模等是否适合本企业。
（2）工程的自然环境，如工程地理位置、气象、水文、地质等自然条件。这些条件直接关系到工程能否顺利进行和所花费用的高低。
（3）工程现场工作条件，即交通、水源、电力是否方便。
（4）工期是否适当。
（5）竞争对手的实力和优劣。

3）业主方面的因素
（1）项目资金来源是否可靠，工程款项的支付能力。
（2）业主的技术能力、管理水平和信誉等。有的业主技术和管理水平都很低，又很难沟通，这样的标会给承包商带来损失。

是否参加一项工程项目的投标取决于多种因素，但投标企业最终应从经济角度和战略角度来权衡各种因素，从而选定理想的投标项目。企业是否参加某一工程项目投标的决策，一般分三个阶段进行：首先是企业通过对招标项目的调查、跟踪，通过编制的招标项目表面进行分析，综合考虑上述各项影响因素，对投标项目作出初步决策；其次是在研究资格预审文件的基础上，对有关情况进一步了解后进行再决策；最后是在考察现场并仔细研究招标文件后，再对部分对手作具体分析，然后作出最后决策，决定是否参加该工程的投标。

2. 参加资格预审

投标企业参加资格预审的目的有两个。首先，投标企业只有通过了业主（建设单位或委托的招标人）的资格预审，才有参加投标竞争的资格。也就是说，资格预审合格是投标企业参加投标的必要条件。其次，当投标企业对拟投标工程的情况了解得不全面，尚需进一步研究是否参加投标时，可通过资格预审文件得到有关资料，从而进一步决策是否参加该工程投标竞争。

通过研读资格预审文件，可以重新决定对此工程是否投标。当然，仅仅通过资格预审文件，仍不能全面、系统地掌握招标工程的自然、经济、政治等详细情况时，不妨先填报资格预审文件，争取投标资格。通过了资格预审，再购买投标文件，在充分研究招标文件的基础上拟定调查提纲，在参加了业主主持的现场勘察之后，最终确定是否参加投标。

投标人填报的资格预审文件内容，实际上就是业主发售的资格预审文件中所有的表格。这些表格的填报方法在资格预审文件中都逐表予以明确，投标企业要从本单位最近的统计、财务等有关报表中摘录，不得随意更改文件的格式和内容，对业绩表应结合本企业的实际实力和工程情况认真填写。一般来说，凡参加资格预审的投标企业，都希望取得投标资格。投标企业应在实事求是的基础上尽量选择那些评价高、难度大、结构形式多样、工期短、造价低、有利于本企业中标的项目。

3. 研究招标文件

当投标企业收到业主的"资格预审合格通知书"或"投标邀请书"时，要根据其中标明的发售地点、时间、价格、联系单位和其他要求，及时派人购回招标文件。

投标企业对购回的标书要认真研读，检查招标文件是否齐全，有无缺页码和遗漏，对疑问之处整理记录，通过研究招标文件对工程的总体概况做到心中有数，为参加现场考察和标前会议做好准备。

研究招标文件，就是"吃"透标书。招标文件的主要内容包括：投标邀请书；投标人须知；合同条件；投标规范；工程量清单、标书及各种附件格式；补充资料、图纸；参考资料。

研究招标文件应重点研究投标人须知、特别条款、设计图纸、工程范围，以及工程量清单，对技术规范要看其是否有特殊要求。

4. 勘察现场和标前会议

投标企业应参加由业主安排的正式现场勘察，未参加正式现场勘察者，可能会被拒绝投标。按照国际惯例，投标人提出的报价一般被认为是在现场勘察的基础上提出的，一旦标书交出并在投标截止日期之后，投标人就无法因现场勘察不周，情况了解不细或因考虑不全面而提出个性标书、调整报价或给予补偿等要求。另外，编制标书需要的许多数据和情况也要从现场勘察中获得，因此，投标人在报价以前必须认真地进行施工现场勘察，全面、细致地了解工地及周边情况。

在现场勘察之前，投标人一定要仔细研究招标文件，特别是工作范围、特别条款及设计图纸和说明，把疑点记录下来，然后拟定调研提纲，做到有准备、有计划地进行调查。投标前的调查和现场勘察除了解决招标文件中发现的问题外，还要对下面几方面进行系统的调查了解。

1) 地理环境方面

（1）项目所在地及其附近的地形、地貌、土壤等情况。

（2）项目所在地及其附近的江河、湖泊、地下水的深度及水质等。

（3）项目所在地气象情况，如最高、最低气温，冻土层深度，主导风向、风速，年降雨量和降雪量。

（4）自然地理条件对物资运输及施工的可能影响。

2) 工程施工条件

（1）工程所需当地建材的料源储量和分布地。

（2）场内外交通运输条件，现场周围道路、桥梁的通行能力。

（3）施工供电、供水条件。

（4）生产和生活用房的场地及租赁情况。

（5）当地劳动力的来源及技术水平。

（6）当地施工机械的供应、租赁和修配能力。

3) 经济方面

（1）工程所需各种材料，特别是大宗材料的市场价格、规格、性能，有无专业供应商。

（2）施工场地租用价格。

（3）当地可供应的施工机械的价格、性能和厂家资料，租赁施工机械的价格及情况。

(4) 当地其他类似工程的竣工成本、工程单价和定额。
(5) 当地生活必需品的供应情况和市场价格。
(6) 当地近三年物价指数变化情况。

投标人完成投标前调查和现场勘察工作后,可根据调查和勘察的结果对是否参加此项工程的投标作出最终决策,此时尚可因某些不利于投标人因素的存在而不参加投标,但一旦标书递交后,在投标截止日期与标书规定的投标有效期终止之间这段时间,投标人不能撤回标书,否则没收投标保证金。

标前会是由招标单位以正式会议的形式口头解答投标单位在现场勘察前、考察后以书面形式提出的各种问题,并在会议结束后以"会议纪要"的文字形式通知投标人。

5. 校核工程量、编制施工方案

招标文件中"工程量清单"上开列的工程数量属于估算的工程量,不能作为承包商在履行合同义务过程中应予以完成的实际工程量。一般来说,招标文件中给出的工程量都比较准确,但投标人不能完全相信它,还应进行核实,否则一旦有漏项或其他错误,就会影响中标或造成不应有的经济损失甚至亏本。

核实工程量不必重新计算一遍,只选择工程量大、造价高的项目抽查若干项,按图纸核对即可。核对工程量的主要任务如下。

(1) 检查有无漏项或重复。
(2) 工程量是否正确。
(3) 施工方法及要求与图纸是否相符。

如果发现工程量有重大出入,特别是漏项时可找业主核对,要求业主认可或在标前函中说明,待中标后签合同时再加以认证,切记不要随意加以更改或补充,以免造成废标。

施工方案是标书的重要组成部分,包括下列内容。

(1) 施工总体布置图。
(2) 施工机械配置及水电容量。
(3) 主要施工项目的施工方法、工艺流程。
(4) 人工、材料、施工机械的来源及运输方式。
(5) 临建工程及其他。

如果招标文件要求,则还需提供施工计划网络图。通过施工计划网络图可找出控制工期的关键路线,在一定工期、成本、资源条件下获取最佳的计划安排,以达到缩短工期、提高工效、降低成本的目的。

在选择和确定施工方法时,应注意:对于比较简单的工程,应结合已有的施工机械及工人技术水平来确定施工方法,努力做到节省开支,加快速度。对于复杂工程则要考虑多种方案,综合比较,择优选择,必须结合施工进度计划及施工机械设备能力来研究,充分考虑可能发生的情况,并采用相应措施后方能决定。

在国内公路工程施工投标时,应该注意的是,国内定额有统一规定,虽然允许浮动,但差别不很大,所以投标应争取以施工方案取胜。

6. 计算报价

1) 编制依据

在编制投标文件时,必须严格按照投标文件有关规定办理,招标文件中提供的工程量清单是编制报价的主要依据。编制报价时需校核，若有不符之处应按招标文件中有关规定请业主澄清，切勿自行修改工程量的内容和数量，以免造成废标。

定额是指国家或国家授权相关编制完成的某一单位分项工程所需消耗的人工、材料、施工机械台班的数量标准。投标单位在编制报价时应参考最新公路工程概（预）算定额，但为了提高报价的竞争力和保证能完成施工合同，可结合本企业的施工技术管理水平，同时必须根据工程所在地的实际情况对各项定额及费率作适当的调整。

先进合理的施工方案和工程实施计划，是编制和合理确定工程造价的重要因素。投标单位可把自拟的施工方案和工程实施计划作为报价的编制依据。

主要设备、材料、人工费在工程建设期内的涨价因素，招标文件中应予以明确，一般以年增长系数的方式计入报价。

2）衡量报价的标准

投标人投标的目的是中标，而中标的目的是从中获取经济效益，投标人能否中标及中标后是否能取得良好的经济效益，关键问题在于投标人的报价。

衡量投标人报价成功与否的标准是：其报价应足够低，从而赢得项目；同时却又应足够高，以保证能完成合同，并有一定利润。一般来说，估算成本费占总标价 90%~95% 的合同标价竞争力最强。

3）计算报价的步骤

（1）"吃透"标书。

（2）复核工程量。

（3）编制初步的施工方案。

（4）根据标书格式及填写要求进行投标报价的计算。

4）报价文件的组成

（1）工程量及价格表。

（2）单价计算表。

（3）人工、主要材料数量汇总表。

（4）工程进度计划表。

（5）工程用款计划表。

（6）劳动力计划表。

（7）主要材料进场计划表。

（8）与标书一起递交的资料与附图。

5）报价的计算

投标总标价为投标文件中各章总金额之和，而各章总金额则为工程量清单中所列项目的工程数量与投标人报的单价之乘积的总和。

报价项目的单价构成应包括建筑安装工程全部费用，即现行公路工程概预算组成中的直接费、设备购置费、措施费、企业管理费、规费、利润、税金及建设期间的物价上涨费。如果合同中要求承包人办理保险，则单价中还应包括保险费。

7. 投标报价策略

《公路工程建设项目招标投标管理办法》规定，对于报价低于标底 20% 的投标书，如无充分理由证明能够保证降低造价的，评标时可不予考虑。由此可见，标价过低不一定就能中标，即使中标也面临亏损的问题。只有低而适度的报价才是中标的基础。从国际和国内公路工程投标的情况看，绝大部分得标者在第一标、第二标、第三标（费用估算最低、次低和倒数第三的标）的范围内。

报价策略是投标策略的一部分。当对某一具体工程作出投标的决策之后，为了争取中标，应有一个明确的方针来指导报价工作，即报价策略。投标人为了使自己的报价有竞争力，就要使自己的预算成本尽可能低，同时为了合同实施过程中获取较大效益，还必须确定适当的利润率和充分考虑风险，最后进行报价平衡。报价策略应包括以下4个方面。

1）降低预算成本的策略

要确定一个低而适度的报价，首先要编制出先进合理的施工方案，在此基础上计算出能确保合同要求工期和质量标准的最低预算成本。降低公路工程预算成本要从降低直接费和间接费入手。其具体措施和技巧如下。

（1）发挥优势，降低成本。每个施工单位都可能有其各自的优势。如果利用这些优势来降低成本，降低报价，这种优势才会在投标竞争中起到实质性的作用，即把投标人的优势转化为价值形态。投标人的优势一般可以从以下几个方面考虑。

① 职工队伍：文化技术水平高，劳动态度好，工作效率高等。

② 技术装备：性能先进，配套使用效率高，满足投标工程项目的需要。

③ 材料供应：有一定的周转材料，有稳定的来源渠道，物美价廉，运输方便，运距短，费用低。

④ 施工技术组织：施工技术先进，方案切实可行，组织合理，经济效益好。

⑤ 管理体制：劳动组织精干，管理机构高效。

当投标人具有某些优势时，在计算报价的过程中就不要照搬统一的预算定额，而是结合本单位实际情况将优势转化为较低的报价。需要说明的是，投标单位利用优势降低成本进行降低报价，同减少应得到利润而降低报价争取中标有本质区别。利用本单位优势报价既提高了投标的竞争能力，又避免了利润损失。

（2）运用其他方法降低预算成本。这时应注意的是，所选用的方法一定要符合招标文件的要求，以免导致废标。

① 多方案报价法。多方案报价法就是在标函中有两个或两个以上的报价单。投标单位在研究招标文件和进行现场调查过程中，如果发现有设计不合理并且可以改进之处，或者可能利用某种新技术使造价降低，这时，除了完全按照招标文件要求提出基本报价之外，可另附一个建议方案用选择性报价。选择性报价应附有详细的价款分析表，否则可能被拒收。另外，选择性报价还应附有为全面评标所需的一切资料，包括对招标文件所提出的修改建议、设计计算书、技术规范、价款细目、施工方案细节和其他有关细节。投标人应注意：业主在考虑选择性报价时，只考虑那些在基础报价的基础上，估价最低的投标人的选择性报价，亦即选择性报价低于基础报价。当投标人采取多方案报价时，必须在所提交的每一份文件上都标明"基本报价"和"选择报价"字样，以免造成废标。

在选择方案中明确：如果能采用此方案，业主将获得工期提前、质量提高、造价降低等实惠，将会对业主产生极大的吸引力，有利于本单位中标。而对投标单位来说，虽然降低了报价，但实际成本也降低了，而成本降低的幅度可能要大于报价降低幅度，如选择方案中由于采用某种新技术使报价降低了2%，但实际成本可能降低了3%；这样，投标单位既有可能顺利中标，又仍然有利可图。此外，如果可能的话，投标人还可以趁机修改合同条件中不利于投标人的条款。

② 开口升降报价法。开口升降报价法就是把投标看成是取得议标资格的步骤，并不是真的降低报价，只是在详细研究招标文件的基础上，将其中的疑难问题（如有特殊技术要求或造价较大的项目）找出，作为活口，暂不计入报价，只在报价单中适当加以注释，这样其余部分报的总价就会很低，以至于低到其他投标人无法与之竞争的最低数额（有时称"开口价"），从而取得与之议标的机会。在与业主议标的过程中利用自己丰富的施工经验对"活口"部分提出一系列具有远见卓识的方案和相应报价，这样，既赢得了业主的信任，又提高了自己的报价并且获得了工程的承包权。

当然也可以利用"活口"借故加价，以达到赢利目的，但一定要适可而止，不要过分，以免损害本单位的声誉。

当投标人拟采用开口报价时，一定要注意招标文件是否允许这样报价，如果招标文件中明确了疑难问题的澄清办法和合同中明确要求必须按给出的格式报价，这种办法就不能使用。

2）确定计划利润率的策略

（1）根据实际情况确定计划利润率。计划利润是投标人预计在所投标工程中获得的利润，用计划利润率表示，即

$$计划利润 = （直接费+措施费+企业管理费）\times 计划利润率$$

计划利润率取多少为宜，其原则是既要使标价有竞争力，又要使投标单位中标后得到理想的经济效益。但在投标时投标人可根据实际情况进行调整，利润率浮动规律见表7-3。

表7-3 确定利润参考因素

影响利润的因素		宜采用的利润率	
		高	低
工程方面	施工条件	场地狭窄、地处闹市	交通方便、工程简便、工程量大
	专业要求	专业要求高、本单位这方面有专长、信誉也高	专业要求不高，一般的施工单位都可施工
	工程总价	工程总价低或中小型工程	工程总价高或大型工程
	工期要求	业主对工期要求很急	工期比较充裕
	技术程度	技术密集型	劳动密集型
业主方面	投资情况	外资或中外合资	国内投资
投标人方面	施工任务	当在手工程较多、对工程兴趣不大时	当施工任务不足，迫切希望中标时
	将完成工程情况		当工程所在地附近有将竣工的工程而施工机械无法转移时
	战略目标		当为提高信誉、扩大市场以利今后发展时
竞争对手	投标竞争对手数量	投标对手数量少时	当投标对手数量多时
	竞争对手实力	投标人中无实力雄厚的竞争对手时	投标人中有实力雄厚的竞争对手时

（2）根据客观规律确定计划利润率。在投标竞争中，利润率、获胜概率和预期贡献是有

一定规律的。国际流行的获胜概率理论表明，利润率越低，中标可能性就越大，但在一定范围内预期贡献就越小；反之，利润率越高，中标的可能性就越小，当然在一定范围内的预期贡献就越大。但如果利润率的高低超过一定的限度，则不但中标概率变小，而且预期贡献也会变小。因此承包商应尊重这一事实并结合有关因素确定一个恰当的利润率。

（3）根据公路基本建设市场情况确定利润率。目前，我国压缩基本建设投资，公路工程建设项目相对减少，施工企业数量增加，素质又不断提高，加之《公路工程建设项目招标投标管理办法》的出台和建设市场的不断完善与规范，无疑会使承包公路工程施工面临越来越激烈的竞争。因此，公路工程采取保本微利，低价中标，依靠加强后期管理不断提高经济效益。

3）报价平衡策略

投标单位在确定了最低预算成本和适度的计划利润率以后，即可得出招标工程项目的初步估价（最初投标报价）。然而，这个报价是否既具有竞争力，又能在中标后取得理想的经济效益，仍然是投标单位需要研究的重要问题。因此，在初步估价的基础上进行报价平衡是非常重要的。有策略地进行报价平衡，需要抓好以下两个环节的基本工作。

（1）报价分析。报价分析主要是分析报价的合理性和竞争性。首先由报价编制人员对报价计算过程按成本项目进行详细的复核。然后根据招标项目的大小和重要程度，由投标单位领导人主持召开一个有关业务部门和少数骨干参加的投标前分析会，对计算依据、计算范围、费率等报价计算的合理性进行内部"模拟"评价，挖掘降低报价的潜力。同时可根据主要竞争对手的实力、优势和以往类似工程投标中的报价水平，以及对招标单位标底的推测，分析本企业报价的竞争力，商定一个降价系数，提出必要的措施和对策。

（2）降低系数。降低系数是投标单位预先给参加投标人员的调价权限。投标人员是否动用降价系数，要在投标时随机应变。

随着投标日期的临近，投标人员要密切注视招标投标各方的动态和收集研究各种重要信息，特别对主要竞争对手的经营状况、投标积极性、可能的报价水平要作充分的估计。如果本身的报价水平具有竞争力，就不必轻易动用降低系数，否则就要在投标之前适当调整自己的报价。如果根据可靠的情报和推理分析表明，即使动用了降低系数也难以获胜，这时应及时报请投标单位领导人员权衡利弊，重新决策。

4）风险附加策略

当投标人的报价确定以后，还要采用"单位重分配"的方法来调整单价，以期在工程结算时取得最好的经济效益。

"单价重分配"是尽量在保持总标价不变的前提下，通过增加工程量清单中的一些项目的单价，同时降低另外一些项目的单价来使工程所需资金达到最小的方法。"单价重分配"的目的并不是靠降低报价来提高投标的竞争力，也不是靠提高报价以期中标后能取得较好的经济效益，而是：①赚取由于工程量改变而引起的额外收入；②改善工程项目的资金流动；③赚取由通货膨胀指数引起的额外收入。"单价重分配"的原则一般有以下几条。

（1）能早日结账收款的项目（如开办费、土方等）单价可提高一些，以利于资金周转（如果存入银行还可得到利息），后期完成的工程，单价可适当降低。

（2）经过核算工程量，对预计可能增加工程量的项目，单价应适当提高，这样在最终结算时可多结算一些，而对预计工程量可能减少的项目，单价应适当降低，这样在工程结算时损失并不大。

（3）对图纸不明确或有错误的，估计修改后工程量要增加的，可提高单价；对工程内容说不清楚的，单价可降低一些，这样有利于以后的索赔。

（4）对于暂定金额（暂定项目）要具体分析，因这类项目要开工后再与业主研究是否实施，其中肯定要做的单价可报高一些，不一定要做的则应降低一些。

（5）计日工或零星用工单价可略高于工程单价中的工资单价，因为它不影响承包总价的高低，如果发生则实报实销，可多获利。

（6）没有工程量，只填报单位的项目（如土方工程中挖淤泥、岩石等备用单价），其单价宜报高些，这样既不影响投标报价，以后发生还可多获利。

（7）如果处于高膨胀时期，利息率低于通货膨胀率，应提高后期完工工程的单价。这样，按通货膨胀率计算就可得到额外收入，同时为使总标价不变还要适当降低前期完工的某些项目的单价。

需要说明的是，在采用上述"单价重分配"的技巧时，要把调整幅度控制在合理范围内，避免显而易见的畸高或畸低，以免被业主认为"该报价没有科学依据"而视为废标或降低中标机会。

8. 投标技巧注意事项

在实力相当的公路施工企业中，有的企业中标率高，有的就低，其原因故然是多方面的，然而投标策略和技巧在中标率高的企业中所起的作用是不容忽视的。策略和技巧在表面上看似乎很难区分，但其实质是有区别的。策略是指行动的方针和原则，是中粗线条的，它在某项工作或某一阶段工作中起指导作用；而技巧是在某一具体工作中所采用的具体行动和方法，是局部的。投标技巧就是投标人从领取资格预审文件到签订合同这个过程中应该注意的一系列重要问题，现分述如下。

1）资格预审阶段

（1）要注意所采用方法的切实可行性和前后的一致性。即在"资格预审—投标—施工"这3个阶段都要基本采用资格预审文件中所述施工方案，以免引起不必要的合同纠纷。

（2）在编制"资格预审文件"时，要注意文字规范严谨、翻译准确、装帧精美，力争给业主留下深刻的影响。

（3）在填报"已完成的工作项目表"时，在资料真实的条件下，应选择那些评价高、难度大、结构形式多样、工期短、造价低等有利中标的项目。

2）研究标书

研究标书也称"吃透"标书，"吃透"标书要做到既不放过任何一个细节，又要特别注意一些重点问题。

（1）合同条件。

① 工作要求：包括开工竣工日期、总工期及是否有分段分批竣工交付使用的要求和有关工期提前或拖后的奖罚条件与奖罚限额。

② 工程保修期限。

③ 质量等级与标准。

④ 物资供应分工中双方的责任。

⑤ 付款条件，是否有预付款扣回；按进度结算还是完工一次结算；延期付款的责任和

利息的支付。

（2）材料、设备和施工技术。

① 设计中采用的施工与验收规范及设计的规定与特殊要求。

② 有无特殊的施工方法要求，其中需要采用什么特殊的设备、措施，需要花费多少特殊的费用。

③ 有无特殊的材料设备，如招标单位指定供货单位的材料。

④ 关于材料设备代用的规定。

（3）工程范围和报价要求。

① 弄清合同的种类（如总价合同还是单价合同），不同的合同种类其报价要求不同，必须区别对待。

② 工程量清单的编制体系和方法。如工程项目的组成和工程细目的组成。一定要搞清项目或细目的含义，以避免工程开始后结账时造成麻烦，特别在投国外工程项目时，更要注意工程量清单中各个项目的外文含义，如有含糊不清处必须找业主澄清。

③ 各种费用列入报价的方法。

④ 总包与分包的规定。如怎样选定分包单位，总包和分包单位之间的相互责任、权利和义务。

⑤ 施工期限内的材料、设备涨价，国家统一调整工资等的补偿规定。

3）澄清问题

在投标有效期内，无论在研究标书时或在现场勘察时或在填报标书时，投标都可以要求业主澄清投标文件中含糊不清的问题，但要注意询问的策略和技巧。

① 注意礼貌，不要让业主为难。

② 标书中对投标人有利的含糊不清的条款，不要轻易提请澄清。

③ 不要让竞争对手从我方提问中觉察出自己的设想和施工方案，甚至泄露了报价。

④ 请业主或顾问工程师对所作的答复出具书面文件，并宣布与标书具有同样效力，或者由投标人整理一份谈话记录送交业主，由业主确认签字盖章后送回。绝对不能以口头答复为依据来修改投标报价。

⑤ 千万不能擅自修改招标文件并将其作为报价依据。

4）算标

算标的指导思想是：认真细致，科学严谨，既不要有侥幸心理，也不要搞层层加码。

（1）算标首先要按照合同的类别结合本单位的经验和习惯，确定算标的方法、程序和报价策略。常用的算标方法有单价分析法、系数法、类比法。具体应用时最好不采用单一的计算方法，而用几种方法进行复核和综合分析。如主要采用单价分析逐项计算，但还应采用类比法进行复核等。

（2）计算和核实工程量。工程量计算得准确与否，是整个算标工作的基础。计算和核定工程量，一般可从两方面入手：一方面要认真研究招标文件，复核工程量，吃透设计技术要求，改正错误，检查疏漏；另一方面要通过实地勘察取得第一手资料，掌握一切与工程量有关的因素。

（3）人工、材料、施工机械使用的基价是计算公路工程报价的基本要素，其他费用都由其乘上相应的系数得出，可见基价的计算准确程度直接影响到报价水平。在计算人工费时，要按本企业各项开支标准算出人工工日基价;在计算材料基价时,要在材料价格的基础上结合市场调查和询价结果,并考虑运输条件等因素计算出运抵现场的各种材料基价;在计算施工机械使用基价时,应按照所选用机械设备的来源和相应的费用计算。

(4)除了核实工程量和准确计算基价以外,各项费率的选择也是决定报价成功与否的关键。因此,在选择费率时,既要考虑到以此费率计算出来的费用能包住实际发生的费用,又要考虑到以此费率计算出的标价要有竞争力。

综上所述,算标过程的关键在于掌握好工程量、基价和各项费率这三个要素,只有这三个要素计算准确和确定得合理才既能保证报价有一定的竞争力,又能在中标后获得理想的效益。

在确定最后标价时,要根据自己计算的结果来确定,切忌轻信"偷"来的标底或竞争对手的"报价"。投标单位轻信"摸"来的"标底"或"报价"并根据其确定自己投标报价而造成经济损失的现象时有发生。

5)编制标书

(1)在填报标书时要用铅笔填写在复印的工程量表上,以便随时涂改方便,也便于最终调价。

(2)要反复核对,至少一人算完后,由另一人逐项审查是否有计算上的错误。

(3)要防止丢项、漏项和漏页。

(4)在填写标书时不要改变标书格式,如果原有的格式不能表达投标意图可另附补充说明。

(5)需要手写的内容字迹要清晰、端正,不应有涂改和留空格现象,语言要讲求科学性和逻辑性,投标书的装帧要庄重、美观、大方,力求给业主留下严肃认真的良好印象。

(6)写单位名称时一定要写全称,切忌写简称。

7.3.2 工程合同计价方式

工程合同价一般可以采用3种方式:固定价、可调价和成本加酬金价。

1. 固定价

1)固定总价合同价

固定总价合同的价格计算是以设计图纸、工程量及规范等为依据,承发包双方就承包工程协商一个固定的总价,并一笔包死,无特定情况不作变化。

采用这种合同,合同总价只有在设计和工程范围发生变更的情况下才能随之作相应的变更,除此之外,合同总价一般不能变动。因此,采用固定总价合同,承包方要承担合同履行过程中的主要风险,要承担实物工程量、工程单价等变化而可能造成损失的风险。在合同执行过程中,承发包双方均不能以工程量、设备和材料价格、工资等变动为理由,提出对合同总价调整的要求。所以,作为合同总价计算依据的设计图纸、说明、规定及规范需对工程做出详尽的描述,承包方要在投标时对一切费用上升的因素作出估计并将其包含在投标报价之中。承包方因为可能要为许多不可预见因素付出代价,所以往往会加大不可预见费用,致使这种合同的投标价格较高。固定总价合同一般适用于以下情况。

(1)招标时的设计深度已达到施工图设计要求,工程设计图纸完整齐全,项目范围及工程量计算依据确切,合同履行过程中不会出现较大的设计变更,承包方依据的报价工程量与实际完成的工程量不会有较大的差异。

（2）规模较小，技术不太复杂的中小型工程。承包方一般在报价时可以合理地预见到实施过程中可能遇到的各种风险。

（3）合同工期较短，一般为一年之内的工程。

2）固定单价合同价

固定单价合同价分为估算工程量单价合同价与纯单价合同价。

（1）估算工程量单价合同价。是以工程量清单和工程单价表为基础和依据来计算合同的价格，亦可称为计量估价合同价。估算工程量单价合同价通常是由发包方提出工程量清单，列出分部、分项工程量，由承包方以此为基础填报相应单价，累计计算后得出合同价格。但最后的工程结算价应按照实际完成的工程量来计算，即按合同中的分部、分项工程单价和实际工程量，计算得出工程结算和支付的工程总价格。

当采用估算工程量单价合同价时，工程量是统一计算出来的，承包方只要经过复核后填上适当的单价即可，承担风险较小；发包方也只需审核单价是否合理即可，对双方都较为方便。由于具有这些特点，估算工程量单价合同是比较常见的一种合同计价方式。估算工程量单价合同价大多用于工期长、技术复杂、实施过程中可能会较多发生各种不可预见因素的建设工程。在施工图不完整或当准备招标的工程项目内容、技术经济指标一时尚不能明确时，往往要采用这种合同计价方式。这样在不能精确地计算出工程量的条件下，可以避免使发包或承包的任何一方承担过大的风险。

（2）纯单价合同价。采用这种计价方式的合同时，发包方只向承包方给出发包工程的有关分部分项工程及工程范围，不对工程量作任何规定。即在招标文件中仅给出工程内各个分部、分项工程一览表、工程范围和必要的说明，而不必提供实物工程量。承包方在投标时只需要对这类给定范围的分部、分项工程做出报价即可，合同在实施过程中按实际完成的工程量进行结算。

这种合同计价方式主要适用于没有施工图，或者工程量不明却急需开工的紧迫工程，如设计单位来不及提供正式施工图纸，或者虽有施工图但由于某些原因不能比较准确地计算工程量时。当然，对于纯单价合同来说，发包方必须对工程范围的划分作出明确的规定，以使承包方能够合理地确定工程单价。

2. 可调价

可调价是指合同总价或单价，在合同的实施过程中可以按照约定随资源价格等因素的变化而调整的价格。

1）可调总价合同价

可调总价合同的总价一般是以设计图纸及规定、规范为基础，在报价及签约时，按招标文件的要求和当时的物价来计算合同总价。但合同总价是一个相对固定的价格，在合同执行过程中，由于通货膨胀而使所用的工料成本增加时，可对合同总价进行相应的调整。可调总价合同的合同总价不变，只是在合同条款中增加调价条款，如果出现通货膨胀这一不可预见的费用因素，合同总价就可按约定的调价条款作相应调整。

可调总价合同列出的有关调价的特定条款，往往是在合同专用条款中列明，调价必须按照这些特定的调价条款进行。这种合同与固定总价合同的不同之处在于，它对合同实施中出现的风险作了分摊，发包方承担了通货膨胀的风险，而承包方承担合同实施中实物工程量、成本和工期因素等其他风险。

可调总价合同价适用于工程内容和技术经济指标规定很明确的项目,由于合同中列有调价条款,所以工期在一年以上的工程项目较适于采用这种合同计价方式。

2) 可调单价合同价

可调单价一般是在工程招标文件中规定,在合同中签订的单价,根据合同约定的条款,如在工程实施过程中物价发生变化等,可作调整。有的工程在招标或签约时,因某些不确定因素而在合同中暂定某些分部、分项工程的单价,在工程结算时,再根据实际情况和合同约定对合同单价进行调整,确定实际结算单价。

3. 成本加酬金

成本加酬金合同价是将工程项目的实际投资划分成直接成本和承包方完成工作后应得酬金两部分。在工程实施过程中发生的直接成本由发包方实报实销,应得酬金由发包方按合同约定的方式另外支付给承包方。

这种合同计价方式主要适用于工程内容及技术经济指标尚未全面确定,投标报价的依据尚不充分的情况下,发包方因工期要求紧迫,必须发包的工程;或者发包方与承包方之间有高度的信任,承包方在某些方面具有独特的技术、特长或经验。由于在签订合同时,发包方提供不出可供承包方准确报价所必需的资料,报价缺乏依据,因此,在合同内只能商定酬金的计算方法。成本加酬金合同价广泛地适用于工作范围很难确定的工程和在设计完成之前就开始施工的工程。

以这种计价方式签订的工程承包合同有两个明显缺点:一是发包方对工程总价不能实施有效的控制;二是承包方对降低成本也不太感兴趣。因此,采用这种合同计价方式时,其条款必须非常严格。

按照酬金的计算方式不同,成本加酬金的合同价又分为以下几种形式。

1) 成本加固定百分比酬金的合同价

采用这种合同计价方式,承包方的实际成本实报实销,同时按照实际成本的固定百分比付给承包方一笔酬金。工程的合同总价表达式为

$$C = C_d + C_d \times p \tag{7-1}$$

式中:C——合同价;

C_d——实际发生的成本;

p——双方事先商定的酬金固定百分比。

这种合同计价方式,工程总价及付给承包方的酬金随工程成本而水涨船高,这不利于鼓励承包方降低成本,正是由于这种弊病所在,使得这种合同计价方式很少被采用。

2) 成本加固定金额酬金的合同价

采用这种合同计价方式与成本加固定百分比酬金合同相似。其不同之处仅在于在成本上所增加的费用是一笔固定金额的酬金。酬金一般是按估算工程成本的一定百分比确定,数额是固定不变的。计算表达式为

$$C = C_d + F \tag{7-2}$$

式中:F——双方约定的酬金具体数额。

这种计价方式的合同虽然也不能鼓励承包商关心和降低成本,但从尽快获得全部酬金、减少管理投入出发,会有利于缩短工期。

当采用上述两种合同计价方式时，为了避免承包方企图获得更多的酬金而对工程成本不加控制，往往在承包合同中规定一些补充条款，以鼓励承包方节约工程费用的开支，降低成本。

3）成本加奖罚的合同价

采用成本加奖罚的合同价，是在签订合同时双方事先约定该工程的预期成本（或称目标成本）和固定酬金，以及实际发生的成本与预期成本比较后的奖罚计算办法。

根据工程实际成本的发生情况，确定奖罚的额度，当实际成本低于预期成本时，承包方除可获得实际成本补偿和酬金外，还可根据成本降低额得到一笔奖金；当实际成本大于预期成本时，承包方仅可得到实际成本补偿和酬金，并视实际成本高出预期成本的情况，被处以一笔罚金。成本加奖罚合同价的计算表达式为

$$C = C_d + F \qquad C_d = C_0 \qquad (7-3)$$
$$C = C_d + F + \Delta F \qquad C_d < C_0 \qquad (7-4)$$
$$C = C_d + F - \Delta F \qquad C_d > C_0 \qquad (7-5)$$

式中：C_0——签订合同时双方约定的预期成本；

　　　ΔF——奖罚金额（可以是百分数，也可以是绝对数，而且奖与罚可以是不同的计算标准）。

这种合同计价方式可以促使承包方关心和降低成本，缩短工期，而且目标成本可以随着设计的进展而加以调整，所以承发包双方都不会承担太大的风险，故这种合同计价方式应用较多。

4）最高限额成本加固定最大酬金的合同价

在这种计价方式的合同中，首先要确定最高限额成本、报价成本和最低成本。当实际成本没有超过最低成本时，承包方花费的成本费用及应得酬金等都可得到发包方的支付，并与发包方分享节约额；如果实际工程成本在最低成本和报价成本之间时，承包方只有成本和酬金可以得到支付；如果实际工程成本在报价成本与最高限额成本之间时，则承包方只有全部成本可以得到支付；如果实际工程成本超过最高限额成本时，则超过部分发包方不予支付。

这种合同计价方式有利于控制工程投资，并能鼓励承包方最大限度地降低工程成本。

练习思考题

1. 简述工程招标和投标的含义、分类及招投标的范围。
2. 简述公开招标和邀请招标的含义及其优缺点。
3. 简述施工公开招标的程序及开标、评标、定标的基本原则。
4. 简述施工投标的程序及投标报价策略的内容。
5. 简述工程合同价的3种形式及其含义。
6. 案例分析：经当地主管部门批准后，某工程项目的施工由建设单位自行组织公开招标，招标工作主要内容确定如下：

(1) 成立招标工作小组；
(2) 发布招标公告；
(3) 编制招标文件；
(4) 编制标底；
(5) 发放招标文件；
(6) 组织现场踏勘和招标答疑；
(7) 投标单位资格审查；
(8) 接收投标文件；
(9) 开标；
(10) 确定中标单位；
(11) 评标；
(12) 签订承发包合同；
(13) 发出中标通知书。

现有 A、B、C、D 共 4 家经资格审查合格的施工企业参加该工程投标，与评标指标有关的数据见下表。

投标单位	A	B	C	D
报价/万元	3 420	3 528	3 600	3 636
工期/天	460	455	460	450

经招标工作小组确定的评价指标及评分方法如下。①以标底价（3 600 万元）的±3%为有效标，评分方法是：报价-3%为 100 分，在报价-3%的基础上，每上升 1%扣 5 分。②工期为 500 天，评分方法是：工期提前 10%为 100 分，在此基础上每拖后 5 天扣 2 分。③企业信誉和施工经验均已在资格审查时评定（企业信誉得分：C 单位为 100 分，A、B、D 单位均为 95 分；施工经验得分：A、B 单位为 100 分，C、D 单位为 95 分）。④上述 4 项评标指标的总权重分别为：投标报价 45%，投标工期 25%，企业信誉和施工经验各为 15%。

问题：
(1) 如果将上述招标工作内容顺序作为招标工作的先后顺序是否妥当？如果不妥，请确定合理的顺序。
(2) 编制每个投标单位各项指标得分及总得分，根据总得分列出名次并确定中标单位。

附录 A 全国冬季施工气温划分表

省、自治区、直辖市	地区、市、自治州、盟（县）	气温区	
北京	全境	冬二	I
天津	全境	冬二	I
河北	石家庄、邢台、邯郸、衡水市（冀州市、枣强县、故城县）	冬一	II
	廊坊、保定（涞源县及以北除外）、衡水（冀州市、枣强县、故城县除外）、沧州市	冬二	I
	唐山、秦皇岛市		II
	承德（围场县除外）、张家口（沽源县、张北县、尚义县、康保县除外）、保定市（涞源县及以北）	冬三	
	承德（围场县）、张家口市（沽源县、张北县、尚义县、康保县）	冬四	
山西	运城市（万荣县、夏县、绛县、新绛县、稷山县、闻喜县除外）	冬一	II
	运城（万荣县、夏县、绛县、新绛县、稷山县、闻喜县）、临汾（尧都区、侯马市、曲沃县、翼城县、襄汾县、洪洞县）、阳泉（盂县除外）、长治（黎城县）、晋城市（城区、泽州县、沁水县、阳城县）	冬二	I
	太原（娄烦县除外）、阳泉（盂县）、长治（黎城县除外）、晋城（城区、泽州县、沁水县、阳城县除外）、晋中（寿阳县、和顺县、左权县除外）、临汾（尧都区、侯马市、曲沃县、翼城县、襄汾县、洪洞县除外）、吕梁市（孝义市、汾阳市、文水县、交城县、柳林县、石楼县、交口县、中阳县）		II
	太原（娄烦县）、大同（左云县除外）、朔州（右玉县除外）、晋中（寿阳县、和顺县、左权县）、忻州、吕梁市（离石区、临县、岚县、方山县、兴县）	冬三	
	大同（左云县）、朔州市（右玉县）	冬四	
内蒙古	乌海市，阿拉善盟（阿拉善左旗、阿拉善右旗）	冬二	I
	呼和浩特（武川县除外）、包头（固阳县除外）、赤峰、鄂尔多斯、巴彦淖尔、乌兰察布市（察哈尔右翼中旗除外）、阿拉善盟（额济纳旗）	冬三	
	呼和浩特（武川县）、包头（固阳县）、通辽、乌兰察布市（察哈尔右翼中旗），锡林郭勒（苏尼特右旗、多伦县）、兴安盟（阿尔山市除外）	冬四	
	呼伦贝尔市（海拉尔区、新巴尔虎右旗、阿荣旗），兴安（阿尔山市）、锡林郭勒盟（冬四区以外各地）	冬五	
	呼伦贝尔市（冬五区以外各地）	冬六	

续表

省、自治区、直辖市	地区、市、自治州、盟（县）	气温区	
辽宁	大连（瓦房店市、普兰店市、庄河市除外）、葫芦岛市（绥中县）	冬二	I
	沈阳（康平县、法库县除外）、大连（瓦房店市、普兰店市、庄河市）、鞍山、本溪（桓仁县除外）、丹东、锦州、阜新、营口、辽阳、朝阳（建平县除外）、葫芦岛（绥中县除外）、盘锦市	冬三	
	沈阳（康平县、法库县）、抚顺、本溪（桓仁县）、朝阳（建平县）、铁岭市	冬四	
吉林	长春（榆树市除外）、四平、通化（辉南县除外）、辽源、白山、靖宇县、抚松县、长白县除外）、松原（长岭县）、白城市（通榆县）、延边自治州（敦化市、汪清县、安图县除外）	冬四	
	长春（榆树市）、吉林、通化（辉南县）、白山（靖宇县、抚松县、长白县）、白城（通榆县除外）、松原（长岭县除外）、延边自治州（敦化市、汪清县、安图县）	冬五	
黑龙江	牡丹江市（绥芬河市、东宁市）	冬四	
	哈尔滨（依兰县除外）、齐齐哈尔（讷河市、依安县、富裕县、克山县、克东县、拜泉县除外）、绥化（安达市、肇东市、兰西县）、牡丹江（绥芬河市、东宁市除外）、双鸭山（宝清县）、佳木斯（桦南县）、鸡西、七台河、大庆市	冬五	
	哈尔滨（依兰县）、佳木斯（桦南县除外）、双鸭山（宝清县除外）、绥化（安达市、肇东市、兰西县除外）、齐齐哈尔（讷河市、依安县、富裕县、克山县、克东县、拜泉县）、黑河、鹤岗、伊春市，大兴安岭地区	冬六	
上海	全境	准二	
江苏	徐州、连云港市	冬一	I
	南京、无锡、常州、淮安、盐城、宿迁、扬州、泰州、南通、镇江、苏州市	准二	
浙江	杭州、嘉兴、绍兴、宁波、湖州、衢州、舟山、金华、温州、台州、丽水市	准二	
安徽	亳州市	冬一	I
	阜阳、蚌埠、淮南、滁州、合肥、六安、马鞍山、芜湖、铜陵、池州、宣城、黄山市	准一	
	淮北、宿州市	准二	
福建	宁德（寿宁县、周宁县、屏南县）、三明市	准一	
江西	南昌、萍乡、景德镇、九江、新余、上饶、抚州、宜春市	准一	
山东	全境	冬一	I
河南	安阳、商丘、周口（西华县、淮阳县、鹿邑县、扶沟县、太康县）、新乡、三门峡、洛阳、郑州、开封、鹤壁、焦作、济源、濮阳、许昌市	冬一	I
	驻马店、信阳、南阳、周口（西华县、淮阳县、鹿邑县、扶沟县、太康县除外）、平顶山、漯河市	准二	
湖北	武汉、黄石、荆州、荆门、鄂州、宜昌、咸宁、黄冈、天门、潜江、仙桃市，恩施自治州	准一	
	孝感、十堰、襄阳、随州市、神农架林区	准二	
湖南	全境	准一	
重庆	城口县	准一	

附录 A　全国冬季施工气温划分表

续表

省、自治区、直辖市	地区、市、自治州、盟（县）	气温区	
四川	阿坝（黑水县）、甘孜自治州（新龙县、道浮县、泸定县）	冬一	Ⅱ
	甘孜自治州（甘孜县、康定县、白玉县、炉霍县）	冬二	Ⅰ
	阿坝（壤塘县、红原县、松潘县）、甘孜自治州（德格县）		Ⅱ
	阿坝（阿坝县、若尔盖县、九寨沟县）、甘孜自治州（石渠县、色达县）	冬三	
	广元市（青川县），阿坝（汶川县、小金县、茂县、理县）、甘孜（巴塘县、雅江县、得荣县、九龙县、理塘县、乡城县、稻城县）、凉山自治州（盐源县、木里县）	准一	
	阿坝（马尔康市、金川县）、甘孜自治州（丹巴县）	准二	
贵州	贵阳、遵义（赤水市除外）、安顺市、黔东南、黔南、黔西南自治州	准一	
	六盘水市、毕节市	准二	
云南	迪庆自治州（德钦县、香格里拉市）	冬一	Ⅱ
	曲靖（宣威市、会泽县）、丽江（玉龙县、宁蒗县）、昭通市（昭阳区、大关县、威信县、彝良县、镇雄县、鲁甸县），迪庆（维西县）、怒江（兰坪县）、大理自治州（剑川县）	准一	
西藏	拉萨市（当雄县除外），日喀则（拉孜县）、山南（浪卡子县、错那县、隆子县除外）、昌都（芒康县、左贡县、类乌齐县、丁青县、洛隆县除外）、林芝市	冬一	Ⅰ
	山南（隆子县）、日喀则市（定日县、聂拉木县、亚东县、拉孜县除外）		Ⅱ
	昌都市（洛隆县）	冬二	Ⅰ
	昌都（芒康县、左贡县、类乌齐县、丁青县）、山南（浪卡子县）、日喀则市（定日县、聂拉木县）、阿里地区（普兰县）		Ⅱ
	拉萨市（当雄县），那曲（安多县除外）、山南（错那县）、日喀则市（亚东县）、阿里地区（普兰县除外）	冬三	
	那曲地区（安多县）	冬四	
陕西	西安、宝鸡、渭南、咸阳（彬县、旬邑县、长武县除外）、汉中（留坝县、佛坪县）、铜川市（耀州区）	冬一	Ⅰ
	铜川（印台区、王益区）、咸阳市（彬县、旬邑县、长武县）		Ⅱ
	延安（吴起县除外）、榆林（清涧县）、铜川市（宜君县）	冬二	Ⅱ
	延安（吴起县）、榆林市（青涧县除外）	冬三	
	商洛、安康、汉中市（留坝县、佛坪县除外）	准二	
甘肃	陇南市（两当县、徽县）	冬一	Ⅱ
	兰州、天水、白银（会宁县、靖远县）、定西、平凉、庆阳、陇南市（西和县、礼县、宕昌县）、临夏、甘南自治州（舟曲县）	冬二	Ⅱ
	嘉峪关、金昌、白银（白银区、平川区、景泰县）、酒泉、张掖、武威市，甘南自治州（舟曲县除外）	冬三	
	陇南市（武都区、文县）	准一	
	陇南市（成县、康县）	准二	

续表

省、自治区、直辖市	地区、市、自治州、盟（县）	气温区	
青海	海东市（民和县）	冬二	II
青海	西宁市，海东市（民和县除外），黄南（泽库县除外）、海南、果洛（班玛县、达日县、久治县）、玉树（囊谦县、杂多县、称多县、玉树市）、海西自治州（德令哈市、格尔木市、都兰县、乌兰县）	冬三	
青海	海北（野牛沟、托勒除外）、黄南（泽库县）、果洛（玛沁县、甘德县、玛多县）、玉树（曲麻莱县、治多县）、海西自治州（冷湖、茫崖、大柴旦、天峻县）	冬四	
青海	海北（野牛沟、托勒）、玉树（清水河）、海西自治州（唐古拉山区）	冬五	
宁夏	全境	冬二	II
新疆	阿拉尔，喀什（喀什市、伽师县、巴楚县、英吉沙县、麦盖提县、莎车县、叶城县、泽普县）、哈密市（哈密市泌城镇）、阿克苏（沙雅县、阿瓦提县）、和田地区，伊犁（伊宁市、新源县、霍城县霍尔果斯镇）、巴音郭楞（库尔勒市、若羌县、且末县、尉犁县铁干里可）、克孜勒苏自治州（阿图什市、阿克陶县）	冬二	I
新疆	喀什地区（岳普湖县）		II
新疆	乌鲁木齐市（牧业气象试验站、达板城区、乌鲁木齐县小渠子乡），塔城（乌苏市、沙湾县、额敏县除外）、阿克苏（沙雅县、阿瓦提县除外）、哈密（哈密市十三间房、红柳河、伊吾县淖毛湖）、喀什地区（塔什库尔干县）、吐鲁番地区，克孜勒苏（乌恰县、阿合奇县）、巴音郭楞（和静县、焉耆县、和硕县、轮台县、尉犁县、且末县塔中）、伊犁自治州（伊宁市、霍城县、察布查尔县、尼勒克县、巩留县、昭苏县、特克斯县）	冬三	
新疆	乌鲁木齐市（冬三区以外各地），塔城（额敏县、乌苏市）、阿勒泰（阿勒泰市、哈巴河县、吉木乃县）、哈密地区（巴里坤县）、昌吉（昌吉市、木垒县、奇台县北塔山镇、阜康市天池）、博尔塔拉（温泉县、精河县、阿拉山口口岸）、克孜勒苏自治州（乌恰县吐尔尕特口岸）	冬四	
新疆	克拉玛依、石河子市，塔城（沙湾县）、阿勒泰地区（布尔津县、福海县、富蕴县、青河县）、博尔塔拉（博乐市）、昌吉（阜康市、玛纳斯县、呼图壁县、吉木萨尔县、奇台县）、巴音郭楞自治州（和静县巴音布鲁克乡）	冬五	

注：为避免繁冗，各民族、自治州名称予以简化，如青海省的"海西蒙古族藏族自治州"简化为"海西自治州"。

附录B 全国雨季施工雨量区及雨季期划分表

省、自治区、直辖市	地区、市、自治州、盟（县）	雨量区	雨季期（月数）
北京	全境	Ⅱ	2
天津	全境	Ⅰ	2
河北	张家口、承德市（围场县）	Ⅰ	1.5
河北	承德（围场县除外）、保定、沧州、石家庄、廊坊、邢台、衡水、邯郸、唐山、秦皇岛市	Ⅱ	2
山西	全境	Ⅰ	1.5
内蒙古	呼和浩特、通辽、呼伦贝尔（海拉尔区、满洲里市、陈巴尔虎旗、鄂温克旗）、鄂尔多斯（东胜区、准格尔旗、伊金霍洛旗、达拉特旗、乌审旗）、赤峰、包头、乌兰察布市（集宁区、化德县、商都县、兴和县、四子王旗、察哈尔右翼中旗、察哈尔右翼后旗、卓资县及以南），锡林郭勒盟（锡林浩特市、多伦县、太仆寺旗、西乌珠穆沁旗、正蓝旗、正镶白旗）	Ⅰ	1
内蒙古	呼伦贝尔市（牙克石市、额尔古纳市、鄂伦春旗、扎兰屯市及以东），兴安盟		2
辽宁	大连（长海县、瓦房店市、普兰店市、庄河市除外）、朝阳市（建平县）		2
辽宁	沈阳（康平县）、大连（长海县）、锦州（北镇市除外）、营口（盖州市）、朝阳市（凌源市、建平县除外）	Ⅰ	2.5
辽宁	沈阳（康平县、辽中区除外）、大连（瓦房店市）、鞍山（海城市、台安县、岫岩县除外）、锦州（北镇市）、阜新、朝阳（凌源市）、盘锦、葫芦岛（建昌县）、铁岭市		3
辽宁	抚顺（新宾县）、辽阳市		3.5
辽宁	沈阳（辽中区）、鞍山（海城市、台安县）、营口（盖州市除外）、葫芦岛（兴城市）		2.5
辽宁	大连（普兰店市）、葫芦岛市（兴城市、建昌县除外）		3
辽宁	大连（庄河市）、鞍山（岫岩县）、抚顺（新宾县除外）、丹东（凤城市、宽甸县除外）、本溪市	Ⅱ	3.5
辽宁	丹东市（凤城市、宽甸县）		4
吉林	辽源、四平（双辽市）、白城、松原市	Ⅰ	2
吉林	吉林、长春、四平（双辽市除外）、白山市，延边自治州	Ⅱ	2
吉林	通化市		3

续表

省、自治区、直辖市	地区、市、自治州、盟（县）	雨量区	雨季期（月数）
黑龙江	哈尔滨（市区、呼兰区、五常市、阿城区、双城区）、佳木斯（抚远市）、双鸭山（市区、集贤县除外）、齐齐哈尔（拜泉县、克东县除外）、黑河（五大连池市、嫩江县）、绥化（北林区、海伦市、望奎县、绥棱县、庆安县除外）、牡丹江、大庆、鸡西、七台河市，大兴安岭地区（呼玛县除外）	I	2
	哈尔滨（市区、呼兰区、五常市、阿城区、双城区除外）、佳木斯（抚远县除外）、双鸭山（市区、集贤县）、齐齐哈尔（拜泉县、克东县）、黑河（五大连池市、嫩江县除外）、绥化（北林区、海伦市、望奎县、绥棱县、庆安县）、鹤岗、伊春市，大兴安岭地区（呼玛县）	II	2
上海	全境	II	4
江苏	徐州、连云港市	II	2
	盐城市		3
	南京、镇江、淮安、南通、宿迁、扬州、常州、泰州市		4
	无锡、苏州市		4.5
浙江	舟山市	II	4
	嘉兴、湖州市		4.5
	宁波、绍兴市		6
	杭州、金华、温州、衢州、台州、丽水市		7
安徽	阜阳市、亳州、淮北、宿州、蚌埠、淮南、六安、合肥市	II	2
	滁州、马鞍山、芜湖、铜陵、宣城市		3
	池州市		4
	安庆、黄山市		5
福建	泉州市（惠安县崇武）	I	4
	福州（平潭县）、泉州（晋江市）、厦门（同安区除外）、漳州市（东山县）	II	5
	三明（永安市）、福州（市区、长乐市）、莆田市（仙游县除外）		6
	南平（顺昌县除外）、宁德（福鼎市、霞浦县）、三明（永安市、尤溪县、大田县除外）、福州（市区、长乐市、平潭县除外）、龙岩（长汀县、连城县）、泉州（晋江市、惠安县崇武、德化县除外）、莆田（仙游县）、厦门（同安区）、漳州市（东山县除外）		7
	南平（顺昌县）、宁德（福鼎市、霞浦县除外）、三明（尤溪县、大田县）、龙岩（长汀县、连城县除外）、泉州市（德化县）		8
江西	南昌、九江、吉安市	II	6
	萍乡、景德镇、新余、鹰潭、上饶、抚州、宜春、赣州市		7
山东	济南、潍坊、聊城市	I	3
	淄博、东营、烟台、济宁、威海、德州、滨州市		4
	枣庄、泰安、莱芜、临沂、菏泽市		5
	青岛市	II	3
	日照市		4

附录 B 全国雨季施工雨量区及雨季期划分表

续表

省、自治区、直辖市	地区、市、自治州、盟（县）	雨量区	雨季期（月数）
河南	郑州、许昌、洛阳、济源、新乡、焦作、三门峡、开封、濮阳、鹤壁市	Ⅰ	2
	周口、驻马店、漯河、平顶山、安阳、商丘市		3
	南阳市		4
	信阳市	Ⅱ	2
湖北	十堰、襄樊、随州市，神农架林区	Ⅰ	3
	宜昌（秭归县、远安县、兴山县）、荆门市（钟祥市、京山县）		2
	武汉、黄石、荆州、孝感、黄冈、咸宁、荆门（钟祥市、京山县除外）、天门、潜江、仙桃、鄂州、宜昌市（秭归县、远安县、兴山县除外），恩施自治州	Ⅱ	6
湖南	全境	Ⅱ	6
广东	茂名、中山、汕头、潮州市	Ⅰ	5
	广州、江门、肇庆、顺德、湛江、东莞市		6
	珠海市		5
	深圳、阳江、汕尾、佛山、河源、梅州、揭阳、惠州、云浮、韶关市	Ⅱ	6
	清远市		7
广西	百色、河池、南宁、崇左市	Ⅱ	5
	桂林、玉林、梧州、北海、贵港、钦州、防城港、贺州、柳州、来宾市		6
海南	全境	Ⅱ	6
重庆	全境	Ⅱ	4
四川	阿坝（松潘县、小金县）、甘孜自治州（丹巴县、石渠县）	Ⅰ	1
	泸州市（古蔺县），阿坝（阿坝县、若尔盖县）、甘孜自治州（道孚县、炉霍县、甘孜县、巴塘县、乡城县）		2
	德阳、乐山（峨边县）、雅安市（汉源县），阿坝（壤塘县）、甘孜（泸定县、新龙县、德格县、白玉县、色达县、得荣县）、凉山自治州（美姑县）		3
	绵阳（江油市、安州区、北川县除外）、广元、遂宁、宜宾市（长宁县、珙县、兴文县除外）、阿坝（黑水县、红原县、九寨沟县）、甘孜（九龙县、雅江县、理塘县）、凉山自治州（会理县、木里县、宁南县）		4
	南充（仪陇县除外）、广安（岳池县、武胜县、邻水县）、达州市（大竹县），阿坝（马尔康县）、甘孜（康定市）、凉山自治州（甘洛县）		5
	自贡（富顺县除外）、绵阳（北川县）、内江、资阳、雅安市（石棉县），甘孜（稻城县）、凉山自治州（盐源县、雷波县、金阳县）	Ⅱ	3
	成都、自贡（富顺县）、攀枝花、泸州（古蔺县除外）、绵阳（江油县、安州区）、眉山（洪雅县除外）、乐山（峨边县、峨眉山市、沐川县除外）、宜宾（长宁县、珙县、兴文县）、广安市（岳池县、武胜县、邻水县除外），凉山自治州（西昌市、德昌县、会理县、会东县、喜德县、冕宁县）		4
	眉山（洪雅县）、乐山（峨眉山市、沐川县）、雅安（汉源县、石棉县除外）、南充（仪陇县）、巴中、达州市（大竹县、宣汉县除外），凉山自治州（昭觉县、布拖县、越西县）		5
	达州市（宣汉县）、凉山自治州（普格县）		6

续表

省、自治区、直辖市	地区、市、自治州、盟（县）	雨量区	雨季期（月数）
贵州	贵阳、遵义市，毕节市	II	4
	安顺市，铜仁市，黔东南自治州，六盘水市		5
	黔西南自治州		6
	黔南自治州		7
云南	昆明（市区，嵩明县除外）、玉溪、曲靖（富源县、师宗县、罗平县除外）、丽江（宁蒗县、永胜县）、普洱市（墨江县）、昭通市，怒江（兰坪县、泸水市六库镇）、大理（大理市、漾濞县除外）、红河（个旧市、开远市、蒙自市、红河市、石屏县、建水县、弥勒县、泸西县），迪庆、楚雄自治州	I	5
	保山（腾冲市、龙陵县除外）、临沧（凤庆县、云县、永德县、镇康县），怒江（福贡县、泸水市）、红河自治州（元阳县）		6
	昆明（市区，嵩明县）、曲靖（富源县、师宗县、罗平县）、丽江（古城区、华坪县）、普洱市（思茅区、景东县、镇沅县、宁洱县、景谷县），大理（大理市、漾濞县）、文山自治州	II	5
	保山（腾冲市、龙陵县）、临沧（临翔区、双江县、耿马县、沧源县）、普洱市（西盟县、澜沧县、孟连县、江城县），怒江（贡山县）、德宏、红河（绿春县、金平县、屏边县、河口县）、西双版纳自治州		
西藏	山南（加查县除外）、日喀则市（定日县）、那曲（索县除外）、阿里地区	I	1
	拉萨、昌都（类乌齐县、丁青县、芒康县除外）、日喀则（拉孜县）、林芝市（察隅县）、那曲（索县）		2
	昌都（类乌齐县）、林芝市（米林县）		3
	昌都（丁青县）、林芝市（米林县、波密县、察隅县除外）		4
	林芝市（波密县）		5
	昌都市（芒康县）、山南（加查县）、日喀则市（定日县、拉孜县除外）	II	2
陕西	榆林、延安市	I	1.5
	铜川、西安、宝鸡、咸阳、渭南市，杨凌区		2
	商洛、安康、汉中市		3
甘肃	天水（甘谷县、武山县）、陇南市（武都区、文县、礼县），临夏（康乐县、广河县、永靖县）、甘南自治州（夏河县）	I	1
	天水（北道区、秦城区）、定西（渭源县）、庆阳（华池县、环县）、陇南市（西和县），临夏（临夏市）、甘南自治州（临潭县、卓尼县）		1.5
	天水（秦安县）、定西（临洮县、岷县）、平凉（崆峒区）、庆阳（庆城县）、陇南市（宕昌县），临夏（临夏县、东乡县、积石山县）、甘南自治州（合作市）		2
	天水（张家川县）、平凉（静宁县、庄浪县）、庆阳（镇原县）、陇南市（两当县）、临夏（和政县）、甘南自治州（玛曲县）		2.5
	天水（清水县）、平凉（泾川县、灵台县、华亭县、崇信县）、庆阳（西峰区、合水县、正宁县、宁县）、陇南市（徽县、成县、康县），甘南自治州（碌曲县、迭部县）		3

附录 B 全国雨季施工雨量区及雨季期划分表

续表

省、自治区、直辖市	地区、市、自治州、盟（县）	雨量区	雨季期（月数）
青海	西宁市（湟源县），海东市（平安区、乐都区、民和县、化隆县），海北（海晏县、祁连县、刚察县、托勒），海南（同德县、贵南县），黄南（泽库县、同仁县），海西自治州（天峻县）	I	1
	西宁市（湟源县除外），海东市（互助县），海北（门源县），果洛（达日县、久治县、班玛县），玉树自治州（称多县、杂多县、囊谦县、玉树市），河南自治县		1.5
宁夏	固原地区（隆德县、泾源县）	I	2
新疆	乌鲁木齐市（小渠子乡、牧业气象试验站、大西沟乡），昌吉（阜康市天池），克孜勒苏（吐尔尕特、托云、巴音库鲁提），伊犁自治州（昭苏县、霍城县二台、松树头）	I	1
香港澳门	（资料暂缺）		
台湾	（资料暂缺）		

注：1. 表中未列的地区除西藏林芝地区墨脱县因无资料未划分外，其余地区均因降雨天数或平均日降雨量未达到计算雨季施工增加费的标准，故未划分雨量区及雨季期。
2. 行政区划依据资料及自治州、市的名称列法同冬季施工气温区划分说明。

附录 C 全国风沙地区公路施工区划分表

区划	沙漠（地）名称	地 理 位 置	自 然 特 征
风沙一区	呼伦贝尔沙地、嫩江沙地	呼伦贝尔沙地位于内蒙古呼伦贝尔平原，嫩江沙地位于东北平原西北部嫩江下游	属半干旱、半湿润严寒区，年降水量280~400 mm，年蒸发量1 400~1 900 mm，干燥度1.2~1.5
	科尔沁沙地	散布于东北平原西辽河中、下游主干及支流沿岸的冲积平原上	属半湿润温冷区，年降水量300~450 mm，年蒸发量1 700~2 400 mm，干燥度1.2~2.0
	浑善达克沙地	位于内蒙古锡林郭勒盟南部和赤峰市西北部	属半湿润温冷区，年降水量100~400 mm，年蒸发量2 200~2 700 mm，干燥度1.2~2.0，年平均风速3.5~5 m/s，年大风日数50~80 d
	毛乌素沙地	位于内蒙古鄂尔多斯中南部和陕西北部	属半干旱温热区，年降水量东部400~440 mm，西部仅250~320 mm，年蒸发量2 100~2 600 mm，干燥度1.6~2.0
	库布齐沙漠	位于内蒙古鄂尔多斯北部，黄河河套平原以南	属半干旱温热区，年降水量150~400 mm，年蒸发量2 100~2 700 mm，干燥度2.0~4.0，年平均风速3~4 m/s
风沙二区	乌兰布和沙漠	位于内蒙古阿拉善东北部，黄河河套平原西南部	属干旱温热区，年降水量100~145 mm，年蒸发量2 400~2 900 mm，干燥度8.0~16.0，地下水相当丰富，埋深一般为1.5~3 m
	腾格里沙漠	位于内蒙古阿拉善东南部及甘肃武威部分地区	属干旱温热区，沙丘、湖盆、山地、残丘及平原交错分布，年降水量116~148 mm，年蒸发量3 000~3 600 mm，干燥度4.0~12.0
	巴丹吉林沙漠	位于内蒙古阿拉善西南边缘及甘肃酒泉部分地区	属干旱温热区，沙山高大密集，形态复杂，起伏悬殊，一般高200~300 m，最高可达420 m，年降水量40~80 mm，年蒸发量1 720~3 320 mm，干燥度7.0~16.0
	柴达木沙漠	位于青海柴达木盆地	属极干旱寒冷区，风蚀地、沙丘、戈壁、盐湖和盐土平原相互交错分布，盆地东部年均气温2~4 ℃，西部为1.5~2.5 ℃，年降水量东部为50~170 mm，西部10~25 mm，年蒸发量2 500~3 000 mm，干燥度16.0~32.0
	古尔班通古特沙漠	位于新疆北部准噶尔盆地	属干旱温冷区，其中固定、半固定沙丘面积占沙漠面积的97%，年降水量70~150 mm，年蒸发量1 700~2 200 mm，干燥度2.0~10.0

续表

区划	沙漠（地）名称	地 理 位 置	自 然 特 征
风沙三区	塔克拉玛干沙漠	位于新疆南部塔里木盆地	属极干旱炎热区，年降水量东部 20 mm 左右，南部 30 mm 左右，西部 40 mm 左右，北部 50 mm 以上，年蒸发量在 1 500~3 700 mm，中部达高限，干燥度>32.0
	库姆达格沙漠	位于新疆东部、甘肃西部，罗布泊低地南部和阿尔金山北部	属极干旱炎热区，全部为流动沙丘，风蚀严重，年降水量 10~20 mm，年蒸发量 2 800~3 000 mm，干燥度>32.0，年 8 级以上大风天数在 100 d 以上

附录D 概算预算项目表

表 D-1 概算预算项目表

分项编号	工程或费用名称	单位	主要工作内容	备注
1	第一部分建筑安装工程费	公路公里		建设项目路线总长度（主线长度）
101	临时工程	公路公里		
10101	临时道路	km		新建施工便道与利用原有道路的总长
1010101	临时便道（修建、拆除与维护）	km		新建施工便道长度
1010102	原有道路的维护与恢复	km		利用原有道路长度
1010103	保通便道	km		
101010301	保通便道（修建、拆除与维护）	km		修建、拆除和维护
101010302	保通临时安全设施	km		临时安全设施修建、拆除与维护
10102	临时便桥、便涵	m/座		
1010201	临时便桥	m/座	修建、拆除与维护	临时施工汽车便桥
1010202	临时涵洞	m/座		
10103	临时码头	座		按不同的形式分级
10104	临时供电设施	总额		包括临时电力线路、变压器摊销等，不包括场外高压供电线路
10105	临时电信设施	总额		不包括广播线
	……			
102	路基工程	km		扣除主线桥梁、隧道和互通立交的主线长度，独立桥梁或隧道为引道或接线长度。下挂路基工程项目分表
	……			
103	路面工程	km		扣除主线桥梁、隧道和互通立交的主线长度，独立桥梁或隧道为引道或接线长度，下挂路面工程项目分表
	……			
104	桥梁涵洞工程	km		指桥梁长度

续表

分项编号	工程或费用名称	单位	主要工作内容	备注
10401	涵洞工程	m/道		下挂涵洞工程项目分表
	……			
10402	小桥工程	m/座		
1040201	拱桥	m²/m		下挂桥梁工程项目分表
1040202	矩形板桥	m²/m		下挂桥梁工程项目分表
1040203	空心板桥	m²/m		下挂桥梁工程项目分表
1040204	小箱梁桥	m²/m		下挂桥梁工程项目分表
1040205	T梁桥	m²/m		下挂桥梁工程项目分表
	……			
10403	中桥工程	m/座		
1040301	拱桥	m²/m		下挂桥梁工程项目分表，不分基础、上（下）部
1040302	预制矩形板桥	m²/m		下挂桥梁工程项目分表，不分基础、上（下）部
1040303	预制空心板桥	m²/m		下挂桥梁工程项目分表，不分基础、上（下）部
1040304	预制小箱梁桥	m²/m		
1040305	预制T梁桥	m²/m		
1040306	现浇箱梁桥	m²/m		
	……			
10404	大桥工程	m/座		
1040401	×××桥（桥型、跨径）	m²/m		下挂桥梁工程项目分表
	……			
10405	特大桥工程	m/座		
1040501	××特大桥工程	m²/m		按桥名分级：技术复杂大桥先按主桥和引桥分级，再按工程部位分级
104050101	引桥工程（桥型、跨径）	m²/m	不含桥面铺装及附属工程内容	标注跨径、桥型，下挂桥梁工程项目分表
104050102	主桥工程（桥型、跨径）	m²/m	不含桥面铺装及附属工程内容	标注跨径、桥型、下挂桥梁工程项目分表
104050103	桥面铺装	m³		下挂桥梁工程项目分表相应部分
104050104	附属工程	m		下挂桥梁工程项目分表相应部分
10406	桥梁维修加固工程	m²/m		下挂桥梁工程项目分表相应部分
	……			

续表

分项编号	工程或费用名称	单位	主要工作内容	备注
105	隧道工程	km/座		按隧道名称分级，并注明其形式
10501	连拱隧道	km/座		
1050101	××隧道	m		下挂隧道工程项目分表
	……			
10502	小净距隧道	km/座		
1050201	××隧道	m		下挂隧道工程项目分表
	……			
10503	分离式隧道	km/座		
1050301	××隧道	m		下挂隧道工程项目分表
	……			
10504	下沉式隧道	km/座		
1050401	××隧道	m		下挂隧道工程项目分表
	……			
10505	沉管隧道	km/座		
1050501	××隧道	m		下挂隧道工程项目分表
	……			
10506	盾构隧道	km/座		
1050601	××隧道	m		下挂隧道工程项目分表
	……			
10507	其他形式隧道	km/座		
1050701	××隧道	m		下挂隧道工程项目分表
	……			
106	交叉工程	处		按不同的交叉形式分目
10601	平面交叉	处		按不同的类型分级
1060101	公路与等级公路平面交叉	处		下挂路基和路面等工程项目分表
1060102	公路与等外公路平面交叉	处		下挂路基和路面等工程项目分表
	……			
10602	通道	m/处		按结构类型分级
1060201	箱式通道	m/处		
1060202	板式通道	m/处		
1060203	拱形通道	m/处		
	……			
10603	天桥	m/座		按不同的结构类型分级，若有连接线，下挂路基和路面等工程项目分表

续表

分项编号	工程或费用名称	单位	主要工作内容	备注
10401	涵洞工程	m/道		下挂涵洞工程项目分表
	……			
10402	小桥工程	m/座		
1040201	拱桥	m²/m		下挂桥梁工程项目分表
1040202	矩形板桥	m²/m		下挂桥梁工程项目分表
1040203	空心板桥	m²/m		下挂桥梁工程项目分表
1040204	小箱梁桥	m²/m		下挂桥梁工程项目分表
1040205	T梁桥	m²/m		下挂桥梁工程项目分表
	……			
10403	中桥工程	m/座		
1040301	拱桥	m²/m		下挂桥梁工程项目分表,不分基础、上（下）部
1040302	预制矩形板桥	m²/m		下挂桥梁工程项目分表,不分基础、上（下）部
1040303	预制空心板桥	m²/m		下挂桥梁工程项目分表,不分基础、上（下）部
1040304	预制小箱梁桥	m²/m		
1040305	预制T梁桥	m²/m		
1040306	现浇箱梁桥	m²/m		
	……			
10404	大桥工程	m/座		
1040401	×××桥（桥型、跨径）	m²/m		下挂桥梁工程项目分表
	……			
10405	特大桥工程	m/座		
1040501	××特大桥工程	m²/m		按桥名分级：技术复杂大桥先按主桥和引桥分级，再按工程部位分级
104050101	引桥工程（桥型、跨径）	m²/m	不含桥面铺装及附属工程内容	标注跨径、桥型,下挂桥梁工程项目分表
104050102	主桥工程（桥型、跨径）	m²/m	不含桥面铺装及附属工程内容	标注跨径、桥型、下挂桥梁工程项目分表
104050103	桥面铺装	m³		下挂桥梁工程项目分表相应部分
104050104	附属工程	m		下挂桥梁工程项目分表相应部分
10406	桥梁维修加固工程	m²/m		下挂桥梁工程项目分表相应部分
	……			

续表

分项编号	工程或费用名称	单位	主要工作内容	备注
105	隧道工程	km/座		按隧道名称分级,并注明其形式
10501	连拱隧道	km/座		
1050101	××隧道	m		下挂隧道工程项目分表
	……			
10502	小净距隧道	km/座		
1050201	××隧道	m		下挂隧道工程项目分表
	……			
10503	分离式隧道	km/座		
1050301	××隧道	m		下挂隧道工程项目分表
	……			
10504	下沉式隧道	km/座		
1050401	××隧道	m		下挂隧道工程项目分表
	……			
10505	沉管隧道	km/座		
1050501	××隧道	m		下挂隧道工程项目分表
	……			
10506	盾构隧道	km/座		
1050601	××隧道	m		下挂隧道工程项目分表
	……			
10507	其他形式隧道	km/座		
1050701	××隧道	m		下挂隧道工程项目分表
	……			
106	交叉工程	处		按不同的交叉形式分目
10601	平面交叉	处		按不同的类型分级
1060101	公路与等级公路平面交叉	处		下挂路基和路面等工程项目分表
1060102	公路与等外公路平面交叉	处		下挂路基和路面等工程项目分表
	……			
10602	通道	m/处		按结构类型分级
1060201	箱式通道	m/处		
1060202	板式通道	m/处		
1060203	拱形通道	m/处		
	……			
10603	天桥	m/座		按不同的结构类型分级,若有连接线,下挂路基和路面等工程项目分表

续表

分项编号	工程或费用名称	单位	主要工作内容	备注
1060301	钢结构桥	m/处		
1060302	钢筋混凝土拱桥	m/处		
1060303	钢筋混凝土梁桥	m/处		
1060304	钢筋混凝土板桥	m/处		
	……			
10604	渡槽	m/处		按不同的结构类型分级
10605	分离式立体交叉	km/处		当主线下穿时,上跨主线的才计入分离立交,按交叉名称分级
1060501	××分离式立体交叉	处		
106050101	××分离立交桥梁	m		下挂桥梁模块
106050102	××分离立交连接线	km		下挂路基、路面、涵洞工程项目分表
	……			
10606	互通式立体交叉	km/处		按互通名称分级
1060601	××互通式立体交叉	km		注明类型,如单喇叭,再按主线和匝道分级
106060101	主线工程	km		下挂路基、路面、涵洞、桥梁等工程项目分表
106060102	匝道工程	km		下挂路基、路面、涵洞、桥梁等工程项目分表
	……			
107	交通工程	公路公里		
10701	交通安全设施	公路公里		下挂交通安全设施工程项目分表
	……			
10702	收费系统	车道/处		收费车道数/收费站数
1070201	收费中心设备安装与土建	收费车道		按不同的设备分级
1070202	收费中心设备费	收费车道		按不同的设备分级
1070203	收费站设备安装与土建	收费车道		按不同的设备分级
1070204	收费站设备费	收费车道		按不同的设备分级
1070205	收费车道设备安装与土建	收费车道		按不同的设备分级
1070206	收费车道设备费	收费车道		按不同的设备分级
1070207	收费系统配电工程	收费车道		按不同的设备分级
	……			
1070208	收费岛工程	收费车道	收费岛土建、收费亭	按不同的工程及设备分级
	……			

续表

分项编号	工程或费用名称	单位	主要工作内容	备注
10703	监控系统	公路公里		
1070301	监控中心、分中心	公路公里		
107030101	监控中心、分中心设备安装	公路公里	含中心、分中心和隧道管理站等	按不同的设备分级
107030102	监控中心、分中心设备费	公路公里	含中心、分中心和隧道管理站等	按不同的设备分级
1070302	外场监控	公路公里		
107030201	外场监控设备安装	公路公里		按不同设备分级
107030202	外场监控设备费	公路公里		按不同设备分级
1070303	监控系统配电工程	公路公里		按不同设备分级
	……			
10704	通信系统	公路公里		
1070401	通信系统设备安装	公路公里		按不同设施分级
1070402	通信系统设备费	公路公里		按不同设施分级
	……			
1070403	缆线安装工程	公路公里		主材与安装费分列
107040301	缆线安装	公路公里		
107040302	缆线主材费用	公路公里		
	……			
10705	隧道机电工程	km/座		指隧道双洞长度及座数。按单座隧道进行分级
1070501	×××隧道机电工程			下挂隧道机电工程项目分表
	……			
10706	供电及照明系统	km		不含隧道内供配电
1070601	供电系统设备及安装	公路公里		按不同的部位分级
107060101	场区供电设备安装	公路公里		按不同的设施分级
107060102	场区供电设备费	公路公里		按不同的设施分级
1070602	照明系统设备与安装	公路公里		
107060201	场区照明安装	公路公里		
107060202	场区照明系统设备费	公路公里	不含灯杆、灯架、灯座箱	
107060203	大桥照明安装	公路公里		
107060204	大桥照明设备费	公路公里	不含灯杆、灯架、灯座箱	
	……			

分项编号	工程或费用名称	单位	主要工作内容	备注
10707	管理、养护、服务房建工程	m²		
1070701	管理中心	m²/处		
107070101	房建工程	m²		
	……			
1070702	养护工区	m²/处		
107070201	房建工程	m²		注明砖混或框架等结构形式
107070202	附属设施	m²		围墙、大门、道路、场区硬化、照明、排水等，不含土石方工程
	……			
1070703	服务区	m²/处		
107070301	服务区房屋	m²		注明砖混或框架结构形式
107070302	附属设施	m²	含围墙、大门、道路、场区硬化、照明、排水等，不含广场（场坪）土石方工程	广场（场坪）填挖土石方工程在主线土石方工程中
	……			
1070704	停车区	m²/处		
	……			
1070705	收费站（棚）	m²/处		
107070501	服务区房建工程	m²		注明砖混或框架等结构形式
107070502	收费大棚	m²		注明砖混或框架等结构形式
107070503	附属设施	m²	含围墙、大门、道路、场区硬化、照明、排水等，不含广场（场坪）土石方工程	广场（场坪）填挖土石方工程在主线土石方工程中
	……			
1070706	公共交通车站	处		
107070601	港湾	处		
107070605	直接式	处		
	……			
108	绿化及环境保护工程	公路公里		
10801	主线绿化及环境保护工程	公路公里		下挂绿化及环境保护工程项目分表
	……			
10802	互通立交绿化及环境保护工程	处		

续表

分项编号	工程或费用名称	单位	主要工作内容	备注
1080201	××互通立交绿化及环境保护	处		下挂绿化及环境保护工程项目分表
	……			
10803	管养设施绿化及环境保护工程	m²		按管养设施名称分级
1080301	××管理中心绿化及环境保护	m²		下挂绿化及环境保护工程项目分表
	……			
1080302	××服务区绿化及环境保护	m²		下挂绿化及环境保护工程项目分表
	……			
1080303	××停车区绿化及环境保护	m²		下挂绿化及环境保护工程项目分表
	……			
1080304	××养护工区绿化及环境保护	m²		下挂绿化及环境保护工程项目分表
	……			
1080305	××收费站绿化及环境保护	m²		下挂绿化及环境保护工程项目分表
	……			
10804	污水处理设施	处		按不同的内容分级
	……			
10805	取、弃土场绿化	处		下挂绿化及环境保护工程项目分表
109	其他工程	公路公里		
10901	联络线、支线工程	km/处		
1090101	××联络线、支线工程	km/处		下挂路基、路面、涵洞、桥梁、隧道、交通安全设施等工程项目分表
	……			
10902	连接线工程	km/处		
1090201	××连接线工程	km/处		下挂路基、路面、涵洞、桥梁、隧道、交通安全设施等工程项目分表
	……			
10903	辅道工程	km/处		
1090301	××辅道工程	km/处		下挂路基、路面、涵洞、桥梁、隧道、交通安全设施等工程项目分表
	……			

续表

分项编号	工程或费用名称	单位	主要工作内容	备注
10904	改路工程	km/处		下挂路基工程项目分表
	……			
10905	改河、改沟、改渠	m/处		下挂路基工程项目分表
	……			
10906	悬出路台	m/处		
10907	渡口码头	处		
10908	取、弃土场排水防护	m³		下挂路基工程项目分表
	……			
110	专项费用	元		
11001	施工场地建设费	元		
11002	安全生产费	元		
	……			
2	第二部分 土地使用及拆迁补偿费	公路公里		
201	土地使用费	亩		
20101	永久征用土地	亩		按土地类别属性分类
20102	临时用地	亩		按使用性质分类
202	拆迁补偿费	公路公里		
203	其他补偿费	公路公里		
	……			
3	第三部分 工程建设其他费	公路公里		
301	建设项目管理费	公路公里		
30101	建设单位（业主）管理费	公路公里		
30102	建设项目信息化费	公路公里		
30103	工程监理费	公路公里		
30104	设计文件审查费	公路公里		
30105	竣（交）工验收试验检测费	公路公里		
302	研究试验费	公路公里		
303	建设项目前期工作费	公路公里		
304	专项评价（估）费	公路公里		
305	联合试运转费	公路公里		
306	生产准备费	公路公里		
30601	工器具购置费	公路公里		

续表

分项编号	工程或费用名称	单位	主要工作内容	备注
30602	办公和生活用家具购置费	公路公里		
30603	生产人员培训费	公路公里		
30604	应急保通设备购置费	公路公里		
307	工程保通管理费	公路公里		
30701	保通便道管理费	km		
30702	施工期通航安全保障费	处		
30703	营运铁路保通管理费	处		
	……			
308	工程保险费	公路公里		
309	其他相关费用	公路公里		
4	第四部分预备费	公路公里		
401	基本预备费	公路公里		
402	价差预备费	公路公里		
5	第一至四部分合计	公路公里		
6	建设期货款利息	公路公里		
7	公路基本造价	公路公里		

表 D-2 路基工程项目分表（LJ）

分项编号	工程或费用名称	单位	主要工作内容	备注
LJ01	场地清理	km		
LJ0101	清理与掘除	km		按清除内容分级
LJ010101	清除表土	m³		
LJ010102	伐树、挖根	棵		
LJ0102	挖除旧路面	m³		按挖除路面的类型分级
LJ010201	挖除水泥混凝土路面	m³		
LJ010202	挖除沥青混凝土路面	m³		
LJ010203	挖除碎（砾）石路面	m³		
	……			
LJ0103	拆除旧建筑物、构筑物	m³		按拆除材料分级
LJ010301	拆除钢筋混凝土结构	m³		
LJ010302	拆除混凝土结构	m³		
LJ010303	拆除砖石及其他砌体	m³		
	……			
LJ02	路基挖方	m³		
LJ0201	挖土方	m³	挖、装、运、弃	
LJ0202	挖石方	m³	挖、装、运、弃	
	……			

续表

分项编号	工程或费用名称	单位	主要工作内容	备注
LJ03	路基填方	m³		
LJ0301	利用土方填筑	m³	填筑	不含桥涵台背回填
LJ0302	借土方填筑	m³	挖、装、运、填筑	不含桥涵台背回填
LJ0303	利用石方填筑	m³	挖、装、运、填筑	
LJ0304	借石方填筑	m³	挖、装、运、解小、填筑	
LJ0305	填砂路基	m³		
LJ0306	粉煤灰路基	m³		
LJ0307	石灰土路基	m³		
LJ04	结构物台背回填	m³		按回填位置分级
LJ0401	锥坡填土	m³		按不同的填筑材料分级
LJ0402	挡墙墙背回填	m³		按不同的填筑材料分级
LJ0403	桥涵台背回填	m³		按不同的填筑材料分级
LJ05	特殊路基处理	km		指需要处理的路基长度
LJ0501	软土地区路基处理	km		按不同的处理方法分级
LJ050101	抛石挤淤	m³		
LJ050102	垫层	m³		按不同的填料分级
LJ050103	土工织物	m³		按不同的土工织物分级
LJ050104	预压与超载预压	m³		
LJ050105	真空预压与堆载预压	m³		
LJ050106	塑料排水板	m		
LJ050107	水泥搅拌桩	m		
LJ050108	碎石桩	m		
LJ050109	混凝土管桩	m		
	……			
LJ502	不良地质路段处治	km		
LJ050201	滑坡地段路基防治	km/处		按不同的处理方法分级
LJ050202	崩塌及岩堆路段路基防治	km/处		按不同的处理方法分级
LJ050203	泥石流路段路基防治	km/处		按不同的处理方法分级
LJ050204	岩溶地区防治	km/处		按不同的处理方法分级
LJ050205	采空区处理	km/处		按不同的处理方法分级
LJ050206	膨胀土处理	km		按不同的处理方法分级
LJ050207	黄土处理	m³		按黄土的不同特征及处理方法分级
LJ05020701	陷穴	m³		按不同的处理方法分级
LJ05020702	湿陷性黄土	m³		按不同的处理方法分级
LJ050208	滨海路基防护与加固	km/处		按不同的处理方法分级
LJ050209	盐渍土处理	m³		按不同的处理方法分级

续表

分项编号	工程或费用名称	单位	主要工作内容	备注
	……			
LJ06	排水工程	km		路基工程长度、按不同的结构类型分级
LJ0601	边沟	m³/m		按不同的材料分级
LJ060101	现浇混凝土边沟	m³/m		
LJ060102	浆砌混凝土预制块边沟	m³/m		
LJ060103	浆砌片块石边沟	m³/m		
	……			
LJ0602	排水沟	m³/m		按不同的材料分级
LJ060201	现浇混凝土排水沟	m³/m		
LJ060202	浆砌混凝土预制块排水沟	m³/m		
LJ060203	浆砌片（块）石排水沟	m³/m		
	……			
LJ0603	截水沟	m³/m		按不同的材料分级
LJ060301	浆砌混凝土预制块截水沟	m³/m		
LJ060302	浆砌片（块）石截水沟	m³/m		
	……			
LJ0604	急流槽	m³/m		按不同的材料分级
LJ060401	现浇混凝土急流槽	m³/m		
LJ060402	浆砌片（块）石急流槽	m³/m		
	……			
LJ0605	暗沟	m³/m		按不同的材料分级
LJ060501	现浇混凝土暗沟	m³/m		
LJ060502	浆砌片石暗沟	m³/m		
	……			
LJ0606	渗（盲）沟	m³/m		按不同的材料分级
LJ0607	其他排水工程	km		
	……			
LJ07	路基防护与加固工程	km		按不同的结构类型分级
LJ0701	一般边坡防护与加固	km		坡底与路基顶面交界长度（按单边计），指非高边坡路段的防护及支挡建筑物
LJ702	高边坡防护与加固	km/处	包括植物防护、圬工防护、导治结构物及支挡建筑等	坡底与路基顶面交界长度（按单边计），指土质挖方边坡高度大于20 m、岩质挖方边坡高度大于30 m或填方边坡大于20 m的边坡防护与加固
LJ0703	冲刷防护	m	包括植物防护、铺石、抛石、石笼、导治结构物等	防护水流对路基冲涮和淘刷的防护工程；防护段长度

续表

分项编号	工程或费用名称	单位	主要工作内容	备注
LJ0704	其他防护	km	除以上路基防护工程外的路基其他防护工程等。	指路基长度
	……			
LJ08	路基其他工程	km	除以上工程外的路基工程，包括整修路基、整修边坡等	指路基长度
	……			

表 D-3 路面工程项目分表（LM）

分项编号	工程或费用名称	单位	主要工作内容	备注
LM01	沥青混凝土路面			
LM0101	路面垫层	m^2		按不同的材料分级
LM010101	碎石垫层	m^2		按不同的厚度分级
LM010102	砂砾垫层	m^2		按不同的厚度分级
	……			
LM0102	路面底基层	m^2		按不同的材料分级
LM010201	石灰稳定类底基层	m^2		按不同的厚度分级
LM010202	水泥稳定类底基层	m^2		按不同的厚度分级
LM010203	石灰粉煤灰稳定类底基层	m^2		按不同的厚度分级
LM010204	级配碎（砾）石底基层	m^2		按不同的厚度分级
	……			
LM0103	路面基层	m^2		按不同的材料分级
LM010301	石灰稳定类基层	m^2		按不同的厚度分级
LM010302	水泥稳定类基层	m^2		按不同的厚度分级
LM010303	石灰粉煤灰稳定类基层	m^2		按不同的厚度分级
LM010304	级配碎（砾）石基层	m^2		按不同的厚度分级
LM010305	水泥混凝土基层	m^2		按不同的厚度分级
LM010306	沥青碎石混合料基层	m^2		按不同的厚度分级
	……			
LM0104	透层、黏层、封层	m^2		按不同的形式分级
LM010401	透层	m^2		按不同的材料分级
LM010402	黏层	m^2		按不同的材料分级
LM010403	封层	m^2		按不同的材料分级
LM010404	沥青表处封层	m^2		
LM010405	稀浆封层	m^2		
LM010406	沥青同步碎石封层	m^2		
LM010407	土工布	m^2		
LM010408	玻璃纤维格栅	m^2		

续表

分项编号	工程或费用名称	单位	主要工作内容	备注
	……			
LM0105	沥青混凝土面层	m²		
LM010501	粗粒式沥青混凝土面层	m²		按不同的厚度分级
LM010502	中粒式沥青混凝土面层	m²		按不同的厚度分级
LM010503	细粒式沥青混凝土面层	m²		按不同的厚度分级
LM010504	改性沥青混凝土面层	m²		按不同的厚度分级
LM010505	沥青玛蹄脂碎石混合料面层	m²		按不同的厚度分级
	……			
LM02	水泥混凝土路面	m²		
LM0201	路面垫层	m²		按不同的材料分级
LM020101	碎石垫层	m²		按不同的厚度分级
LM020102	砂砾垫层	m²		按不同的厚度分级
	……			
LM0202	路面底基层	m²		按不同的材料分级
LM020201	石灰稳定类底基层	m²		按不同的厚度分级
LM020202	水泥稳定类底基层	m²		按不同的厚度分级
LM020203	石灰粉煤灰稳定类底基层	m²		按不同的厚度分级
LM020204	级配碎（砾）石底基层	m²		按不同的厚度分级
	……			
LM0203	路面基层	m²		按不同的材料分级
LM020301	石灰稳定类基层	m²		按不同的厚度分级
LM020302	水泥稳定类基层	m²		按不同的厚度分级
LM020303	石灰粉煤灰稳定类基层	m²		按不同的厚度分级
LM020304	级配碎（砾）石基层	m²		按不同的厚度分级
LM020305	水泥混凝土基层	m²		按不同的厚度分级
LM020306	沥青碎石混合料基层	m²		按不同的厚度分级
	……			
LM0204	透层、黏层、封层	m²		按不同的形式分级
LM020401	透层	m²		按不同的材料分级
LM020402	黏层	m²		按不同的材料分级
LM020403	封层	m²		按不同的材料分级
LM020404	沥青表处封层	m²		
LM020405	稀浆封层	m²		
LM020406	沥青同步碎石封层	m²		
LM020407	土工布	m²		
LM020407	玻璃纤维格栅	m²		
	……			

续表

分项编号	工程或费用名称	单位	主要工作内容	备注
LM0205	水泥混凝土面层	m²		按不同的材料分级
LM020501	水泥混凝土	m²		按不同的厚度分级
LM020502	钢筋	t		
LM03	其他路面	m²		按不同的类型分级
	……			
LM04	路槽、路肩及中央分隔带	m²		
LM0401	挖路槽	m²		按不同的土质分级
LM040101	土质路槽	m²		
LM040102	石质路槽	m²		
LM0402	路肩	km		
LM040201	培路肩	m³		
LM040202	土路肩加固	m³		按不同的加固方式分级
LM04020201	现浇混凝土	m³		
LM04020202	铺砌混凝土预制块（路边石）	m³		
LM04020203	浆砌片石	m³		
	……			
LM0403	中间带	km		
LM040301	回填土	m³		
LM040302	路缘石	m³		按现浇和预制安装分级
LM040303	混凝土过水槽	m³		
	……			
LM05	路面排水	km		按不同的类型分级
LM0501	拦水带	m		按不同的材料分级
LM050101	沥青混凝土	m²/m		
LM050102	水泥混凝土	m³/m		
LM0502	排水沟	m³/m		按不同的类型分级
LM050201	路肩排水沟	m³/m		
LM050202	中央分隔带排水沟	m³/m		
LM0503	混凝土过水槽	m³		
LM0504	排水管	m		按不同的类型分级
LM050401	纵向排水管	m		按不同的管径分级
LM050402	横向排水管	m/道		
LM0505	集水井	m³/个		按不同的规格分级
LM0506	检查井	m³/个		
	……			
LM06	旧路面处理	km/m²		按不同的类型分级
	……			

参考文献

[1] 高峰,张求书,李国栋. 公路施工组织与概预算实训[M]. 天津:天津大学出版社,2021.
[2] 陈正,黄莹,樊红缨. 基于BIM的造价管理[M]. 北京:机械工业出版社,2021.
[3] 顾伟红. 高速铁路施工组织与计价[M]. 成都:西南交通大学出版社,2021.
[4] 何淑娟. 城市轨道工程施工组织与概预算[M]. 北京:人民交通出版社股份有限公司,2021.
[5] 李海青. 公路工程造价案例分析[M]. 北京:人民交通出版社股份有限公司,2021.
[6] 唐明怡. 公路工程造价[M]. 北京:北京理工大学出版社,2021.
[7] 王晓芳,计富元. 市政工程造价[M]. 北京:机械工业出版社,2021.
[8] 交通运输部职业资格中心. 交通运输工程造价案例分析:公路篇[M]. 北京:人民交通出版社股份有限公司,2021.
[9] 袁德明,霍明,姚焕枫. 交通工程概预算编制与造价管理[M]. 北京:中国石化出版社,2021.
[10] 高峰,张求书. 公路工程造价与招投标[M]. 2版. 北京:北京理工大学出版社,2020.
[11] 郭健. 公路桥梁工程概预算[M]. 北京:人民交通出版社股份有限公司,2020.
[12] 李艳,周庆华. 公路工程造价[M]. 北京:人民交通出版社股份有限公司,2020.
[13] 广东省交通运输工程造价事务中心,长安大学. 大数据时代的公路工程造价管理[M]. 北京:人民交通出版社股份有限公司,2019.